贝页
ENRICH YOUR LIFE

脱了臼的世纪

中产阶级的诞生和彷徨(1815-1914)

[美]彼得·盖伊〔Peter Gay〕著　梁永安　译

文汇出版社

图书在版编目 (CIP) 数据

脱了臼的世纪：中产阶级的诞生和彷徨：1815–1914 /（美）彼得·盖伊（Peter Gay）著；梁永安译. — 上海：文汇出版社，2024.4

ISBN 978-7-5496-4213-7

Ⅰ. ①脱… Ⅱ. ①彼… ②梁… Ⅲ. ①中等资产阶级—文化史—研究—欧洲—1815–1914 Ⅳ. ①K504

中国国家版本馆 CIP 数据核字（2024）第 064976 号

Schnitzler's Century: The Making of Middle-Class Culture 1815-1914

Copyright © 2002 by Peter Gay

上海市版权局著作权合同登记号：图字（09-2023-0657）

脱了臼的世纪：中产阶级的诞生和彷徨（1815—1914）

作　　者 /［美］彼得·盖伊
译　　者 / 梁永安
责任编辑 / 戴　铮
封面设计 / 周　源　汤惟惟
版式设计 / 汤惟惟
出版发行 / **文匯**出版社
　　　　　上海市威海路 755 号
　　　　　（邮政编码：200041）
经　　销 / 全国新华书店
印刷装订 / 上海四维数字图文有限公司
版　　次 / 2024 年 4 月第 1 版
印　　次 / 2024 年 4 月第 1 次印刷
开　　本 / 889 毫米 ×1194 毫米　1/32
字　　数 / 220 千字
印　　张 / 14.25
书　　号 / ISBN 978-7-5496-4213-7
定　　价 / 78.00 元

目　录

第三部分 维多利亚时代的心灵

序 言

一个阶级的传记

　　本书是一个阶级的传记，主角为19世纪（1815—1914）的中产阶级[1]。我选择施尼茨勒作为导游，他是该时代最有趣的剧作家与长短篇小说家。为什么选施尼茨勒？他很难说是最典型的布尔乔亚。在19世纪，与他同一阶级的成员多不胜数，许多人富裕不如他、才智不如他、坦诚不如他——神经质不如他——也就是说比他更具代表性。因此，如果"代表

---

[1] "中产阶级""布尔乔亚""中间阶层"为同义语，作者在本书中交替使用。（译者注。以下如无说明，均为译者注）

性"一词所指的是"一般",那施尼茨勒将不胜任导游之职,因为最不适用于他的形容词就是"平庸"。然而,从事研究的过程中,我却发现他具备一些很特别的素质,让他异乎寻常地适合充当我要描绘的那个中产阶级世界的见证人。他将会出现在接下来的每一章,有时是作为引子,有时则是全程参与。我发现这个人极为引人好奇(并不意味着他总是讨人喜欢),但单凭这一点,并未让他够资格在我企图探索和了解的那出包罗广泛的戏剧里扮演某种司仪角色。我有更好、更客观的理由。

施尼茨勒是一个地地道道的维也纳人。他生于维也纳(1862年),逝于维也纳(1931年),除短期到过伦敦、柏林和巴黎,以及在意大利北部度过一些短假以外,一辈子都住在维也纳。不过他的活跃和敏感,让他有机会接触到极其多样的风格与观念,而他也恪尽职责,数十年如一日把所思所感记录在日记里。他具有深入其时代的中产阶级(包括他自己的)心灵的特殊优势。简单来说,他的教养是全方位的:他的人生与作品都在见证着,人要见多识广,并不是非要行万里路。心灵是可以接受来自遥远异地和异代的精神悸动的启发的——施尼茨勒的心灵就是如此。现代的法语和英语文学(含美国文学)都是他的读物,更不用说斯堪的纳维亚和俄国那些重要小说家与剧作家的作品了。他对很多国家的音乐与艺术具有同样好的感受力。可以说,在他的陪伴下,我游历了挪威、意大利、俄国和美国。正如我暗示过的,他是个亲切、渊博和可信赖的信息提供者。

施尼茨勒是19世纪人，但其生命却深入到20世纪。因为19世纪乃是20世纪的孕育者，它的历史也是我们的历史。施尼茨勒借以架接这两个世纪的，并不是只有他的肉体生命。人们常说，第一次世界大战在19和20两个世纪之间划下不可跨越的鸿沟。这种说法，固然适用于政治领域（一战20年后那场空前的集体动员和集体屠杀就是一战种下的苦果），却不适用于高等文化的领域。我们常常认为，那些发生在艺术、文学和思想上的激动人心的大变动（被统称为"现代主义"）是20世纪的产物，但深入探究就会知道，它们是孕育自1914年以前的。以尼采这个改变了哲学面貌的颠覆性思想家为例，尽管他在1889年已经发疯且不再发声，却仍然对我们今日的思想世界具有举足轻重的影响力。这只是我们在多大程度上活在维多利亚时代祖先余荫之下的鲜明一例。

少数艺术家的样本也许就足以佐证我此言不虚。在戏剧界掀起革命的易卜生（Henrik Ibsen）、萧伯纳（George Bernard Show），以及继他们之后的斯特林堡（August Strindberg），都是早在1900年前就大名鼎鼎（或者说恶名远播）了。他们另一位显赫的同侪契诃夫（Anton Chekhov）逝世于1904年。在音乐界，勋伯格（Arnold Schoenberg）在1908年发表了他的第二首四重奏，摒弃传统的调性系统，进入了无人探索过的音乐地带。最盛名不衰的几位现代主义小说家——普鲁斯特（Proust）、乔伊斯（Joyce）、托马斯·曼

（Thomas Mann）和汉姆生（Kunt Hamsun）——都在世纪之交展开他们的事业。当其时，契诃夫已经不只是个戏剧的巨人，而且也耸立为短篇小说的巨人。绘画方面，学院派画家早在1900年以前就经受了来自独立画家几十年的压力，只能眼睁睁看着叛逆分子人数与影响力有增无已。一连串的极端画派（印象主义、后印象主义、表现主义，以及德国和奥地利藐视艺术建制的分离派）一直都是沙龙艺术家的无情批评者。康定斯基（Vassily Kandinsky）在逐渐疏远写实派绘画若干年后，于1910年画出他的第一张抽象画。这份名单还可以随意延伸，不管在诗歌、建筑，还是都市规划领域，一种新的文化正在诞生。这就怪不得在世纪之交，一个由勃纳尔（Pierre Bonnard）和维亚尔（Edouard Vuillard）领导的绘画学派会把他们的团体命名为"纳比"（Nabis）了——"纳比"是希伯来文，意指"先知"。他们是航向未来的。

施尼茨勒也是如此，他的作品游走于中产阶级可容忍的尺度边缘，而且不止一次大胆越界。1897年，他写了一部构思精彩、手法机智的喜剧《轮舞》（Reigen）。《轮舞》由几对情侣的十组情色对话构成，对话者的其中一方会在下一组对话再次出现，到最后首尾相接，形成一个循环。每一幕的高潮都是做爱——当然，这样的剧情是离经叛道的，即便如施尼茨勒也都不敢奢望可以搬上舞台。这部剧本有好些年不能出版，至于上演，则是更多年以后的事。然后，在1900年，施尼茨勒又创作了眩目程度不亚于《轮舞》的长篇小说《古斯特少尉》（*Lieutenant Gustl*），用意识流手法揭示一个年轻气盛的奥地利少尉轻率挑起一场决斗后产生的死亡焦虑。

这部小说见证了施尼茨勒的博闻广识。它所使用的那种前卫、繁复的叙事技巧，乃是从法国作家迪雅尔丹（Edouard Dujardin）的《月桂树被砍》（*Les lauriers sont coupés*）学来的。对于自己的原创性，施尼茨勒一向相当保守，不认为自己够资格与托尔斯泰或契诃夫这些大师相提并论。另一方面，他对一些所谓的仁慈批评家的意见也十分气恼，这些批评家认为他尽管多产，但基本上只是重复地使用他最早期的剧作材料——不负责任的单身汉和通奸恋情。施尼茨勒带着点儿怒意抗议说，他要比这些批评家所认为的更有想象力，更有创意——一言以蔽之，就是更现代。

他是对的。尽管如此，我们仍然有权去追问，施尼茨勒的证言是否可以作为我们理解维多利亚时代布尔乔亚的有用根据呢？这个问题预设了一个前提：中产阶级是一个可以定义的单一实体。对这个争论不休的议题，我将会用一整章的篇幅（第一章）去处理。历史学家已经花了很多年时间探讨这个问题，但到头来的解决办法往往是把它看作一个观点与角度的问题。施尼茨勒显然是认定有"布尔乔亚"这样的生物存在的。我们将会看到，他对布尔乔亚殊少敬意，而且倾向于把"布尔乔亚"和"无聊乏味"画上等号。反过来，许多维多利亚时代人一定也会视他的生活方式为偏执古怪，甚至是波希米亚式的。然而，在最重要的一些方面，施尼茨勒都是不折不扣的布尔乔亚，尽管是一个具有高度个人特色的布尔乔亚。有很多事情可以反映出这一点。例如，他顺从父命选择了学医和行医，他盼望自己的情妇都是处女。他也曾经像其他布尔乔亚一样，尝试阻止自己所爱的女人进入职场。他鄙视一些时空错乱的贵族式习尚（如决斗）。他自以为具有不拘一格的文化品味，却无法欣赏勋伯格的那些无调性交响曲，也对乔伊斯的《尤利西斯》（*Ulysses*）感到怀疑。他专心于工作，重视个人隐私。这些都是施尼茨勒的布尔乔亚印记。不过，本书虽以施尼茨勒为始，但并非以他而终。正如我所说过的，假如本书可以称为传记的话，它乃是一个阶级的传记。

我写这本书的目的与其说是摘要，不如说是综合。我对维多利亚时代的布尔乔亚发生兴趣，是在20世纪70年代初，那时，这个历史课题在史学界相对受到忽略。当然，论19世纪中产阶级的有分量作品还是有的，只不过这个题目并没有吸引到很多历史学家的注意，而且肯定不是他们最感兴趣的课题。人们的兴趣放在别的地方：妇女史、劳工史、黑人史以及那种——有一点点装腔作势的——自称"新文化史"的研究。200多年以来，自从18世纪的哲学家把历史的因果性加以世俗化①以后，史学界就会周期性地出现这一类使人兴奋的不满时刻：它们认为既有的历史研究领域是狭窄的，甚

---

① 指不再将历史事件的成因诉诸超自然的解释。

至是令人窒息的。

很多这些不满都是有获益的，会引出许多未被问及的问题和未受质疑的答案。但它们同时也制造了混乱，特别是在兜售主观主义（subjectivism）的后现代贩子入侵历史学的领域之后，这一点更为严重。它们不但未能拓宽历史学家的视野，反而对大部分历史学家长久以来的求真精神投以相当不合理的怀疑。在这种一头热的氛围里，我自己的一套史学方法——一种受精神分析理论启迪（只是启迪，不是淹没）的文化史——在我看来是值得开掘的方向，而19世纪的中产阶级——有鉴于它普遍受到冷落——则是一个大有可为的课题。我当时并不知道，我的工作最后竟然会有那么大的修正作用，这完全是我始料未及的。我纯粹是走自己的路，证据把我带向哪里，我就走到哪里。

我的成果就是五大册的系列著作，总称为《布尔乔亚经验：从维多利亚到弗洛伊德》（*The Bourgeois Experience: Victoria to Freud*，于1984—1998年相继完成）。它们所专注的是一些非传统的课题，如性与爱、侵略性、内心生活、中产阶级品味等。尽管我的选题清晰地反映出弗洛伊德的影响，但我却小心翼翼，务求不让我的立论脱离过去的"真实"世界，因为那才是历史学家的共同家园。换句话说，我的书里有大量的史实。其中一些史实会在本书中被再次引用；它们太有启发性了，我舍不得放下。《布尔乔亚经验》的读者也许还记得以下这些令人难忘的片段：典型的维多利亚时代人格莱斯顿（William Ewart Gladstone）①为了刺激太太分泌乳汁，虔诚而轻柔地为她按摩乳房；19世纪的美国妇人劳拉·莱曼（Laura Lyman）以火辣辣的书信挑逗身在远方的丈夫："下星期六我会抽干你的保险箱的，我保证"；意大利统一运动的先驱马志尼（Giuseppe Mazzini）因为发现政府官员拆阅他的信件而大发雷霆；前卫诗人波德莱尔曾称许布尔乔亚的艺术品味；德国军火大王克虏伯（Alfred Krupp）婉拒了官方册封他为贵族的美意。

但这不表示本书只是一部《读者文摘》（*Reader's Digest*）性质的读物，只是前述大部头之作的浓缩，因为尽管它的厚度不如《布尔乔亚经验》，结论的分量却未必有所不如。我引进了相当多的新材料与新课题，其中之一是工作与宗教——尽管它们在《布尔乔亚经验》里被谈论到，但在本书却受到更恰如其分的深入探讨。《布尔乔亚经验》对维多利亚时代布尔乔亚所作的一些很根本的重新诠释——他们对性、侵略性、品味、隐私的态度——都会以显著的分量再次见于本书。即便如此，它们并不是装到新瓶里的旧酒。我对它们重新进行了思考，而且自认为把问题的复杂程度更往前推进了。

有一点是必须事先声明的：对于"Victorian"（"维多利

---

① 英国19世纪政治家，自由党的领袖，曾任四届首相。

亚时代的""维多利亚时代人"")这个词，我采取的是广义的用法。长久以来，Victorian 习惯上都是指英国人——甚至更狭义的，指英格兰人——及其品味、道德观与礼仪。而它的意义从未完全局限在维多利亚女王主政的时代，因为一般认为，不管是在维多利亚女王1837年登基前还是1901年驾崩后，都有所谓的维多利亚时代人。简言之，她的名字被宽泛地用作19世纪的同义词，也就是自拿破仑最终败北（1815年）至第一次世界大战爆发（1914年）之间的一百年。但是，还有一些维多利亚时代人是活在这个范围之外的。近些年来，研究美国文化史的学者已经把此词加以限定，而我相信，将其涵义进一步扩大是说得通的。这当然不是说，法国、德国或意大利的"维多利亚时代人"与同时代的英国伙伴一模一样。因此，本书在致力求"同"之余，也是对"异"的礼赞。尽管如此，我还是深信，不管不同的布尔乔亚之间有多大差异，他们彼此仍然有着强烈的家族相似性[①]，而这种相似性正是我使用"维多利亚时代人"一词时想要强调的。

好吧，现在让幕布升起吧。

---

① Family Resemblance，哲学家维特根斯坦的用语，指家人间那种难以具体界定的五官相似性。

序 曲

Overture

施尼茨勒父子的龃龉，

乃是我们进入19世纪

布尔乔亚文化大世界的敲门砖。

"一本日记被发现了，当然是最新的那本——提及埃米莉（Emilie）的。被父亲狠狠修理。"[1]接下来的章节，我想要去探索这则简要日记的深远意蕴。虽然我要利用这场看似转瞬即逝的家庭小冲突作为通向维多利亚时代中产阶级意识的线索，但不打算宣称这种父亲刺探儿子隐私的情形在当时是普遍现象。尽管如此，它仍足以充当一首雄心勃勃的交响乐的简短序曲，让人预先聆听一些稍后将以巨大分贝和广阔音域反复奏起的主题。施尼茨勒父子的龃龉，乃是我们进入19世纪布尔乔亚文化大世界的敲门砖。论分量，上述一则日记足以与《追忆似水年华》（À la recherche du temps perdu）里的马德琳贝壳蛋糕等量齐观——普鲁斯特笔下的主角因为把这种蛋糕蘸着青柠花茶吃而刹那间忆起一个遗忘已久的丰盛过去。这则日记就是我的马德琳贝壳蛋糕。

事件的两个主角：阿图尔·施尼茨勒（Arthur Schnitzler），

16岁，文科中学学生，正准备出门上学；他的父亲约翰·施尼茨勒（Johann Schnitzler），知名喉科专家，大学教授。事件的发生时间：1879年3月18日早上；发生地点：维也纳一户上层中产阶级人家的公寓；争议的焦点：父亲偷偷从儿子的抽屉取出翻看的一本小红皮日记本，在里面，年轻的施尼茨勒偷偷地剖析了他一些早熟的性探险——但女主角不止埃米莉一人。

35年后，已是当时奥地利最知名和最具争议的作家的施尼茨勒在自传里再次回顾了这个事件。显然，这个事件在他心灵里留下了无法磨灭的烙印。他详述了父亲在那个三月天的早上对他的"可怕责备"。[2]这一堂课的高潮发生在教授的诊室，儿子奉命翻阅考波希（Moritz Kaposi）论梅毒和皮肤疾病的标准参考书，其中配有许多清晰且令人恶心的图片。施尼茨勒承认这一堂课对他是有用的，从此他不敢再去找那些"希腊女神"了——他在日记中称她们为"维纳斯""赫柏""朱诺"①，寻芳猎艳时变得格外审慎。

但父子之间的这场冲突的后果并不都是正面的。施尼茨勒在自传里特意指出，书桌钥匙不是他给父亲的，他对父亲"偷偷摸摸的手法"感到强烈不满（尽管这种不满没有完全发泄出来）。他视之为一种背信行为，出发点再好也无法脱罪。"如果说我们之间真的从未能建立起毫无保留的关系，那显然部分可

---

① 维纳斯、赫柏、朱诺都是希腊神话中的女神，但施尼茨勒的这些"女神"都是妓女。

归因于他这种背信行为给我造成的无法磨灭的记忆。"[3]父亲破坏了与儿子之间的一条纽带，而那是永远无法完全修补回来的。

这不是少年施尼茨勒唯一一次被侵犯隐私权。在父亲好意偷看他日记的三个月后，施尼茨勒的一位老师在搜查学生夹带进考场的东西时，无意中搜出施尼茨勒的一个新的日记本，并看了开头几页，其中一些刺激的段落写的正是他最新的艳史。这位老师很宽容，既没有发表意见，也没有告知家长。尽管如此，施尼茨勒还是气得发疯：一个未经授权的人看了他最私密的告白！他告诉一位朋友，他剩下的唯一选择就只有吞枪自杀。[4]

施尼茨勒当然没有把这种少年人的豪语付诸实行。不过，在1882年7月，他却把自己的日记一本本毁掉，因为他认为里面尽是些无聊的"家庭摩擦的废话"[5]，而且有一些关于范滴恩（Fännchen）——他当时的新欢——时冷时热的评论。但他并没有把日记全数毁掉，因为有些段落太有趣了，不留给后人看实在可惜。他把一些重要的部分抄录下来，第一条就是有关他父亲行为的那则简明的记载。现在回顾，我们可以明白理由何在：他对大人侵入自己的私人空间十分痛恨，而这一事件也影响了他对世界的看法——这个世界是后来他积极观察和激烈解剖的。施尼茨勒父子紧张的对峙尽管只有一个小时左右，但这段往事却在一个记忆力、才智和细腻程度均表现不凡的心灵里残留了几十年，因此成为一条值得我们追逐的线索。就像他在1887年的独幕剧《帕拉切尔苏斯》里说的（此剧是我们了解其心灵关注焦点的一份重要材料）：生命是谜一样的游戏；灵魂只会极偶尔地打开门，而且只会向那些感觉敏锐和坚持不懈的探问者打开。"梦与醒、真理与谎言彼此交织，安全感无处可寻。"[6]安全感无处可寻——我们将会看到，这句话既是施尼茨勒的座右铭，也大可充当19世纪布尔乔亚的座右铭。

注　释

〔1〕A. S., March 19, 1879, *Tagebuch 1879–1892* [I], 9.
〔2〕A. S., *Jugend in Wien. Eine Autobiographie*, ed. Therese Nickl and Heinrich Schnitzler (1968; Fischer Taschenbuch, 1971), 86.
〔3〕Ibid., 87.
〔4〕Ibid., 88.
〔5〕A. S. [written July 1882], *Tagebuch 1879–1892*, 10.
〔6〕A. S., *Paracelsus* (1897), scene 11. *Dramatische Werke*, I, 498.

第一部分

基 本 事 项

第一章
（诸）布尔乔亚 [1]

Bourgeoisie(s)

会恭维布尔乔亚的并不只有布尔乔亚。

"资产阶级使农村屈服于城市的统治。"

如果连共产主义的创立者都不得不承认

布尔乔亚有其重大历史贡献,

那他们会有声誉鹊起的一天就不是不可能的了。

施尼茨勒的日记处处透着富贵的气息：他有一个人的房间、专用的书桌；他念的是只有少数维也纳家庭才负担得起的文科中学；他父亲有一间设备齐全的诊室。此外还有舒适的家居环境、昂贵的音乐课（施尼茨勒后来还是个业余的钢琴高手），以及在背景处走来走去的佣仆。在日记事件这出室内剧上演时，施尼茨勒一家住在维也纳的第二区，也就是利奥波德城。利奥波德城正在迅速变成犹太人的聚居区，这些犹太人大部分是穷人——数以千计的人从奥匈帝国的乡村或东部边境涌入，为的是追寻更好的生活并摆脱反犹太主义者的暴行。1880年前后，有大约一半的维也纳犹太人住在利奥波德城。但据施尼茨勒回忆，在他儿时，利奥波德城"仍然高雅体面"。年轻时代，他交往的主要是"体面的中产阶级犹太人"[2]，也就是他自己所属的圈子。

　　不过，随着时间的推移，他并没有自囿于这个富裕、有教养的小世界，反而游走于各个层次的中产阶级之间，有时还会越出其外。作为医生，他与医学界保持着一种专业但遥远的关系。作为作家，他有机会结交到出版商、记者、小说家、剧作家、文艺评论家和男演员——更不用提女演员了。作为单身汉（他1902年40岁时才成家），施尼茨勒有无数个晚上泡在他最爱的葛林斯德咖啡馆，和贝尔-霍夫曼（Richard Beer-Hofmann）、扎尔滕（Felix Salten）、霍夫曼斯塔尔（Hugo von Hofmannsthal）等几个朋友交换文学界的八卦、手稿，甚至情妇。另外，我们将会看到，作为猎艳高手，他喜欢在外城区的小布尔乔亚妇女中物色对象。他常常越界，也知道自己越界，而且会把卖力累积起来的知识运用到他的作品里去。

1

施尼茨勒游走于不同社会层次的嗜好让我们有机会一窥更大的社会真实。它们只是19世纪都市生活一个重要特征的其中一个事例：维多利亚时代的布尔乔亚人数庞大、意见多样，且分歧很大。① 再举一个例子就足以说明事情的复杂性。19世纪50年代，画家、小说家，而且还是当时撒丁-皮埃蒙特王国首相的达泽利奥侯爵（Massimo d'Azeglio）指出，在

---

① 重申一次，对"维多利亚时代"一词，我采用的是最广义的用法，与"19世纪"是同义语。（原注）

他的国家，"阶层本能地支配着整个社会"。想要对全部的阶级进行细分，单是"显贵、布尔乔亚、城市居民和庶民"的四分法是不够的，还需要"一长串的次级范畴"[3]。他沾沾自喜地相信，其国家阶级的细分程度要超过其他任何地方。但这是错的。不管在哪里，中间阶层内部最细微的差异都足以构成社会歧视、经济裙带关系、妒意、流言蜚语，更不要说那种可以让布尔乔亚以可观数目簇聚成一群群的婚姻策略。历史学家要想理解这一时代的布尔乔亚，就必须正视那些自我定义为"中产阶级"的人们之间的普遍冲突，还要正视那些使他们形成一体的特征。

　　毫不意外，中间阶层的内部冲突比携手合作更加显眼。进口关税的实施对国内制造商固然是一大利好，但对批发商来说却是负担。来自中央政府的慷慨犒赏不管是捐赠给外省博物馆的油画，还是提供给挣扎求存的工业的津贴，都会引起城市与城市或地区与地区之间的争夺。国家是否应该资助教会学校，则是虔信公民与世俗公民之间龃龉不休的话题。此外，城市之间会为铁路线该穿过哪里的问题争得头破血流（19世纪40年代及50年代，铁路网在大部分欧洲地区迅速蔓延），因为那是攸关经济生死的大事。另外，我们也将看到，是否以收入多寡作为投票权资格的标准也成了那些已拥有政治权力的布尔乔亚与想要分一杯羹的布尔乔亚之间的争执焦点。在这类竞争之中，有些是无关痛痒的，慕尼黑和柏林在19世纪晚期对德国文化中心地位的竞逐（主要通过报纸进行）

就是一个例子。但大多数时候，胜败都事关重大。经济利益、宗教信仰、思想观念和社会地位的竞争以及妇女地位等议题，都成了布尔乔亚与布尔乔亚之间争斗的战场。

布尔乔亚内部的种种分歧是如此巨大，处处让人怀疑它根本不是个可定义的单一实体。使这种唯名论更加振振有词的一点是，谁也不能否认，任何集合命题都必然会抹杀社会生活的丰富多样性。然而，除非历史学家可以把过去的材料简化为一堆传记的集合（这是不可能完成的任务），否则他们势必要在分歧的篮子里采集一些稳定的相似性特征以及具有共性的家族特征。在写这本书时，我秉持着这样一种信念：概括是大为不易的，但没有概括，历史学也是不可能的。

另一方面，至少有两个世纪之久，有太多新闻记者、政治家、理论家和历史学家同仇敌忾，或至少为了证明他们的某些论点，都喜欢把布尔乔亚当成高度同质化的一群人，而无视种种显著的例外。这种对布尔乔亚的内涵高度简化的做法，长久以来都是布尔乔亚的批判者所乐于采取的。然而下面我们将会看到，即便布尔乔亚的内在紧张性并不亚于其脆弱的统一性，但把他们视为"一个"阶级，仍然是说得通的。19世纪的英国人喜欢用复数来称呼布尔乔亚——middling ranks（诸中间阶层）或middle classes（诸中产阶级）——是有其道理的。

一般维多利亚时代人都没耐性去仔细区分事物，但他们所用的词语却反映出他们意识到布尔乔亚是"一"中有"多"的事实。他们在保留了"布尔乔亚"这个共称之余，又对它加以切割。德国人有"大布尔乔亚"和"小布尔乔亚"的二分法；法国人则有"大布尔乔亚""正宗布尔乔亚"和"小布尔乔亚"的三分法。后来，人们在上述的粗分法之外又再细分，像德国人就把"富有的布尔乔亚"与"有教养的布尔乔亚"区分开来。不管在哪里，民众的惯用语都反映出阶级的复杂性。在法国，人们带着忌妒与鄙夷混杂的情绪，把有政治影响力的银行家称为"金融贵族"；在德国，对等的字眼是"金钱贵族"。另外，出于对最低层级布尔乔亚（领最低薪水的职员）的藐视，人们戏称他们为"高领无产阶级"①。[4]这种矛盾构词法对追求精确的表达来说是必不可少的。

在专业领域，一些天赋过人的布尔乔亚（如画家、歌唱家、诗人、知名教授或自然科学家）则能够在经济领域之外另辟蹊径，取得足以与财富分庭抗礼的威望。社会以各种勋章回报他们，提供他们进入特权圈子的途径和与显贵通婚的机会，或是把他们安葬在国家的名人祠堂里。有少数这类布尔乔亚甚至获得封爵的殊荣，德国画家门采尔（Adolph Menzel）和英国诗人丁尼生（Alfred Tennyson）就是例子。

还有一些不那么眩目却仍叫人满足的酬劳等待着其他维

---

① "高领"是指竖起的衣领，穿高领衬衫是维多利亚时代布尔乔亚的风尚，"高领无产阶级"的含义犹如"穿西装的穷人"。

多利亚时代的布尔乔亚。一大堆的律师、医生、中层官僚、银行家、商人和实业家都满足于当个布尔乔亚，有时还会为此感到自豪。有些大亨——像德国著名军火商克虏伯——甚至婉拒官方的封爵，说他"宁当实业家的鸡口，也不做骑士的牛后"。[5] 还有奥地利的洛迈尔（Friedrich Lohmeyr），他是玻璃制造王国的继承者，对自己家族的技艺深感自豪。他对受封的婉拒，在当时爵位满天飞的奥匈帝国是罕见且有震撼力的。[6] 大体来说，布尔乔亚都是喜欢当布尔乔亚的，所以一些最上层的布尔乔亚才会对封爵一事避之唯恐不及，而最下层的布尔乔亚因为害怕沦为无产阶级，也密切而焦虑地留意着自身地位的前景。

让界定19世纪布尔乔亚一事更为不易的，在于它不是静态的，而是有一段形成的历史。许多布尔乔亚都对财富、特权、声望与社会地位的提升满怀憧憬。他们不是完全不切实际的，因为在维多利亚女王的世纪，某种程度的向上流动是可能的——至少对异常聪慧、异常幸运和异常不讲原则的人来说有此可能。当然，胆敢梦想效仿洛克菲勒或卡内基的人并没有几个，但这两位大富豪的发迹传奇足以让人心向往之。已经有少数进取的中产阶级在经济的阶梯上取得上升，他们的社会地位过不了多久也会以眩目的速度提升。施奈德兄弟（Eugène and Adolphe Schneider）就是一例，他们出身平庸，父亲只是一位外省的公证人，却在一代之内就跃升为法国的钢铁大王。卡内基随贫穷的家人从苏格兰移民到美国，却神话般一跃成为世界上最有钱的人之一。

这种几十年间白手致富的人比比皆是，不少故事都是真实的。其中一个是巴黎乐蓬马歇百货公司（Le Bon Marché）的创办人布锡考特（Aristide Boucicaut），虽然父亲是个地位低微的帽商，但他却能白手起家。在他于1877年身故时，乐蓬马歇百货公司价值2200万法郎。另一个是皮博迪（George Peabody），他于1795年出生于美国麻省的一个小镇，11岁被迫辍学，但很快就有办法在华盛顿建立起自己的纺织品批发商店，不久之后又在纽约和费城开设分店。1827年，他的资产价值8.5万美元。仅仅在十年后，他变成了跨国商人，搬到伦敦，涉足银行业。25年后，他积聚了300万美元的资产，换成今日（2002年）的币值，约合5000万美元。[7]

施尼茨勒的父亲，即备受尊敬的喉科专家约翰·施尼茨勒医生，是这些幸运儿之一，也是许多受惠于社会风气的改变而得以敲开成功大门的犹太人之一。他的人生清楚地证明了，在他的时代，一个有能力和雄心的布尔乔亚可以爬升到什么样的高度。约翰·施尼茨勒出生于匈牙利小镇大坎尼萨，"家境贫寒，甚至可以说是家徒四壁"[8]，父亲是个目不识丁还爱酗酒的细木作工人。凭着苦读，约翰·施尼茨勒考取了维也纳大学，在那里，他就像其他一文不名的大学生一样，靠做家教来维持医学学业。最后他爬到了社会阶梯的最高点，成为大学教授并获得"行政专区顾问"这一名声显著的头衔。

能力无疑在这样的成功故事中扮演了重要角色，但同样重要的是机遇。在经济和社会地位的发迹史里，历史时机的配合是不可或缺的前提。

这种机会在美国似乎更是比比皆是。这个国家，无异于一个传奇般的巨人，招引着那些梦想轻松致富的欧洲人离乡背井。德国人也引领以望，憧憬于他们不可能在家乡获得的种种灿烂前景，唯其如此，他们才会称这片海外的黄金乡为"无限可能性之地"——尽管他们到达美国后往往会发现，那张通往财富与安全的秘密地图不是人人都可以拿得到的。

在美国南部和西部，在一些正在兴起中的城市中，许多新移民都挣到了钱。但仍然有无数移民陷在新大陆的浅滩里，一如从前陷在旧大陆的浅滩里那般，苦苦支撑。19世纪中叶以后，泛滥成灾的发迹文学成为出版社的重要支柱，这种现代童话有快乐结局是可想而知的。像阿尔杰（Horatio Alger）那些大受欢迎的"蜜糖"——他写过的成功类小说前后超过100本——可以说是将这种想象力发挥到了极致。不过，阿尔杰及其模仿者的作品都是一厢情愿的产物，它们不但远不能反映社会真实的状况，反而对致富之路上的重重障碍视若无睹。事实上，成功和失败的光谱在美国极为宽广，同时也是极难预测的。通向上层社会阶层的阶梯乃是一架不完整的梯子，处处存在着缝隙。

2

一个可以用来区分19世纪不同类型布尔乔亚的标准是他们对统治者的惯性心态（虽然我用了"惯性"二字，但并不表示这种心态不会改变）。值得注意的是，这一标准就像许多其他可以用来界定维多利亚时代布尔乔亚的标准一样，都是属于意识层面的。有一个道理最明显不过，那就是，在统治者的权力愈不受约束的地方，其布尔乔亚臣民的顺从程度就愈高，也愈不具有参与政治或发展艺术、文学、教育事业的动机。有两个截然相反的中产阶级类型并存于维多利亚时代，一个是进取型，一个是恭顺型，两者中又存在着各种不同程度的混合类型。

把19世纪的曼彻斯特和慕尼黑做一下比较，进取型和恭顺型布尔乔亚的反差就会一目了然。曼彻斯特是一个靠纺织业而繁荣的城市，当地富裕的市民自成一支建设公益事业的高效率大军。1846年，他们建立了欧文斯学院（Owens College）——1880年获得升格为大学的特许状——资金来自一笔10万英镑的私人遗赠。两年后（那是1848年欧洲革命在欧洲大陆蔓延的一年，但英国却完全未受波及），曼彻斯特的三位富商邀请长居法国的德国指挥家和钢琴大师哈莱（Karl Hallé）掌管曼彻斯特的音乐生活。在其漫长而让人动容的音乐生涯里，哈莱爵士（这是他在1895年逝世时拥有的头衔）把曼彻斯特提升为西方世界的音乐重镇之一。著名的哈莱乐团创立于1858年，不久便享誉国际。接下来的几十年间，陆续有更多值得曼彻斯特市民骄傲的事情发生：他们为自己盖了一座哥特式市政厅、一所艺术馆和一大批图书馆。1895年，维多利亚女王陛下同意让新创建的曼彻斯特音乐学院冠以"皇家"二字，不过此举只是锦上添花，因为该校所有必要的基金早已获得了当地资本家的捐赠。

与曼彻斯特判若云泥的是维特尔斯巴赫家族治下的巴伐利亚首府慕尼黑。在其掌政的23年间（始于1825年），酷爱艺术的路德维希一世（Ludwig I）是这个城市文艺机构的定调者和主要资助者。他对慕尼黑的建设是空前的，他的各种计划招来了大批的建筑师、石匠、木匠、雕塑家、壁画家和园艺家。这位国王的成绩让人动容：他把慕尼黑大学从外省城镇朗胡特迁到了市中心，又建造了古代雕塑展览馆（Glyptothek）和旧美术馆（Alte Pinakothek）——前者是经典雕塑品的殿堂，后者收藏了大批古代大师的精美画作。但路德维希一世对这些高级文化的丰碑还觉得不满足，他不断改变慕尼黑的面貌，斥资建设教堂、展览厅和大道。当路德维希一世在1848年因与女舞蹈演员蒙特兹（Lola Montez）的一段可怜情史而被迫退位时，他的另一项大计划——收藏近代德国艺术珍品的新美术馆（Neue Pinakothek）——仍未竣工。

在路德维希一世及其后继者的慷慨资助下，每当巴伐利亚和慕尼黑的高级文化需要关注和资助时，都会获得满足。马克西米利安二世（Maximilian II）以更节制的步调把路易一世未竟的计划延续了下去，又邀请北德的人文主义者进驻他的首都。但几乎众所周知的是，要不是有路德维希二世①的资助，作曲家瓦格纳（Richard Wagner）的拜鲁特②将只是白日梦一场。正是巴伐利亚的这种文化风格让莱维（Hermann Levi）这样的大师宛如公仆——正是他一手把慕尼黑的歌剧与管弦乐提升为德国，甚至欧洲的最高水平。除却少数例外，这个城市的布尔乔亚都是追随国王在文化艺术上的领导的。就连"艺术协会"（Kunstverein）这样私人的组织，其成立也一样需经过国王允许，并处于皇家学院的监督下。一直要等到19世纪晚期，才开始有一些勇于开创的慕尼黑公民举办私人展览。换言之，慕尼黑人要经过相当长的时间，才敢于摆脱那无所不知的权威的钳制。

　　19世纪的曼彻斯特与慕尼黑是两个极端，而大部分同时代的文化之都（维也纳、巴黎、伦敦和19世纪60年代后的柏林）则属于混合类型，以不同的比例结合了私人和公家的想法与资金——这两种资源经常角力，自上而下的压力无处不在。但曼彻斯特与慕尼黑并非特例，譬如阿姆斯特丹著名的国家博物馆（Rijksmuseum）和音乐厅（Concertgebouw），就是由一些有文化素养的实业家集资建成的。而柏林的爱乐乐团（Philharmonic Orchestra）则是由

---

① Ludwig II，马克西米利安二世的继承人。
② 德国城市，瓦格纳在此建筑节日剧院，专门用来上演他的歌剧。

该市的音乐家在1882年创立的——它很快就窜升为德国最优秀的管弦乐团。同样的,波士顿交响乐团乃是文人雅士的产物,也就是说是私人创立的。在文学和艺术事业的建设上,伯明翰在许多方面都可以说是曼彻斯特的孪生子。19世纪中叶以后,伯明翰建立了一家大型免费公共图书馆和一座美术馆,前者的资金来自各类地方税,后者来自公共燃气服务的利润。骄傲的伯明翰市民在美术馆的入口处镌刻了一方铭文:"通过工业的获利,我们促进了艺术。"与之相比,刻在慕尼黑旧美术馆奠基石旁一块铜匾上的文字不知要卑屈上多少倍:"巴伐利亚的这栋建筑及内部的艺术典藏受惠于其统治者维特尔斯巴赫家族。"这两段铭文分别见证了维多利亚时代布尔乔亚的独立性与依赖性。[9]

关于某个国家的布尔乔亚应该被归类为进取型还是恭顺型这一问题,在19世纪的中产阶级政治中掀起了一场悲喜剧。没有任何给维多利亚时代布尔乔亚下定义的尝试比沿着这条线索进行尝试更有收获,更能凸显问题的复杂性。对历史学家而言,研究过去的政治并不仅仅意味着追问人们在某些规则下是怎样追求权力的。想要显示一个追求政治权力的阶级的全貌,必然会涉及以下问题:他们是如何自我评价的,又有哪些期望与焦虑?最有政治进取心的布尔乔亚势必要面对王室的专断、贵族的特权、教士的干涉,以及历史悠久习俗的阻碍。尽管如此,追求政治权力仍然让大部分西方社会的中产阶级积极分子着迷。"中产阶级必须掌政。"[10]苏黎世政治家黑格史威勒（Johannes Hegetschweiler）在1837年扼要地道出了许多中产阶级的心愿，因为他们尽管精明能干，却被排除在决策者之外。不过，也有些布尔乔亚没有这种梦想。例如，司汤达（Stendhal）在19世纪20年代中叶谈到意大利的布尔乔亚时就指出："托斯卡尼地区的布尔乔亚生性腼腆，喜好过宁静的生活，自求多福，靠工作让自己致富，让自己得到一点点教育，但从未梦想过要在政府里有一席之位。"[1]他们追求的是少一点工作和少一点烦恼。同样的评价也可以适用于其他国家的布尔乔亚。

接下来的几十年，有大量对意大利布尔乔亚的不满意见呼应了司汤达的论述。事实上，不管是在1870年全国统一之前还是之后，意大利的布尔乔亚都属于温顺的类型。管理这个国家的精英阶层人数极少，而且极少受到质疑。"无所事事乐悠悠"（Dolce far niente），这句颂扬闲散的意大利格言就像铭刻在了每一家银行、商店和工厂的入口处似的。中产阶级的企图心和创意——它们是资本主义的要素——在意大利可说是凤毛麟角。

在司汤达谈论意大利布尔乔亚的40年后，亦即19世纪60年代，另一位观察敏锐的法国人伊波利特·泰纳（Hippolyte Taine）——他是文学史与政治史家，也是敏锐的心理学家——在游访意大利后，说了一番与司汤达异曲同工的话。"在罗马，有任何程度的道德活力可言吗？"他问，然后又给出狐疑的回答："我大部分（意大利的）朋友的回答是：没有。政府里尽是士气低落的人。"在教会的羽翼下，意大利政府系统地摧毁了独立性的思考。"这里的人都异常聪慧、机警和精明，但以自我为中心的程度却不遑多让。"也因此，在这些人中，"进取心和行动力是不受欢迎的，懒散反而备受推崇。"〔12〕如果其他观察者还有什么可以补充的话，那就是这个国家腐败严重，北方富有的布尔乔亚对南方地区骇人的贫穷和文盲现象无动于衷，以及人们对工作的态度是不加掩饰的厌恶。这些指控一点都没有错，因为意大利的工业化程度远远落后于欧洲其他国家，而它取得最大进步的产业（如钢铁业）也主要由政府而非个人经营。所以，意大利的布尔乔亚尽管见证了发生在他们半岛上的种种剧烈变动，但所做的事主要还是观望和等待。

其他国家在经历过激烈的变迁后，却学会了怎样应付各种翻天覆地的新事物，并设计出各种政治工具——如扩大投票权——来维持社会的安定。不同国家的中产阶级选择的是不同的道路，尽管他们大部分都经历过邻国所经受的挑战——1848年点燃于法国而又迅速波及其他国家的革命浪潮。这些革命基本上都是由中产阶级发动的，以劳动阶级作为武器和牺牲者，而且大部分以失败告终。没错，到了1900年前后，中产阶级对政权的控制程度要远大于一个世纪以前——只不过还远远谈不上大权在握。

这是今天大部分历史学家的认识，但在19世纪，政治的研究者却不是这样看的，他们认为，至少在法国，中产阶级基本上自法国大革命以后就掌握了政治大权。就算当时有谁对这种论点有疑，自1830年的革命之后，他们大部分也都闭嘴了。这场革命推翻了自15年前拿破仑败于滑铁卢以后就重新掌权的波旁王朝，让较温和的奥尔良派（Orléanist）登上了权力高峰。无数漫画都把新国王路易·菲利普（Louis Philippe）描绘成一个家庭幸福、喜欢打着雨伞散步的布尔乔亚。既然他是个布尔乔亚，难道他不会为自己的阶级着想吗？早在1836年，舍瓦利耶（Michel Chevalier）——一位公仆、游记作家，后来又成了拿破仑三世的顾问——就一语概括了他对当时政治的认知：“今天人们普遍承认统治法国的是中产阶级。”[13]几年后，德国诗人海涅在其流寓地法国，也把他的时代称为“工业化的、布尔乔亚的时代”。[14]

19世纪最深刻的政治评论家托克维尔（Alexis de Tocqueville）的支持让这一主张更加历久不衰。在其回忆录里，托克维尔给了布尔乔亚一个不情不愿的颂扬：“在1830年，中产阶级的胜利是如此确定和彻底，以至于所有的政治权力、所有的特权，乃至于整个政府，都被包揽在这单一阶级的狭窄范围里。”也因此，他们“在各个政府机关如鱼得水，人数大量增加，并愈来愈习惯于靠公共财富过活——其程度几乎不亚于靠自己的努力过活。”[15]托克维尔相信，布尔乔亚的这一征服强烈地改变了法国人的心性。原为布尔乔亚所独有的价值观、人生观开始得势，成为一种跨越阶级界限的主流态度。在他看来，这不是一个值得高兴的发展趋势。

在左翼的一边，马克思也像托克维尔一样，认定中产阶级已经得势。他发表论述称，即便1815年的波旁王朝复辟试图要恢复18世纪的旧秩序，并在表面上摆出笃信宗教和忠君保皇的姿态；但实际上，国家的管理权已落入布尔乔亚强有力的分支，即大地主的手中。后来，从1830年到1851年，也就是拿破仑三世仿效其叔父（拿破仑一世）通过一次军事政变成为法国的主人之后，其他部门的布尔乔亚（商人、制造商和银行家）也开始操弄政权。而在民众起义的年代，如1848年6月的工人起义，当工人跑上街头要求一些他们应得的革命果实时，布尔乔亚已事先与其他群众的刽子手联起手，并带头建立起由秩序党（Party of Order）①领导的压迫性政权。最后，马克思指出，即便是在拿破仑三世大权独揽的第二帝国时期，布尔乔亚仍旧繁荣滋长。这种充满自信的主张的特别引人瞩目之处是它的口吻，它们听起来就像是在述说一个耳熟能详且无可辩驳的真理。但这一主张事实上是问题重重的，那些实际在政治战场上为扩大布尔乔亚参政权而奋斗的活跃分子比别人知道得更清楚。事实上，当时欧洲有相当多的国家（包括德意志大大小小的邦国）都是由没有宪法约束的专制政权统治的，不然就是由一些凡事都屈从君主意志的

① 秩序党原指法国第二共和时期立法议会中的保守派，他们强调宗教、家庭、财产、秩序，以秩序作为政治主张的核心，因而被称为"秩序党"。

议会挂名统治。

布尔乔亚的政治影响力从来不曾与他们的选举人数相当。其实，就连伟大的自由主义者约翰·穆勒（John Stuart Mill）也不得不承认，统治者不可避免地只能依赖一小撮人为他出谋献策，而这些人大多隐于幕后。这群精英的决策权要比投票的民众的决策权大得多，而且他们的决策通常是在公众不知情的情况下完成的。仅仅是由将军、主教、君主的心腹或银行家组成的一小群人，往往就足以决定大政的方向。无疑，大部分有关政商勾结的指控都属子虚乌有，是不负责任的新闻记者为满足无知大众而炒作出来的，但这些传闻中至少有一部分是真的。谈到大得足以影响政府施政的财团，我们很自然会想到佩雷尔兄弟（Péreire brothers）的"动产信用公司"（Crédit Mobilier）和美国的"摩根大通"（J. P. Morgan's），后者在1907年几乎是只手挽救了美国的信贷。

尽管如此，有些布尔乔亚仍然幻想选举是可以让他们施加压力的一根杠杆，特别是在有自由派的报纸愿意为他们说话的时候。不过，这种压力在大部分国家都被抵消掉了，因为投票是公开的，那些受雇于地主富豪的公民在投票时理所当然会顺从主人的意愿。另外，一支由书报检察官和便衣密探组成的大军也让所有（哪怕是最温和的）批判的声音消失了——这支大军最活跃的时期是1815年至1848年，也就是梅特涅①以"欧洲警察"自居的年代。[16]而在一些实行伪议会政体的国家（如俾斯麦的德意志帝国），因为内阁对皇帝负责而不是对立法议会负责，投票行为左右权力杠杆的力量更是微乎其微。

尤有甚者，当权者很快就学会了怎样去操纵只对少数人民开放的选举活动，其手段包括威胁、贿选，以至于造选票。政府雇员会怎样投票是可想而知的，其他人的投票倾向同样不难预测。因此，政治——它对数以万计的布尔乔亚来说是一种全新的体验——对理想主义者来说只是一种幻灭。不过，在美国和英国等国家，随着现代政党的出现、反对党的合法化和报纸的部分松绑，投票能发挥制衡作用的时候还是不少的。

作为一种18世纪的遗产，有关投票权资格的标准应该如何确定的争论，是维多利亚时代的欧洲与美国的一个重要公共议题，而它也再一次凸显出中间阶层内部的紧张关系。意识形态的分歧让布尔乔亚的自由派和民主派互相为敌，而这两者又同时是布尔乔亚保守派的敌人。哪些人应该有选举权呢？哪些人又有资格充当议会的候选人？这些争论最壁垒分明的一个例子发生于1848年法兰克福的德意志邦联议会。当时，议员们的目标是为展望中的统一德国制定一部宪法〔这一努力的下场相当可怜，因为宪法草案后来被普鲁士国王威

_____

① Metternich，1821年至1848年间任奥地利帝国首相。

廉四世（Wilhelm IV）轻蔑地否定掉了，但这是题外话〕。起草宪法的过程中，其中一个最能引起议员们剑拔弩张的争论的问题，就是选举权资格该放宽到何种程度才算适当。民主派的议员（他们永远是议会中的少数）勇敢地主张，仅仅是拥有财富并不能保证一个人拥有独立的思想，而一向被认为是理想选民的公务员和教授，也不见得比聪慧的工人偏见更少。但自由派的议员却表示反对，认为不识字的农民或工人并没有足够的理性以恪尽公民义务。他们又警告说，放宽选举权资格只会带来现代形态的恺撒主义（Caesarism），即透过选举产生的是独裁者，群众投他的票只是出于盲目崇拜。换言之，选举权带给他们的并不是自由，而是一种新的奴役。

现代恺撒主义的观念在19世纪中叶开始引人注目，引发了中产阶级内部的激烈辩论。马克思觉得这观念不伦不类，但有些人却觉得它关系重大。因为下层民众是容易被煽动的，通过原始的口号和大搞个人崇拜，普选将会使中产阶级选民失去作用。俾斯麦就语带嘲讽地说过，想要搞垮议会政体，一个好方法就是实施议会政体。1866年，身为普鲁士首相的俾斯麦建议成立一个由全体成年男性普选产生的德意志议会，并这样安抚一位对此忧心忡忡的政治盟友："在一个有君主传统和忠君感情的国家，普选将会保障王权，消除布尔乔亚自由派的影响力。"[17]

中产阶级的政治家警觉地察觉到了这种危险性，知道它比旧式的君主专制更具威胁性，因此他们为了自身的利益而倡导有限度地扩大投票权。他们希望投票权可以扩大，但又不要扩大太多。君王固然会信誓旦旦自称为人民的仆人，是把他选出来的人民的意志的体现者，但自19世纪中叶以后，很少有自由派会相信这一套。他们知道自己的政治利益何在，而且他们对政治史了解得太透彻了，不会不记得拿破仑一世和拿破仑三世就曾将普选作为登上权力巅峰并赖着不走的工具。

上面这番概述，读起来让人觉得中产阶级之所以追求政治影响力，不过意在保障自身的利益，特别是经济利益。但这是一种偏颇的解读，会把复杂的人类动物化约为一种只求赚钱的工具。在19世纪，偏袒工业、农业和商业利益的立法无疑很多，而且几乎是毫无掩饰的。人们用来使这些立法合理化的说辞，意在表明资本家获得的利润将惠及整个社会。但并不是所有布尔乔亚政治家都只关心经济利益。有些怀抱理想主义的布尔乔亚致力于废除奴隶制度、立法禁止雇用童工、引入离婚制度，以及授予宗教少数族群公民权。固然，19世纪许多以良心为诉求的修辞不过是掩盖贪欲和权力欲的一张面纱；然而，它们有时也会是发自具有自我批判精神的"超我"的真实呼声。[18]

3

有待那些争取扩大投票权的斗士攻克的战场相当辽阔。

除美国外，行宪国家的投票权都是很狭窄的。大部分的布尔乔亚都被排除在外，即便行宪国家后来进行了一些不情愿的改革，也常常禁止布尔乔亚参与。在这种气氛下，只有初生而自信的美国能够突破传统的二分法，不认为有些国民有资格投票，有些国民则无此资格。从19世纪初起，美国的演说家与专栏作家就不断主张应该把让他们蒙福的国家和反动的欧洲区分开来。到19世纪50年代，美国已经可以自夸是个普选制的国家，尽管实际上有两个重要的群体仍然被排除在外——奴隶和妇女。前者在南北战争后获得了投票权（至少法律条文是这样说的），后者则要等到19世纪末。第一个把投票权授予女性的州是新成立的怀俄明州，时为1890年，科罗拉多州、爱达荷州和犹他州很快跟进。但欧洲人却不为所动，他们自以为高美国一等，认为美国只是一个牛仔遍布的蛮荒之地，不存在任何高级文化，没有什么是值得他们学习的。

话虽这样，欧洲大陆上的布尔乔亚仍然取得了长足的进展，尽管是断断续续的。在人口超过2600万的法国，1814年波旁王朝复辟后所设定的宪章把投票权局限在年缴税超过300法郎的公民。这表示，全法国只有占全人口1%的成年男性（约9万人）是有权投票的。但想要成为议会候选人则还要再通过一张网眼更细的筛子：至少缴1000法郎的直接税。这使得有可能坐进议会里的只有区区1.5万人。这些人大多是大地主，其次是上层官僚和贵族（这两者一般都拥有土地）。

知名律师的比例大大增加了，再就是一心只想封爵的财阀和除坐稳位子别无他求的公务员，就这样，布尔乔亚的利益被抛到了一边。[19]

波旁王朝的垮台所带来的改变要比乍看起来的少。除了一批新官员的就任和大批旧官僚被杀害以外，政治精英的性质几乎和先前没什么不同。议会里最大的赢家是律师，商人的数目只稍有增加。但不可否认，布尔乔亚对政策的影响力增强了。随着贵族退回到他们的庄园，富有的法国中产阶级开始认真介入他们国家的政治文化，让立法的气象为之一新。尽管如此，这和现代人所说的布尔乔亚掌权的神话仍然相去甚远。

没错，七月王朝在1831年把选举权资格放宽了，使选民的人数几乎增加了三倍，但这只表示约25万的法国成年男性（约为全体成年男性人口的3%）有选举权。与之类似的，1830年才从荷兰独立出来的比利时，拥有选举权的也是相同比例的成年男性。即使半个世纪之后，仍然有人认为政府应该由有产者来掌管。1870年，刚独立的意大利（它经历了几十年的军事行动和外交斡旋后才得以统一）总计有2700万人，但只有约50万的成年男性（约为全体成年男性人口的8%）拥有投票权。1882年的选举改革降低了投票年龄和缴税额度的门槛，使选民的人数增加了四倍。这种转变听起来令人振奋，但政权由少数人把持的情况实质上没有多大改变。选举由当权者操纵，腐败四溢。当时意大利中产阶级的规模仍然不起眼，包括小商人、小地主、文员在内的所有小布尔乔亚加起来才75万人，而且主要集中在北部地区。[20]19世纪末的瑞典也好不到哪里去，只有约1/3的成年男性享有选举权，而这还是好几次扩大投票权的结果。

这些艰苦的演进听起来让人觉得历史对自由派布尔乔亚政治日程的让步相当勉强。然而却有一个国家是例外——英国。它在1832至1885年通过了一系列法案，使投票权的范围不断扩大，最后甚至连最上层的工人阶级也获得了这种权利。很多人主张，著名的《第一改革法案》(The First Reform Act)对于打破贵族与士绅长期垄断议会的现象是决定性的；但事实上，该法案只是让当时的寡头政体得到合理化和些许扩张而已，因为国会议员都是无薪的，所以他们若不是本身有资财，就是有赞助人的支持。反观1867年的《第二改革法案》(The Second Reform Act)，倒是真的向投票权的扩大迈出了一大步，而它也催生了两项回应广大民众政治需求的重大立法：一是1870年的《普及教育法》，它是为了让全民可以成熟到足以参与政治而制定的；一是1872年通过的无记名投票制度，它大大提升了投票时的隐私权，可以说是布尔乔亚最高价值观的一大胜利。

尽管如此，有别于一般所认定的，19世纪的英国就像其他欧洲国家一样，其统治权并没有掌握在布尔乔亚手里——还没有。1859年，约翰·穆勒在其探讨自由的名篇里宣称，英国的统治阶级"主要是中产阶级"。此前十余年，恩格斯也说过类似的话："就像其他文明国家一样，（英国的统治阶级）是布尔乔亚。"[21] 然而，半世纪以后，生命快到尽头的恩格斯却体认到他先前的断言是不正确的，他发现"富有中产阶级"的"温顺"超过了他的想象。正因为他们的温顺，才会让"所有重要的政府职位几乎全为拥有土地的贵族所包揽"。[22] 他后面的思考要比前面的准确多了。尽管如此，布尔乔亚的挺进还在持续。

　　并不是所有维多利亚时代布尔乔亚的政治奋斗史都是一部成功史。与英国形成强烈反差的是施尼茨勒的祖国，德国的布尔乔亚（特别是其自由派右翼）在政治斗争中遭到了灾难性的挫败。在从1867年起就被称为奥匈帝国的这个多民族混合体里，中产阶级从未获得稳固的群众基础，所以注定只能眼睁睁看着喧闹的民族主义者、反犹太人的种族主义者和党同伐异的政客取得胜利。其中一个小布尔乔亚政党是基督教社会党（Christian Social），它小心翼翼地强调自己的中产阶级属性，想要争取到被百货公司挤压的小店主和被工业化取代的工匠的支持。尽管如此，手腕高明的反犹太主义政客卢埃格尔（Karl Lueger）还是在1897年当选为维也纳市长。

　　即使在其全盛时期，奥地利自由派的布尔乔亚也从未敢妄想取得政治的主导权。当革命热潮在1848年漫延到哈布斯堡王朝的领土，且改革大有希望之时，中产阶级仍然在忠心支持着新皇帝约瑟夫（Franz Joseph）的专制统治。在那段令人兴奋的日子里，固然有一小群中产阶级的活跃分子曾提出分享若干政策制定权的愿望，但他们都声称自己是王权的坚定支持者，给人的印象是，他们是政治演变中的获益者而不是推动者。与他们的德意志邻居相比，奥地利布尔乔亚的人数更少，在工商业方面也不是那么积极，工业主要是靠国家而不是私人资本扶植。因此，不管是住在意大利属地①、匈牙利，还是奥地利的布尔乔亚极端分子，都不足以对朝廷构成威胁。中产阶级虽然对法律的自由化改革感到高兴，但那不是他们的功劳。政府每次对报纸放宽一点儿，他们就多受惠一点儿，但那也不是他们自己争取的。同样的，政府在1873年进行的选举改革——此举让获得投票权的成年男性多了大约6%——也不是他们争取来的。

对奥地利的犹太人来说，1848年之后的数十年曾是一个充满希望的年代：犹太人的礼拜自由受到立法保障，针对犹太人的苛捐杂税取消了，专业和政府职位也向他们开放了。1860年，当自由派在维也纳取得执政权时，犹太人的前景更是前所未有的亮丽。弗洛伊德回忆说，在那时候，"每一个犹太小孩都会在书包里放一份内阁阁员一览表"。这也是约翰·施尼茨勒医生开创其辉煌事业的年代。当时，反犹太主义仍然看起来只是个无伤大雅的边缘现象。19世纪70年代初，当施尼茨勒念文科中学时，班上只有一个反犹太主义者，而

① 指奥匈帝国在意大利的属地，当时意大利尚未统一。

且受到其他同学鄙夷，被认为是势利的笨蛋。[23] 但事情即将有变。

在这种气氛下，施尼茨勒和他文学界的朋友们自认为他们大可不必过问政治。他的日记显示，当反犹太主义在19世纪90年代演变成一种压迫性现象时，他有时会与朋友谈这个不愉快的话题——但只是谈一点点。1897年11月底，当卢埃格尔当选市长、街上一片闹哄哄之际，与朋友坐在咖啡馆里的施尼茨勒在日记里记道："就连我们也谈政治了。"[24] 尽管如此，至少到第一次世界大战爆发之前，这些谈论政治的时刻对他来说还是很稀有的。如果投票的话，他会投给社会民主党，但在他看来，政治只是一项社会重任——减少饥饿——的可怜代替品。"伟大的政治家，"他在日记里这样说，"要么是偏执狂，要么是拿人类下注的大赌徒。"[25] 这种对公共事务的漠不关心或反感，甚至也是奥地利温顺的布尔乔亚不太负担得起的奢侈。

奥地利布尔乔亚的温顺性格之所以很少受到注意，其中一个理由是他们同时代的评论家常常过分高估了中产阶级在政治与文化上的影响力。这些评论家把愿望转化为事实，但只是停留在脑子里的事实。其中一个例子是维也纳乐评界的"沙皇"汉斯立克（Eduard Hanslick）。1869年，他在其极具权威的音乐史著作中指出，维也纳的音乐盛名之所以无可匹敌，主要是奥地利爱乐学会（Society of Austrian Friends of Music）之功。继而，他又赞扬该学会是"纯粹的布尔乔亚产物"，"是由酷爱音乐的中产阶级的热忱"所支撑起来的。[26]但事实上，学会的保护者和主要职员几乎清一色是贵族，而经费则极度依赖国王和朝臣的赞助。

汉斯立克并不是唯一误导读者的人；他自己也是一个友善的布尔乔亚。一位化名"瓦西里伯爵"的法国记者在走访维也纳后告诉读者，不管在"商业、工业还是农业方面"，布尔乔亚都"主导了所有的产业，在国家雇员中占有最大的比例，是公共生活中最强有力的元素"。教授、科学家、艺术家和文学家，都从中产阶级里招募到了"最杰出的代表"。他认为这是很自然的，这些全是布尔乔亚的基本特征——"他们的不懈的勤奋、他们的聪慧、他们的财富"——恰如其分的结果。他在结论里说："布尔乔亚业已成为奥地利政治事务中占优势的元素。"[27] 如果一个自由派的维也纳布尔乔亚在1900年前后读到这篇文章，一定会为过去的美好岁月发出缅怀的喟叹，尽管那些日子对维也纳中产阶级来说，并没有回想起来的光鲜。

然而，不管在何处，对分享决策权的渴望，业已牢牢钉在那些具有政治热情的布尔乔亚的脑中。自19世纪初以来，西方国家的政治地图就是色彩斑驳的：有实施君主专制的，也有实施君主立宪的；有实施总统制的共和国，也有由议会主导的共和国。不管多么短暂，拿破仑对欧洲的征服仍然在莱茵河以东激起了中产阶级长久的政治意识——这种意识是法国以北的国家和英国早就在相当程度上存在的。1820年，比谁都更想把法国大革命和拿破仑释放出来的"妖怪"塞回瓶子里去的梅特涅告诉俄皇亚历山大一世：社会中最受"自高自大"这种"道德坏疽"侵蚀的，主要是中产阶级。[28]他不知道，中产阶级的这种自大将会以各种不同的形式出现，而且不会死去。

4

长久以来，人们都习惯把维多利亚时代的中产阶级比作金字塔：底部非常宽，顶部非常窄，坡度非常陡。来自比利时、荷兰、德国和其他地方的统计数据都能佐证这一传统图像的正确性。在19世纪中叶的法国，一名教员一年的薪资是1500法郎，如果他能够勤勤恳恳工作多年、最后当选为校长的话，收入就可以加倍。爬升到小布尔乔亚地位的能工巧匠一年能赚1800至2000法郎，这个数字，相当于一个政府公务员的起薪点。生意兴隆的店主可望一年赚5000法郎，但即使只有4000法郎也不会破产。这一层再往上就是有钱人的阶层。律师、医生、工程师一年最少赚8000法郎，如果天时地利再加上够专业和有社交手腕，那赚到比这一数字多好几倍的钱也不是不可能。一个较高层的公仆（如警察局局长）一年的薪水是12 000法郎，如果他的位子坐得够稳够久（也就是一直能得到上级的欢心），薪水说不定就可以加倍。再上一层就是财富的"同温层"，能够呼吸这薄薄一层空气的人有艺术名家、银行家、出版商、企业家和投机者。这些人赚的钱有多可观，从以下莫奈的例子可见一斑：在其事业的早期，一幅画的售价是300法郎，超过一名教师两个月的薪资。

只要我们视之为一个有弹性的结构，那么金字塔的模型就是有用的。随着岁月的流转，中层和上层的布尔乔亚在人数、财富和政治影响力等方面都增加了；反观低层的布尔乔亚，只在人数上有所增加。工业、银行业、贸易、保险业和政府的不断扩大都亟需人力投入，对文员、售货员、档案管理员、海关人员和邮递员的需求极为殷切。在1882至1907年间的德国，尽管工厂主和矿场主的人数微微下降，但工厂工人的数目却成倍增加，白领雇员的人数更是增加了7倍。国家膨胀成一个大雇主。在1841年的奥地利，帝国和地方政府雇用的公务员约有13万人，但到了19世纪和20世纪之交，这一数字却上升至34万。布尔乔亚金字塔的膨胀是如此的壮观，以致人们为其底部的一群人取了个名字，德国人称之为"中间阶层"（Mittelstand），法国人称之为"新层次"（nouvelles couches）。

这些"新层次"见证了弥漫在维多利亚时代的不稳定性：那是一个充斥着爆炸和变迁的世纪。这是一个关键点，我稍后会回过头再讨论。目前我们只需要知道一点，即尽管这种转变让很多人受惠，但不包括小布尔乔亚。它的成员必须卖力工作，才可望在缴了房租和买了食物以后，还可以有一点余钱。他们能够享受的奢侈寥寥无几，而且对他们来说是奢侈的享受对更富有的布尔乔亚而言只是天经地义的事：到餐厅吃一顿晚饭，去音乐厅，外出度假，买一件新的大衣，或买舒适的家具。他们会剪下杂志上的图片，贴在墙上当装饰；他们会在子女一到法定工作年龄时就把他们推入劳动力市场，帮补家计；他们反对保护劳工的立法，因为这将会让家里少一份收入。他们对沦为无产阶级的害怕是很真切的，这一点说明了他们为什么会那么坚持儿女要谨守布尔乔亚的礼节和道德标准。他们也许会在发薪日放纵自己一下，但无论如何他们都要当体面的人。他们可不愿被人当成无产阶级！

这种害怕的心理，解释了为什么尽管中产阶级内部有种种分歧，却仍然享有共同的身份认同。因此，可以说，布尔乔亚的身份认同很多时候都是在与对立面的比较中产生的。1883年8月，弗洛伊德在写给未婚妻玛尔塔·贝内斯的信中，谈到她在汉堡一个节日上看到的那些喧闹不堪的劳工阶级（她是在上一封信里提到这个的）。"不难看出，"他说，"那些'人'无论是判断、信念、希望以及工作的方式都和我们很不一样。普通人的心理状况与我们的差别相当大"。[29] 他继而又说，这些"乌合之众"会随时向自己的感情冲动屈服，而换成受过教育的布尔乔亚，则会知道那是必须加以控制的。接着他又自问自答：为什么我们布尔乔亚不能喝醉呢？因为宿醉带给我们的痛苦要大于饮酒带给我们的快乐。为什么我们不能每个月换一个爱人呢？因为每一次分手都会撕去我们一小片的心。

这是一份极具启发性的文本。它确立了感情（以及对感情的专业研究，即心理学）在研究维多利亚中产阶级时应占有一席之地。它提醒我们，布尔乔亚的性格主要是建立在一些抑制上的：如果是中产阶级，就有一些事是他不会容许自己去做的，有一些话是他不会容许自己去说的。但如果布尔乔亚的座右铭是"克己"的话，那并不代表他们的激情是微弱的，只表示他们的激情是经历过锻冶的〔用弗洛伊德的话来说就是经过"精炼"（refined）的〕，而这是粗野的农人、工人和放纵自我的贵族不会去做的。根据弗洛伊德的解释，现代的布尔乔亚乃是一些把原始冲动升华得比任何阶级、比大部分时代更彻底的一群人。但精炼并不代表否定：我在这本书中想要指出的重点之一就是，维多利亚时代的布尔乔亚男女也会追求快乐，而且不只在餐桌上，也在床上。就此而言，热切追求性征服的施尼茨勒并不是其阶级的典型成员，因为布尔乔亚对快乐的追求一般都是谨慎、温和且有节制的。

然而，还有另一个消极因素是19世纪布尔乔亚共有的一种身份认同：他们在每一个大城小镇里都是鲜明的少数。正是这个事实让他们许多人选择住在市郊。有可靠的数字显示，在每一个都会区，中产阶级占全部居民的数字，只有10%~15%（绝少超过此值）。不管自觉还是不自觉，他们常常会遇到无产阶级：他们家中的仆人、他们房子工地上的建筑工人、他们工厂里的工人。他们也会在走过贫民区时遇到无产阶级，更不用说乞丐和妓女——如果还有一点点慈善心肠的话，这些刺目的形象的存在会提醒他们，这个富裕的社会并不是没有受害者，有些还是他们一手造成的。

当然，有许多方便的方法是布尔乔亚可以用来把那些几乎将他们重重包围的普罗大众挡在外面的。例如，他们可以用财产作为投票权的门槛，可以聚居于一些高尚、昂贵的街区，可以把小孩送进穷人上不起的学校，可以选择一条不会经过无产者聚居区的上班路线。另外，他们也可以凭借穿着、饮食、腔调、品味，使自己区别于"低等人"。但不管用的是什么方法，他们的心态都印证了弗洛伊德对未婚妻所说的："普通人的心理状况与我们的差别相当大。"

在动荡的年代（从法国大革命到第一次世界大战爆发的那个世纪当然是动荡连连的），低下阶层群众占大多数的事实让布尔乔亚感到备受威胁。为此，他们采取了一些防卫策略，其中包括与贵族或具有煽动性的政治家结盟。在这些时代，布尔乔亚成为我所说的"秩序党"的领导角色。法国大革命的记忆留在大部分布尔乔亚的脑海里至少长达半个世纪。它让一些人雀跃不已，而让大多数人感到害怕；但不管怎样，这种记忆都为不同布尔乔亚的心灵提供了扎实的联系。

5

维多利亚时代的布尔乔亚还有一个对立面：他们的敌人，

即一群性情凶猛且人数愈聚愈多的前卫画家与小说家。许多人之所以会忽视中产阶级内部的分歧，这群人居功匪浅。不过，他们会把中产阶级视为一个高度同质的单一体也是自然不过的，人们总是习惯于把敌人看作一眼就认出的坏蛋，全无美德可言，恶德则无一不备。这群布尔乔亚的敌人包括画家、小说家、剧作家、文艺评论家、政治极端分子、持激进观念的记者，以及被中产阶级权势的上升所激怒的贵族，他们汇集在一起，画出一幅世人皆知的画像——19世纪的布尔乔亚是虚伪的、物质的、庸俗的，缺乏慷慨之心和爱别人的能力。有时候，如果有需要，他们还会为布尔乔亚另画一幅贬低程度不遑多让的画像——贪婪、不择手段、冷酷无情，尽情剥夺劳工阶级以自肥。在他们眼中，被卡莱尔（Thomas Carlyle）誉为"工业化舰长"的金融家和工厂主，充其量不过是些土匪头子。

这些针对中产阶级的不同观点未必是不相容的。对最具敌意的攻击者而言，分别站在布尔乔亚光谱两头的人——一头站的（或跪的）是卑躬屈膝的小职员，另一头站的是高高在上、冷酷无情的企业家——都是同一类人。左拉（Emile Zola）就是这样认为的，他甚至把"布尔乔亚"一词本身当成贬称，当成羞辱别人的武器。例如，当天主教作家多奥勒维利（Barbey d'Aurevilly）认为歌德与狄德罗都不值一提时，被激怒的左拉这样骂他："布尔乔亚，更有甚者，是个外省的布尔乔亚！"[30]

这种态度已经够激烈了，不过，在维多利亚时代，要说对布尔乔亚最恨之入骨的还是福楼拜。终其一生，福楼拜都为反对布尔乔亚这个他自己所属的阶级而战——他说他们让他作呕。1867年5月，他在写给乔治·桑（George Sand）的信上说："铁律：仇恨布尔乔亚是一切德行的开端。"[31] 但这种恨对他来说不是什么新鲜事物，因为早在15年前，他就曾用一个词总括他的盛怒：在写给老友布耶（Louis Bouilhet）的信上，他给自己署名"仇布（尔乔亚）者"（Bourgeoisophobus）。[32]

尽管施尼茨勒也看不起布尔乔亚，但激烈程度远低于上述的"仇布者"，他只是把他的阶级偏见视为理所当然。在他那无所不谈的日记里，施尼茨勒把这种藐视形诸笔墨的次数仅有两回。一次是1893年，在一户体面人家做客后，他在日记里形容那场合是"布尔乔亚调调的，枯燥的"。[33] 三年后，他在日记里又批评一个熟人所持的是"愚蠢的布尔乔亚观点"。[34] 就这么多。

仇恨和藐视中产阶级当然不是维多利亚时代人的发明，他们有许多可以援引的古老榜样。比如耶稣就曾经把换钱和卖鸽子的摊贩赶出圣殿，中世纪的神学家也痛骂靠借钱食利的商人。但在现代早期①，商人、银行家和制造商所受到的来自贵族和世家的嘲笑，一点不比来自庶民的少。他们被说成是野心勃勃的、市侩的，对上帝制定的社会阶层感到不满。

---

① 指15和16世纪。

而在19世纪前，歌德笔下的维特[1]——他大概是近代反布尔乔亚的第一人和内在冲突最强烈的一个——对身处布尔乔亚之间备感不适，也对他们的庸俗和缺乏想象力感到震惊。

在19世纪初（特别是德国），这些嘲笑被浪漫主义者热心接收过来。不过，与维多利亚时代的"仇布者"相比，这些反布尔乔亚者仍然相形见绌，前者的炮火在密集程度和强度上都是前所未有的。当然，在"仇布者"的炮火隆隆声中，不是没有一些"爱布（尔乔亚）者"[2]挺身抗衡，但声量要小得多。另一方面，对于久居阿姆斯特丹、汉堡、安特卫普或吕贝克这些19世纪商业中心的商人世家而言，挞伐者的叫嚣根本不值得他们介怀。他们拥有自己的家族事业王国、豪邸华厦、艺术收藏品和地方政治影响力。挂在他们家中的那些16和17世纪祖先的肖像画（画上的人有在称金子的，有在监督工人工作的）处处反映出，19世纪中产阶级的自尊与自信是有其坚实的传统作支撑的。在维多利亚时代，不管是"仇布者"还是"爱布者"的声音，对布尔乔亚来说都无关痛痒。

不管是19世纪70年代中叶还是其后，维也纳人对他们的布尔乔亚——他们挺过了1873年5月那场经济灾难[3]——的恭维都没有停过。例如，当1879年4月维也纳因为皇帝约瑟夫和皇后伊丽莎白的银婚纪念而举行盛大巡游活动时，主要

---

① 《少年维特的烦恼》中的主角。

② bourgeoisophilia，这是作者仿"仇布者"自造的词。

③ 指1873年维也纳股票市场的大跌及其后续效应。

的自由派报纸《新自由通讯》（*Neue Freie Press*）就在社论里说道："无论别的人对这对帝国伉俪的礼赞有多么欢腾、多么热心、多么灿烂，维也纳布尔乔亚的礼赞都会令他们相形见绌。布尔乔亚为这座帝都献上了一样最美也最棒的东西，那就是布尔乔亚本身。艺术、科学、商业、贸易、工业，所有可以为这国家缔造财富和骄傲的东西，一同见证了维也纳布尔乔亚的爱国心与对皇帝陛下的忠诚。"[35]

由此可见，维多利亚时代的中产阶级也是有其热心支持者的，尽管就影响而言，他们敌对者的意见远比支持者的意见更为流行。尽管"仇布者"的阵营似乎都是网罗了大部分知识界的精英，但"爱布者"还是招募到一些有力的支援，其中一位就是边沁的朋友和功利主义的倡导者约翰·穆勒。1826年，约翰·穆勒说出了一番可以代表许多人心声的话："这个国家的诸中产阶级（middle classes）"——注意他用的是复数——"其价值、与日俱增的人数和重要性，是受到普遍承认的。这一阶级长久以来都被他们之上的阶级认为是英国的荣光。"[36]这是中产阶级受到攻击时可以退守的第一道防线，就连他们之上的阶级都说他们好话。

会恭维布尔乔亚的并不只有布尔乔亚。因为就连对布尔乔亚殊少好感的马克思和恩格斯也忍不住在热烈批判他们之余恭维他们几句。在《共产党宣言》的一个著名段落里，他们指出："资产阶级在它的不到一百年的阶级统治中所创造的生产力，比过去一切世代创造的全部生产力还要多，还要大。"作为忠实的城市人，马克思和恩格斯语带肯定地说："资产阶级使农村屈服于城市的统治。它创立了巨大的城市，使城市人口比农村人口大大增加起来，因而使很大一部分居民脱离了农村生活的愚昧状态。"[37]如果连共产主义的创立者都不得不承认布尔乔亚有其重大历史贡献，那他们会有声誉鹊起的一天就不是不可能的了。

　　然而，到底是布尔乔亚（bourgeoisie），还是"诸"布尔乔亚（bourgeoisies）呢？规避问题的一个方法是声称答案要视研究者的观点和角度而定。19世纪中产阶级在政治取向、对权威的态度、艺术品味和经济水平上都有很大分歧，更不必说不同国家的中间阶层的不同发展程度了。这些分歧处处让人觉得，复数才是正确的选择。我在本书里从未看轻布尔乔亚内部的分歧性，正相反，在每一章里我都为之提供了证据。另一方面，中产阶级这张历史织锦在经过几十年的演化后，却又真的浮现出了某种规则化的图案，一些跨越国界而为所有布尔乔亚所共享的意见与态度。它们成为一些准确无误的标志，让布尔乔亚一眼就可以认出彼此。没有错，托克维尔、马克思和他们的许多同时代人的确是大大低估了布尔乔亚之间的差异，但纵使中产阶级的缤纷多样是昭然若揭的，甚至是值得欣赏的，这也并不代表布尔乔亚们不能具有某些无所不在的统一性。

　　大部分19世纪的布尔乔亚正是这样看待他们的阶级的。

有许多思考与感情风格（一些我们前面约略提过，一些我们在后面会再谈）都和中产阶级的自我定义密切相关。当然，如果说一个人自认为是布尔乔亚，我们就把他归类为布尔乔亚，这未免太轻率了，人是会自欺的（不管是自觉的还是不自觉的），在揽镜自照时往往会有些一厢情愿。尽管如此，历史学家不应该对这些自我定义置之不顾，因为它们是奠基在一些一贯的、真正深刻的自我体认之上的。

维多利亚时代人所希望过的是一种可以自主的生活，与此同时，他们也乐于接受一些外加的框架：家庭、社会和国家。人类制度，特别是宗教，都是带有权威性的，会要求人做出相当程度的服从。但维多利亚时代人却认为，这种社会与精神层面的规训，正是一个可以发挥个人自律性的领域。这种意识形态不是19世纪的发明，而是一个世纪前的启蒙运动所揭开的；但维多利亚时代人却对它大加修饰，并据为己用。在启蒙运动的头几十年，约瑟夫·艾迪生（Joseph Addison）和伏尔泰曾率领一支由狂放不羁的思想家组成的国际大军，挑战历史悠久的价值观。他们大力赞扬股票经纪，认为应该被奉为社会楷模的是这种人，而不是好战的骑士。他们布置好了舞台让一类新英雄得以上场：和平、宽容、世俗的布尔乔亚，也就是偏好审慎与利润多于荣耀的人，他们鄙视贵族对有组织的谋杀（即战争）的崇拜。1778年，博马舍（Pierre-Augustin Caron de Beaumarchais）把启蒙运动对旧楷模的憎恶写进了他极具颠覆性的剧作《费加罗婚礼》（Le

Mariage de Figaro）里。在全剧最后一幕，身为仆人的费加罗以尖刻的言辞把雇主阿玛维瓦伯爵数落了一顿："贵族身份、财富、地位、官职，这就是使你引以为傲的一切！但你付出过什么而配得到这些好处呢？除去从娘胎出来时费过一些力气以外，没有别的。"这些咄咄逼人的形象正是维多利亚时代自由派的立足点。

他们的新偶像是一个穿着双排扣长礼服的男人，手提公事包和一把伞，念兹在兹的都是生意和家人。他是一个体贴的丈夫，慈祥的父亲，忠实的生意伙伴，对政治和葡萄酒都是浅尝辄止，如果有什么嗜好的话，也都是些不昂贵的嗜好。他会在早餐时看报，不管有没有信仰，大概都会在星期天去教堂。他的太太是这幅自画像里不可缺少的部分。不过，她也有自己的故事。如果她不能完全接受被分派到的配偶、主妇和母亲的角色（有愈来愈多中产阶级妇女是这样的），那她就会比她的配偶更不安定，更具叛逆性。贯穿整个维多利亚时代，中产阶级妇女的历史要比她们丈夫的历史更曲折复杂，在许多方面也更扣人心弦。她们有更多东西需要争取。

然而，不管19世纪的家庭在现实中有多么不完满，家都是当时中产阶级崇拜的圣像，而"家庭幸福"则是被挂在床边的座右铭。一位匿名的美国作者在1869年的伦敦期刊《休闲钟点》（*The Leisure Hour*）中写道："一个人的家庭生活是其性格的最佳指标。"[38] 我们可以在印象派的油画里看到这些中产阶级一家人其乐融融用餐的样子；可以在旧报刊的图片上看到他们在1851年的伦敦万国工业博览会上凝神观望的样子；也可以在舞台上、在施尼茨勒的戏剧里看到他们活灵活现的样子，缤纷多彩而又引人入胜。

注 释

〔1〕David Cannadine的许多研究都精彩地揭示了现代英国的社会阶级，并为阶级的比较研究提供了重要贡献。我认为以下三本特别有参考价值: *The Decline and Fall of the British Aristocracy*（1990）; *Class in Britain*（1998）; *The Rise and Fall of Class in Britain*（1999）。有关法国的研究，参考Adeline Daumard的 *La bourgeoisie parisienne de 1815 à 1848*（1963）以及她那本集大成之作 *Les bourgeois et la bourgeoisie en France depuis 1815*(1987）。对德国中产阶级最权威的考察是Thomas Nipperdey在以下三本书中的相关章节: *Deutsche Geschichte, 1800–1866. Bürgerwelt und starker Staat*（1983）; *Deutsche Geschichte, 1866–1918,* vol. I, *Arbeitswelt und Bürgergeist*（1990）及 vol. II, *Machtstaat vor der Demokratie*（1992）。*Bürgertum im 19. Jahrhundert. Deutschland im europäischen Vergleich,* ed. Jürgen Kocka, 3 vols.（1988）包含了一些论个别国家的论文。Richard Hofstadter的经典 *The Age of Reform, Bryant to F.D.R.*（1955）至今还是能刺激读者思考的悦目之作。有关美国的布尔乔亚，参考以下三本: Stow Persons的 *The Decline of American Gentility*（1973）; Karen Halttunen的 *Confidence Men and Painted Women: A Study of Middle Class Culture in America, 1830–1870*（1982），以及Kenneth T. Jackson的 *Crabgrass Frontier: The Suburbanization of the United States*（1985）。

〔2〕A. S., *Jugend in Wien,* 20, 172.

〔3〕参见 John A. Davis, *Conflict and Control: Law and Order in Nineteenth-Century Italy*（1988）, 113 [*PW*, 5]

〔4〕参见 P. G., *ES*, 29.

〔5〕Tilmann Buddensieg, "Einleitung," *Villa Hügel. Das Wohnhaus Krupp in Essen,* ed. Buddensieg(1984), 7.

〔6〕参 见 Ernst Bruckmüller and Hannes Stekl, "Zur Geschichte des Bürgertums in Österreich," *Bürgertum im 19. Jahrhundert.* I, 173; Ilsa Barea, *Vienna* (1966), 290–293.

〔7〕对于 Boucicaut, 参见 Véronique Bourienne, "Boucicaut, Chauchard et les autres, fondateurs et fondation des premiers grands magasins parisiens, Paris et Ile-de-France," *Mémoires Publiés par la Fedération des sociétés historiques et archéologiques de Paris et de l'Ile-de-France,* XL (1989), 257–335。对 于 Peabody, 参 见 Jean Strouse, *Morgan: American Financier* (1999), 49–50.

〔8〕A. S., *Jugend in Wien,* 11.

〔9〕参见 P. G., *PW,* 75–191.

〔10〕Albert Tannes, "Bürgertum und Bürgerlichkeit in der Schweiz," *Bürgertum im 19. Jahrhundert,* I, 198.

〔11〕Stendhal, *Rome, Naples et Florence* (1826; ed., 1987), 289–290.

〔12〕Hippolyte Taine, *Italy: Rome and Naples* (1866; trans. J. Durand, 3d ed., 1870), 272–274.1868年，一个德国旅人伯恩斯泰因（Heinrich Börnstein）对意大利人的浅薄和德国人做事的彻底精神做了比较。他说，虽然意大利的统一让它终于得以摆脱专制政权的枷锁，但"意大利的布尔乔亚却没有培养出自己的独立意志，也不知道要怎样在公共事务上尽心尽力。"Martin Clark，*Modern Italy 1871–1995* (1984; 2d ed., 1996), 29.

〔13〕Michel Chevalier, *Society, Manners, and Politics in the United States: Letters on North America* (1836; 3d ed., 1838; ed. John William Ward, 1961), 382.

〔14〕Heinrich Heine, *Lutetia,* part I, letter 29 (January 11, 1841). *Sämtliche Schriften,* ed. Klaus Briegleb, 6 vols. (1969–1976), V, 341.

〔15〕Alexisde de Tocqueville, *Souvenirs* (1893; ed. Luc Monnier, 1943), 26.

〔16〕近期的研究都强调，当时秘密警察的数目要比自由派政治家和历史学家以往相信的要少不少。不过，单是有一些秘密警察存在的事实就足以让人不敢放言高论。

〔17〕Lothar Gall, *Bismarck. Der weisse Revolutionär* (1980; ed., 1983), 352.

〔18〕我的好朋友、历史学家 R. K. Webb 正确地指出过："中产阶级的旨趣很有分歧，难以确定。"见他的 *Modern England: From the Eighteenth Century to the Present* (1969; 2d ed., 1980), 224.

〔19〕"波旁王朝复辟时期最后一届的下议院（1827—1830）的成员中有38.5%是较高阶的官员，14.8%从事贸易、金融业或工业，5.2%为专业人士，41.5%为大地主。"参考 Alfred Cobban 的 *A History of Modern France.* vol. 2, *1799–1871* (1961; 2d ed., 1965), 78.

〔20〕1881年，"有大约20万个'独立的'地主、食利者和企业家，另有大约10万名专业人士——医生、律师、工程师等。有10万意大利人在私营部门从事体面的白领工作，另有20万人是非体力劳动者的政府雇员，包括约75万名教师。"另参考 Clark 的 *Modern Italy,* 29.

〔21〕Friedrich Engels, *The Condition of the Working Class in England in 1844,* 95n.

〔22〕Friedrich Engels, "On Historical Materialism," in Karl Marx and Friedrich Engels, *Basic Writings on Politics and Philosophy,* ed. Lewis S. Feuer (1959), 63.

〔23〕A. S., *Jugend in Wien,* 77.

〔24〕A. S., November 30, 1897, *Tagebuch,* II, 272.

〔25〕A. S., May 10, 1896, ibid., 190.

〔26〕Eduard Hanslick, *Geschichte des Concertwesens in Wien,* 2 vols. (1869–1870), I, 164.

〔27〕Count Paul Vasili (pseud.) *La Société de Vienne* (7th enlarged ed., 1885), 347–348.

〔28〕"Confession of Faith: Metterruch's Secret Memorandum to the Emperor Alexander" [December 15, 1820], *Memoirs of Prince*

Metternich, 1815–1829, ed. Prince Richard Mettenuch, trans. Mrs. Alexander Napier, 5 vols. (1881), III, 467.

[29] Freud to Martha Bernays, August 29, 1883. Sigmund Freud, *Briefe, 1873–1939*, ed. Ernst L. Freud (1960), 48–49.

[30] Emile Zola, "Le Catholique hystérique," *Mes haines. Causeries littéraires et artistiques* (1866), *Oeuvres complétes,* ed. Henri Mitterand, 15 vols.(1962–1969), X, 47.

[31] Gustave Flaubert to George Sand (May 17, 1867). *Correspondance,* ed. Jean Bruneau, currently 4 vols. (1973–), III, 642.

[32] Flaubert to Louis Bouilhet, December 26, 1852, ibid., II, 217.

[33] A. S., January 1, 1893, *Tagebuch,* II, 10.

[34] A. S., January 28, 1896, ibid., 171.

[35] *Jugend in Wien. Literatur um 1900,* ed. Bernhard Zeller (1974), 44.

[36] James Mill. Harold Perkin, *The Origins of Modern English Society, 1780–1880* (1969), 230.

[37] Karl Marx and Friedrich Engels, *Communist Manifesto* (1848; introduction, A. J. P. Taylor, 1967), 85, 84.

[38] Anon., *The Leisure Hour,* XVIII (1869), 109.

第二章

家，有苦有甜的家 [1]

Home, Bittersweet Home

不管我们怎样评断 19 世纪的家庭，
家的重要性对维多利亚时代人来说
都不只是一种修辞。
维多利亚时代的布尔乔亚家庭
是一个人无法把耳朵捂起来的回音室。

施尼茨勒父子因一本小红皮日记本所生的龃龉，看起来是年轻人最常会碰到的家庭风波之一。这种爱恨交织的紧张情绪的对峙就像有文字记载的历史一样古老，说不定还要更古老。弗洛伊德之所以会选择一部古希腊悲剧——索福克勒斯的《俄狄浦斯王》——来阐述这种父子冲突，不是没有深意的。只不过，在维多利亚时代的家庭，少年人的叛逆性格却格外清晰分明。这是因为，在现代家庭〔社会学家称之为"核心家庭"（nuclear family），已有半个世纪的历史〕之中，可充当家庭冲突缓和者的人并不多。施尼茨勒一共有四个家人：父亲约翰·施尼茨勒是杰出的喉科专家，也是他望而生畏的人物；母亲路易丝（Louise）是维也纳一位名医之女；弟弟尤利乌斯（Julius）后来当上了医生；妹妹吉塞拉（Gisela）嫁的也是医生。换言之，这是一个典型的医生世家和上层中产阶级家庭。托尔斯泰说过，幸福的家庭都是一样的；但就紧张的父子关系而言，布尔乔亚家庭彼此也非常相似。

19世纪的中产阶级家庭（基本上只包括父母与子女两代）并不是一种全新的发明。它也不是保守分子眼中"鬼怪"（法国大革命与萌芽中的工业化社会）的衍生品。只不过，到了维多利亚时代，人们才把小家庭制从一个事实转化为一种意识形态。没错，现代家庭并没有强加给自己一成不变的限制，亲属中有人遇到不幸的话，它是容许一或两个额外成员加入的——比方说一个刚刚丧偶的祖母，或成了孤儿的小表弟。另外，大概会让人惊讶的是，现代家庭的平均规模从17世纪到19世纪基本上维持不变，即一家4.75口人。施尼茨勒时代的维也纳家庭几乎完全与这个数字吻合，1890年，平均一家有4.68口人。尽管是历史的产物，但维多利亚时代家庭长久以来却一直受到赞美（或指责），被认为是我们今日处境的导因。自第二次世界大战结束起，文化评论家就开始哀叹家庭的没落——他们会有这种论调，正是以19世纪的标准来衡量现代处境的结果。

施尼茨勒年轻时的处境也许与同时代的少年无甚差别，他却特别觉得自己是个受害者。还没有满17岁，他就被要求有大人的样子。"家人因为我的无羁而时有牢骚"[2]，他在1879年6月记道。同年11月，他再次记下父母对他的交友状况及懒散的不满。他们的牢骚持续不断，全都被施尼茨勒简洁扼要地记到日记里。晚至1892年，他还在日记里写道："家里的讨论很不愉快——说我都30岁的人了，还没有单独开诊，至于文学创作嘛，又看不到有什么'钱景'可言。"[3]

虽然有种种不服从的情绪，施尼茨勒基本上是个顺从父母的青年，一如他曾经是个顺从父母的少年。他回忆说，很小他就幻想可以"像爸爸那样"，当个医生。但这种幻想主要发生在父亲带他坐着马车四处去逛以及在糕饼店给他买糖果的时候。但现实却没有那么令人愉快。父亲反复向施尼茨勒暗示，他应该觉得感激，因为贵为医生与教授的儿子，他比竞争对手要领先一大截。这种露骨的话让"受恩者"觉得刺耳，令其相当恼怒。尽管如此，当施尼茨勒在1879年秋天考上维也纳大学之后，还是把选择医学院"视为理所当然的事"。[4]父亲希望儿子当医生，所以儿子就跑去学医，成为医生。当时一如过去，父命都是难违的。

施尼茨勒的选择是出于责任而不是爱好。他一向都酷爱文字，对文字那种魔法般的力量、那种可以同时隐藏和揭示真理的诡秘能力深深着迷。自儿时起他就写戏剧和诗歌，到18岁那一年，他写出的剧本已有23部，另外还有13部已开了头。[5]"我感觉得到，"他在医学院的第一年写道，"科学于我的意义将永不能与艺术相比。"[6]类似的话他将会一说再说。他流连于舞榭歌台。1879年年底，他在总结前一季度去过哪些地方时（他日后也喜欢每个月月底总结自己有过多少次性高潮），得出如下结果：去了15次城市剧院（Stadttheater）、14次宫廷剧院（Burgtheater）、11次歌剧院和至少19次交响乐演奏会。[7]与音乐和舞台相比，医学对他殊少吸引力。他感兴趣的医学领域只有精神医学及其使用的两种神秘方法——联想与催眠。这种兴趣，预示了心理探索日后成为他小说的标记。

施尼茨勒在很长一段时间里一直处于父亲的监护下。他曾奉父命去外国首都进修专业技能，而且有五年时间都是父亲问诊时的助手（至其父1893年过世为止）。施尼茨勒本来就出版过一些短篇小说和独幕剧，父亲死后，他开始逐渐荒废行医的工作，把更多的时间投入写作。然后，到了三十出头，他完全放弃行医，走上自己的道路，也就是文学的道路。行医让他觉得无聊乏味，唯一值得称道之处只是带给他一些易勾引的年轻漂亮的女病人。

在他原属的那个小世界里，作家身份在许多布尔乔亚看来都是不太体面的，而且几乎无利可图。施尼茨勒的父亲在学生时代也写写剧本，但他担心儿子不是这块料，无法靠卖文为生。很多中产阶级家庭都反对儿子靠摇笔杆讨生活：因为信奉工作的福音，他们受不了一个成年男子靠创作小说为生，认为那不啻靠说谎讨生活。不过，也有一些施尼茨勒的同时代人经历过与他类似的人生转折。其中一个是波德莱尔，他因为迷上诗歌而千方百计拒绝去念法律——那原是他父母极力鼓吹的，他们认为那是进入外交界的良好阶梯。另一个是福楼拜，他的父亲和施尼茨勒的父亲一样，都是名医，也同样不了解儿子的文学天分。在父亲的安排下，福楼拜本来注定要成为法律人，后来却因为得了一种危及生命的怪病而辍学。福楼拜的病症到底是癫痫还是歇斯底里，一直悬而未决，但不管答案是什么，这病都帮了他的大忙。与这些同时代人相比，施尼茨勒显然是个相当听话的儿子。不过，一旦做出弃医从文的决定，他就没有回过头。自此，行医生涯留下的主要痕迹，只是一些偶尔出现于其作品中的角色，如风行不衰的戏剧《贝恩哈迪教授》(*Professor Bernhardi*)的主人公。

1

儿子反抗父亲或对父亲心怀不满的事例可谓比比皆是。一个被父亲带入公司的年轻总经理迫不及待地等着老头子退休，一位皇太子不耐烦地巴望着皇帝老父亲早点归天——还有什么比这些例子更令人熟悉呢？但在施尼茨勒的时代，却有一个维也纳医生把这种两者的对峙扩大为一种三角关系，并给了它一个理论上的解释和专有名称——俄狄浦斯情结。弗洛伊德指出，俄狄浦斯情结既不会自我披露，也不是一种他武断的杜撰。他是经过一番艰苦的自我分析后才发现它的，而且透过对许多文学名著的解读得到了印证。

很多人以为，那种弗洛伊德认为普遍见于小孩身上的三角情结（他主张少年人的叛逆只是其早岁情结的翻版）可以简述如下：小孩爱父母的其中一方而恨另一方。尽管这种表达方式简单明了，弗洛伊德却认为它把事情过度简化了，无法充分反映出一个小孩极其复杂的内心纠葛。因为那个想要干掉父亲以便独占母爱的小孩虽然痛恨父亲，却又同时仰慕他。这小孩对母亲的态度同样不是毫不含糊的：那个他在早上想要娶的妈妈说不定到了中午就会成为他愤恨的对象。换言之，俄狄浦斯情结乃是一种爱恨交加的情结。弗洛伊德采用了"矛盾心态"（ambivalence）这个词来形容这种混杂的激情，而在他看来，"矛盾心态"乃是人类经验的一个基本成分。

在弗洛伊德看来，俄狄浦斯情结在历史上曾经以相当不同的形式出现。1899 年 11 月出版的《梦的解析》（*The Interpretation of Dreams*）是他第一本把俄狄浦斯情结公诸于世的作品。其中，弗洛伊德特别强调，《俄狄浦斯王》里的主角把自己的乱伦欲望付之实行，而莎士比亚笔下的哈姆雷特则千方百计地压抑这种欲望。他指出，这种"对相同材料的不同处理方式，透露出这两个相隔久远的文明①的内心世界是何等的天差地别"。[8]这一划时代的观察让历史学家可以把俄狄浦斯情结用作分析工具，因为它在把这种三角情结放在具体文化语境中来谈的同时，又肯定了人性的连续性。有些批判精神分析的人认为，俄狄浦斯情结只是弗洛伊德的病人（即维多利亚时代人）所独有的，不应该加以泛化。但与其说俄狄浦斯情结是维多利亚时代人所独有的，不如说在他

---

① 指古希腊和 16 世纪的英国。

们身上表现得更明显；之所以会如此，则是现代家庭亲人间关系特别密切的结果。

父子冲突在19世纪的家庭屡见不鲜，反映的是布尔乔亚财富的增加、避孕的日益普及以及男女工作领域的区隔化——简言之就是反映了现代家庭的胜利。这类家庭可以为小孩提供一个彩排人生的场地，让他同时预先体验生活中亲切与专横的一面。它可以满足意识与潜意识的需要，而且同样重要的是，也可以让意识与潜意识的需要得不到满足。19世纪的布尔乔亚并没有比他们的祖辈更爱子女，但是，他们却有更多的金钱和时间，可以对子女的行为投以更密切的注意。另外，维多利亚时代人对家的崇拜让他们更觉得这种关注是应该的。

现代家庭的挞伐者指控它是带来极端个人主义的祸首，说人们之所以会选择孤独而舍弃群体生活，是因为受其鼓励。尽管错得离谱，但这些批判者却认为，他们的论点是有社会科学支持的。19世纪是一个热衷于自我检视的年代，发明了种种新技术以测量个人和制度的缺失。为了实现启蒙运动揭示的那个"人与社会的科学"的方案，维多利亚时代人以最热切的态度研究起种种社会疾病——卖淫、贫穷、自杀。但到了19世纪中期，他们的放大镜转向了家庭。

家庭有太多可研究之处了，这使它成为社会观察者之间和月刊杂志之间争论不休的话题。可惜的是，家庭社会学的两位开先河者都是有偏见的，以致他们的结论都下得太快了些。他们一个是法国工程师勒普莱（Frédéric Le Play），一个是德国文化史学家里尔（Wilhelm Heinrich Riehl）。两人的主要著作——《欧洲工人》（*European Workers*）的第一卷和《家庭》（*The Family*）的最后一卷（《家庭》三部曲被里尔称为人民的"自然史"）——都出版于1855年，而且几乎垄断了维多利亚时代家庭研究的意见市场。事实证明，这对社会科学来说是一场灾难，因为这两位作者都对一个并不存在的过去怀有乡愁。

在他们深具影响力的作品中，勒普莱和里尔同样声称现代家庭是社会不稳定与道德衰颓的催化者，是过去拥挤、活泼、感情亲密的大家庭的有害的取代者。勒普莱煽动性地称现代家庭为"不稳定的"类型，而里尔则称赞过去三代人和睦而虔诚地住在一起的大家庭，称之为"完整的家"，相信那曾经一度是社会的规范。里尔哀叹现代家庭的可怕，认为那是一个由父母与子女两代结合成的反社会的单位，在他看来，现代家庭已经几乎把"完整的家"连根拔起，而受害最深的是都市的中产阶级。

这两位社会学家对现代家庭的弊端的诊断大体相似：父母权威衰落，与宗教疏离，社区式微，家与工作场所分离。在他们看来，这些都是个人主义的苦果，同时也是它的成因与结果。勒普莱和里尔的一大错误在于他们没看出维多利亚时代的小家庭不是什么全新的事物，唯一不同之处在于，较早世纪的中产阶级家庭并没有把小家庭视为一种理想模式。在较早的世纪，婴儿死亡率相当高，即使可以活过一岁，还是有可能染上当时尚无药可治的各种儿童疾病。[9]产妇的死亡率同样吓人，其感染上所谓"产褥热"的风险很高。为了养育小孩，丧妻的父亲会迅速再婚，因此在17、18世纪，有继父、继母或异父母手足的人是很普遍的。所以说，17和18世纪的中产阶级家庭虽然大多像维多利亚时代一样小，但那不是人们主观意愿的结果，而是医学不发达的结果。但在19世纪，小家庭更多时候是人为的而非偶然的产物。

不管保守派人士对现代家庭有多少抱怨，但维多利亚时代还不是瑞典女性主义者爱伦·凯（Ellen Key）所说的"儿童的世纪"。当然，一如其他的事情，在这件事情上，家庭与家庭、阶级与阶级、社会与社会之间的落差是很大的。尽管如此，维多利亚时代的许多回忆录还是透露出，中产阶级上层（又以英国和德国为典型）子女与父母（特别是父亲）之间的鸿沟比中层的要大得多。在富有的家庭，房子当然大得可以容纳保姆和家庭女教师的房间，不过一般而言，中产阶级父母都喜欢把儿子送到寄宿学校去念书。

但只要是住在家里，富有人家的子女必须遵守的家规往往相当严苛。在其回忆录里，生于德累斯顿一个富裕犹太家庭的卡登女士（Julie Kaden）告诉我们，每有家庭晚宴，她和兄弟姐妹都得"从头到脚清洗一遍，穿上白色水手服"。用餐的时候，"我们必须像娃娃一样静静坐着，腰挺直，手放在桌子边，手肘靠着两肋，保证银餐具不会发出咔嗒声。要是我们谁违反了这些规定，就会招来女家庭教师的狠狠一瞪——如果是妈妈的话，这一瞪会更凶。"[10] 反观在美国人的自传里，提到的即便是一个严厉或整天忙碌的父亲，他通常都要更亲近，更不拘泥小节。

　　另外，认为布尔乔亚有蓄意自我孤立倾向的指控，也是言过其实的。尽管是小家庭制，但布尔乔亚家庭还是随时准备好为堂兄弟姐妹、伯伯婶婶、姨父姨母、外公外婆、祖父祖母敞开大门。遇到施洗礼、成年礼、纪念日或守灵这些重要事件（更不用说婚礼了），整个亲族就会齐聚一堂，很多往往是远道而来的。家庭成员也会在书信里互相说些私密话。所以，布尔乔亚的家庭世界是比它乍看之下大很多的。另一方面，它在某种意义下也要比乍看之下的更小。因为国家接管了大部分教育小孩的工作，所以与之前的时代相比，维多利亚时代中产阶级家庭的功能变得比较小。另外，工业的发达也让家庭主妇不太需要亲自动手烤面包或做衣服。同样地，前工业化时代里家庭作为一个经济单位的普遍角色，也随着布尔乔亚父亲（有时甚至是母亲）出外工作而告萎缩。

　　但这一切都没有消减现代家庭对其小孩的心理影响。家庭祷告和守安息日等都继续发挥着让子女传承父母的信仰与道德观的作用。此外，尽管大部分中产阶级小孩会上学，但父母仍然会继续向他们灌输道德理念、社交技巧、餐桌礼仪和婚姻策略。正因如此，家庭功能才会反而保持萎缩，而这甚至促进了家庭与社会（学校、大学、教会、俱乐部、政党）的关系。对家的膜拜并不一定会让人与社会疏远。

爱家的范式就像小家庭制度一样，并不是一种新近的发明，但其程度在19世纪却是前所未有的，而且在很大程度上被理念化了。布尔乔亚文化鼓励男性成员把为家人谋福祉视为追求物质成就的主要动力。这和当时流行的另一个理念——男人应该有男性气概——并不抵触，因为后者否定侵略和野蛮，对体贴他人表示赞扬，甚至在某些情况下容许男儿流泪。因此，布尔乔亚会赚钱、写文章、演讲、竞逐公职、举行音乐演奏会，这主要是因为——至少他们是这样告诉自己的——他们是家人的经济支柱，有责任在能力许可范围内带给妻儿富裕舒适的生活。

自然，就像19世纪的其他理念一样，这一理念的落实程度因地而异。当H. 泰纳在19世纪60年代游访英国时，英国人对家的重视程度让他感到震惊。"谈到婚姻，"他写道，"每个英国男人的心房里都有一个秘密的角落，他会憧憬有一个自己的家，一个由自己选择的妻子。那是他的小宇宙，是密闭的，完全是属于他一个人的。如果得不到，他就会不自在；反观（我们）法国男人，一般会把婚姻视为终点，一种非不得已不会做的事。"[11] H. 泰纳的话无疑夸张了一点儿，因为贯穿19世纪，尽管婚姻在法国都是复杂的买卖，法国中产阶级家庭的凝聚力仍然很高。那些喜欢福楼拜和左拉等进步作家的小说的读者，无疑都是爱读通奸情节的，但这并不代表他们准备好随时要冒犯家这个圣所。

在这种气氛下，"家"一词成为受诗人、杂志作家和一般中产阶级宠爱的字眼。1892年，伦敦戏剧界的名人格罗史密斯兄弟（George and Weedon Grossmith）把这种爱家情节浓缩在他们极为畅销的作品《一个无名小卒的日记》（*Diary of a Nobody*）里，其主人公波特一句话道出了数百万人的心声："家，甜蜜的家——这就是我的座右铭。"〔12〕他这话看来是无须注解的。

不管我们怎样评断19世纪的家庭，家的重要性对维多利亚时代人来说都不只是一种修辞。手足间的竞争，夫妻间的争吵，一家人一起快乐出游，严厉或不严厉的惩罚，酗酒的父亲和迷人的母亲，不论孩子本身自觉不自觉，这些事情都会在子女的心里留下或好或坏的烙印。没有任何外部的影响力（不管是来自教会还是学校的）足以让中产阶级父母和子女从他们日常的互动中分心。维多利亚时代的布尔乔亚家庭是一个人无法把耳朵捂起来的回音室。

2

维多利亚时代的爱家指令所导致的一个引人注目的后果，是让人们对生活——特别是对赤裸裸的生理现实——抱持一种坚定不移的现实主义态度，而那是后来自命开放的时代有所不及，甚至是远瞠其后的。爱德华时代①的讽刺家常常把维多利亚时代人描绘成不敢正视身体的，声称他们喜欢用一层薄棉布把身体包裹起来。我们得知，维多利亚时代是一个委婉得要命的时代。不难看出，维多利亚时代的布尔乔亚会被指控为拘谨的原因何在：性激情的描写在这个时期的英国小说里是付之阙如的。事实上，这些指控大多没有根据。研究19世纪中产阶级文化最让人意外的奖赏之一就是发现他们有多开放，有多坦率。如果"维多利亚时代"是"忸怩"或"拘谨"的同义语，那维多利亚时代人就不能算是维多利亚时代人了。

几个例子也许就可以反映出事情的常态。以比顿女士（Isabella Beeton）的《家政之书》（*Book of Household Management*）为例，这部出版于1861年的大部头包含大量的食谱和家务事小秘诀，最初连载于《英国妇女家庭杂志》（*The Englishwoman's Domestic Magazine*）。此书深受中产阶级家庭主妇的喜爱，它的畅销不衰足以证明读者对它一页又一页露骨的言词并不抵触。例如，在教导读者怎样煮甲鱼汤时，比顿女士没有任何拐弯抹角："前一天先把甲鱼头切下，隔天早上再用刀子把它背上的壳狠狠扳开来。"[13]

---

① 指爱德华七世主政的时代（1901—1910）。爱德华七世是维多利亚女王的儿子。

比顿女士对教读者挑奶妈的方法的描述同样坦率。"当一个妈妈因为患病、奶水不足、意外事故或某些自然原因而不能享受亲自哺乳之乐时",就必须雇用一个奶妈,而雇用前必须仔细检视。"可能的话,其年龄不应该小于20岁或大于30岁,身体各方面都应该健健康康,没有长任何疹子,没有局部残疾。一个妇人健康良好的最佳证据表现在明朗的脸容、红润的皮肤、浑圆而有弹性的乳房,特别是坚挺的乳蒂上。相反的,身体不健康的人乳房会是下垂的、松弛的,这样的话,奶水的品质必定欠佳,因此营养元素一定匮乏。"[14]我们在这些段落里嗅不到一丝的忸怩之气。

这段文字也在不经意间透露出19世纪阶级社会的一个真实面貌:我们本来会以为,唯一有资格检视一个中产阶级妇女乳房的人只有医生。但比顿女士却让我们知道,准雇主也是有这个资格的。此外还有丈夫。像格莱斯顿这位最典型的维多利亚时代人,就曾经焦虑地检视爱妻凯瑟琳乳房的状况。凯瑟琳怀了一胎又一胎,生到第二胎时奶水分泌已减少,到生第四胎之后更加严重,泌乳变得困难。那是一种疼痛的状态,而如果不加以治疗的话,是会有危险的。当药和吸奶器都不管用时,剩下的应急办法就是由丈夫虔诚而轻柔地为她按摩乳房,以刺激奶水的分泌。

在19世纪,疾病不但不会让病人变得孤立,反而是通向密切身体接触的大道。比顿女士曾指出,家里负责照顾病人的人(通常是太太或大女儿)必须要有好脾气,有同情心,整洁，安静，有条理，干净，并做好了随时执行一些令人恶心的职责的心理准备。具备这些素质，她才能"克服一些常在病榻上发生的恶心现象"。[15]比顿女士这里想到的是老人家腹泻、呕吐、出血、流涎、失禁等情况。在19世纪，只有穷人才会上医院，因为那几乎是一种死刑。中产阶级是生在家里、死在家里也在家里分娩的。当著名的埃及学家埃贝斯（Georg Ebers）得了太多种疾病（不完全是歇斯底里）而卧床后，他的太太照顾了他20年，而且每天都认真地记录下为丈夫所做的事。她耐心为丈夫注射吗啡，勇敢应对他的尖叫、呕吐和最后的诀别。

要不是被大人禁止走进病人房间，小孩子是有机会目睹生命无常的变化的。1895年3月，法国印象派女画家莫里索（Berthe Morisot）在病危之际禁止女儿朱莉·马奈（Julie Manet）走近病榻，不想让女儿看到自己令人魂飞魄散的病容——但不知所措的朱莉最后还是走到床前见了妈妈最后一面。那时的男性一般都会在太太分娩的时刻在场，大部分还会充当医生或接生婆的助手，能帮什么忙就帮什么忙。格莱斯顿发现他太太"无怨尤"地忍耐阵痛之苦的容貌"极端美丽"。[16]但1869年的瓦格纳却无缘见证儿子西格弗里德（Siegfried）出生的情景，他被正在经历阵痛的情妇比洛（Cosima von Bülow）赶出了房间，因为他的焦躁不安让她神经更加紧张。

当然，这一时代也不乏家庭暴君，而他们或多或少都受到法律的保护。维多利亚时代的小说里会有那么多凶恶或对子女漠不关心的父亲角色，应该不是偶然的。代表性的例子包括巴尔扎克笔下那个外省吝啬鬼的典型葛朗台先生（《欧也妮·葛朗台》）、亨利·詹姆斯（Henry James）笔下那个视女儿为仇敌的斯洛珀先生（《华盛顿广场》），以及狄更斯小说《董贝父子》中的董贝先生——直到最后没来由地突然变成一个恋爱的祖父前，这位董贝先生都是个傲慢无情的家中恶棍。有很多材料（包括法庭记录）显示，这些可怕的虚构角色在真实生活里是有对应者的。尽管如此，在经历过一些激烈的抵抗和反复的倒退之后，19世纪的夫妻毕竟还是在互敬互爱的家庭里感受到了一些不太稳定的快乐，而且尺度要比他们当小孩的时候大得多。

然而，以反专制为理念的布尔乔亚家庭在很重要的一点上却止步不前：它缺乏平等性。对太太们而言，维多利亚时代的家庭既可以是荫庇所，也可以是监狱。对于这个已经被妇女史研究者彻底探索过的领域，我们只要谈一点就够了：不管是在法律还是习俗上，不管是在女权主义的敌人还是妇女自己眼中，女性的才智或处理公共事务的能力都被认为是低男性一截的。她们的专属领域是家，那是她们唯一可以实现太太和母亲天职的地方。即便有些权威也承认女性拥有某些天赋，但这些天赋完全局限在情感领域：审美的感性、母性智慧和优雅的社交天分。但对那些不愿意生活在娃娃屋里的女性而言，这种恭维并不能算是真正的让步，因为这种男女领域的区别恰恰为剥夺女性投票、接受高等教育和拥有独立银行账户的机会提供了口实。在19世纪晚期的法国，意图谋杀丈夫或情人的女性常常会被判无罪，但这一点并没有让女权主义者感到安慰，因为这些判决的根据往往是认定女性天生是非理性的。[17]

女性的能力天生比男性逊色——这个会让许多男性感到满意的结论是以一些被奉为传统的迷信为基础的。男性既得地位的辩护者之一，德国历史学家西贝尔（Heinrich von Sybel）在这方面的观点可以说是最具原创性的，他认为女性完全可以胜任男性的工作，但男性却无法胜任女性的工作，为了社会的凝聚，女性应该做她们最擅长的工作。[18]其他人则会拿出《圣经》的段落、布道者或道德家的言论，还有些人求助于医生的"权威"裁决。

事实上，19世纪的医学和人类学都是男尊女卑意识形态的扶植者，他们提出了一大堆用生理学外衣包裹的偏见，比如女性是低等的，因为她们的脑子较男性要小，而且发育得没那么完全；女性每月一次的"疾病"——法国历史学家米什莱（Jules Michelet）称之为"伤口"——也让她们无法胜任念大学或外出工作这些艰巨任务；女性的腺体〔这是著名德国病理学家菲尔绍（Rudolf Virchow）的医学研究贡献〕不但决定了她们拥有迷人的曲线，也决定了她们拥有忠诚与温柔的气质。[19]

那个广为接受的刻板印象——女性爱说长道短，勾引男人，且擅长说谎——只让女性的处境雪上加霜。在这一点上，施尼茨勒的态度是矛盾的。他笔下有些女主角的品格要比她们的男性追求者高尚，有一两个甚至比男性聪慧多了。施尼茨勒也会把正在撰写中的作品念给他认为有品味的情妇听（享受这种殊荣的情妇前后只有两三人）。但他日记里偶尔出现的对女人的评论却反映出，他是一个传统得多的维多利亚时代大男人。他说过女人是信不过的，缺乏艺术想象力，而且几乎全是妓女。[20]他似乎没有想过，正是像他这样的男人使女人变成妓女的。

通常，19世纪有关夫妻关系的立法，要比丈夫对妻子的实际态度严厉许多。有大量资料显示，妻子常常参与家务事的决策，而且是推动丈夫更努力赚钱改善家计的一大动力。1905年，爱德华兹小姐（Betham-Edwards）在《法国家庭生活》（*Home Life in France*）里总结了她认为的一个世纪以来的家庭实况："在大部分法国家庭里，妇女拥有不容挑战的主宰权。"[21]尽管如此，法律加诸女性的一些严重限制，还是丈夫们扮演家中老爷的一个相当大的诱因。英国女性主义者科贝女士（Frances Power Cobbe）在1868年就曾怨怼而精确地指出，在她的国家，妇女的法律地位几乎与少数民族、罪犯和白痴无异。但这一现象已转变在即。

1869年，约翰·穆勒在其《论女性的屈从地位》（*The*

Subjection of Women）一书中——此书大概是19世纪最有影响力的女权主义著作——以其一贯清晰的逻辑揭露出女性法律地位的低下：太太实际上是丈夫的奴隶，是"专制君子的一个私属奴隶"。毕竟，"她曾经在祭坛前发过誓要一生顺服于丈夫，而法律也就要求她一辈子遵守诺言"。不管做什么事情，她都需要得到丈夫的允许，至少是默许。"她没有任何财产不是同时属于丈夫的。在她拥有一份财产的同时，哪怕是继承而来的，都是自然而然地属于他的。"换言之，法律把夫妻视为一个人，任何属于妻子所有的东西都是同时属于丈夫的——尽管不是反之亦然。即使儿女也是属于丈夫的："法律上，他们是他一个人的子女，他是唯一有资格对子女行使权利的人。"[22]不过就在第二年（1870年），英国国会通过了《已婚妇女财产法》（Married Women's Property Act），赋予已婚妇女一些单身女性已享有的权利。此后，1882年和1893年通过的法令对此又有所补充。约翰·穆勒是该法令通过的三年后过世的，他理应会因为该法令的通过而感到欣慰。

其他国家的法律的男性取向要更明显。在巴伐利亚，迟至19世纪晚期，丈夫"责打"妻子仍然是法律允许的；而在普鲁士，妻子则可以在丈夫的责打威胁到自己健康或生命安全时诉请离婚——但也只有在这种情况下才可提出。在德意志各邦国，妻子的所有财产（包括她自己赚来的钱）都理所当然是丈夫可以支配的。法国曾经在大革命期间通过有关离婚（一种对妻子远比对丈夫来得重要的权利）的立法，但在

1816年波旁王朝复辟后又遭废除，一直到1884年经议会和报纸激烈辩论后才告恢复。由此可见，妻子在结婚仪式中答应过要"顺服"丈夫的承诺，绝不是一句空话。哪怕是最活跃的枕边私语也只能把这种不平等矫正一点点。

3

1896年1月，施尼茨勒告诉朵拉·富尼耶（Dora Founuer，他的一位旧识，已婚，看起来大有希望进入他的被征服者名单），她之所以觉得缺乏爱的能力，是源于害怕生小孩的心理。朵拉觉得这个分析很有道理，接着两人就展开深谈，"谈可以避开这种危险的方法"。两个星期后，施尼茨勒收到朵拉寄来的一封信，信中附有一些可以防止怀孕的药物——一种先前他们曾谈及的"秘方"。[23]不过有些时候，对担心意外怀孕的谨慎也会向任性屈服。这样的例子他至少记下来过一次。1896年5月的一个晚上，当他的至爱玛丽·莱因哈德（Marie Reinhard）抱怨他不够温柔时（"而那时我是小心翼翼的"），施尼茨勒大为光火，"喊她是笨女人——接着我就变得不谨慎了"。[24]我们将会看到，每当施尼茨勒发现他的节制与性急发生冲突时，输的一方几乎总是节制。

这是施尼茨勒把他对这一重要主题的看法形诸笔墨的罕有一次。这个主题的确是重要的，因为一户布尔乔亚人家人口的多寡，主要取决于太太对自己身体享有多少自主权。夫妻间会进行有关避孕的床第谈话这一点，不管那是多么私密的，都足以进一步推翻维多利亚时代人言行拘谨的断言。既然施尼茨勒是个性欲漫无节制的人，他不可能没有和情妇谈过避孕的问题，如若不然，至少也是自己好好思考过。无数情欲不及他旺盛的中产阶级男性也是如此。19世纪是一个婚姻小册子、避孕医学论文车载斗量的时代，它们的盛行反映出人们对这方面的知识是多么如饥似渴。

避孕物品种类的愈来愈多样化和容易获得，以及它们对家庭人口数目的深远影响，都意味着避孕是布尔乔亚夫妻不可能回避的话题。在这个问题上，互敬的夫妻之间不可不坦白交流，给自我设限的程度只怕比一些他们爱读的小说家还要低。有几封留存至今的信件充分显示出这一点。1864年，因为南北战争而在外作战的阿瑟·罗伊（Arthur Roe）写了一些充满性暗示的信给太太艾玛，而艾玛则以半嘲笑且腼腆的口吻加以回应。罗伊夫妇育有两个孩子，并犹豫要不要再生一个。这个问题引起了艾玛所说的"我们的争执"，但她又深信这个争执是"（我们）不费多少事就可以在一个适意且愉快的平静时刻解决的"——她所说的"平静时刻"是指做爱前或在那之后的休息时刻。"我期盼可以再一次怀孕，"她这样向丈夫保证，又挑逗地补充说，"对，我想以后我们将会有比以前更多的夜晚，甜美而亲密地躺在一起，享受身体与灵魂的结合。"[25]就算很多布尔乔亚夫妻只敢把这类话题轻轻带过，也还是会有一些夫妻（像罗伊夫妇）是乐于谈论它们的。

当然，我们没有统计数字，但对维多利亚时代的布尔乔亚夫妻来说，愉悦的性生活必然与谈话快乐地交织在一起。

几乎没有一本自称可以在性问题上带给年轻夫妻帮助的书刊会回避避孕的话题。而在一个宗教仍大有影响力的世纪，它们也不会规避医学与道德的议题。这些幸福婚姻的追求者自然知道，面对教会对避孕的谴责，必须用技巧去处理。因此，即便是毫无信仰的善辩之士，也会在他们的议论里加入一些虔诚的味道。一位不具名的"美国医生"在1855年写道："可以肯定的是，不管是理性思维还是宗教信仰，都不会禁止人对众生的出生持审慎态度。"[26]另一个作者则试图这样安抚读者："我认识许多道德家和宗教人士，他们都认为这种做法……是完全合理和正当的，有些甚至认为它是一种责任。"[27]这类保证乃是对卫道之士的先发制人的攻击。

其中一个战场是"自然"这个词，那是反避孕的人士企图占领的：干涉可能的怀孕是"有违自然的"。但赞成避孕的人也在这个问题上迎头还击。"努力让自己超拔于'自然'之上乃是完全恰当之举。"[28]诺伊斯（John Humphrey Noyes）在1866年这样写道。诺伊斯因为鼓吹群婚制而臭名远播，同时他也是一个空想社会主义社团的创立者。尽管如此，在指出人应该超拔于赤裸裸的自然这一点上，他却道出了一大批医生和改革者的心声。

尽管马尔萨斯在1800年前后就预言过，要是没有战争、瘟疫，以及不采取避孕之类的"预防措施"的话，世界的人口将会泛滥成灾。但反避孕者并不信这一套，反而斥责避孕等于是一种"婚姻手淫"。但马尔萨斯主义者使用大字眼的本领也不遑多让：自由、选择、常识。比方说，他们主张，为了母亲和整个家庭的幸福着想，小孩是有权利选择不出生的。另外，他们又指出，攻击避孕是"有违自然"的说辞乃是诡辩，因为几乎没有哪一种人类活动（栽种食物、盖房子、使用机器等）不是干预自然之举；而预防不想要的小孩诞生，为的只是让人的生活可以更加惬意，至少使其变得可以忍受。

避孕对中产阶级家庭的重要性显而易见。随着布尔乔亚人数和可支配收入的增加，事先考虑多生一个小孩会直接和间接增加家庭多少开销，看来是合情合理的。尽管19世纪70年代中期至19世纪90年代初期，大部分欧洲地区饱受经济萧条的困扰，很多商品都跌了价，但中产阶级特别想要的东西其价格却持续升高。这使得储蓄和限制小孩的数目成为家庭的当务之急。这种理性主义的家庭计划对多育的妇女特别有吸引力，对她们而言，生小孩之苦（更不要说生小孩的危险）比任何支持避孕的理由都更有说服力。在许多国家（特别是法国、德国和美国），杞人忧天之士都惊恐地指出出生率下降，预言罗斯福（Theodore Roosevelt）所说的"种族自杀"将要到来。但有证据显示，至少在法国，一些天主教徒因为无法接受忏悔神父反对干预自然的劝吁，宁愿选择离开教会。简言之，有数量不明但肯定不在少数的布尔乔亚觉得限制家庭人口数的急迫性要高于任何伦理、政治或宗教的考量。接下来的问题就是怎样找到安全可靠的避孕方法。

这类需要获得了满足，很多时候甚至供过于求。有证据显示，寻求避孕信息的人与日俱增，在克服了一些困难后，也获得了他们想要的信息。顽强的避孕鼓吹者不畏坐牢的风险而散播他们的珍贵秘籍，而且还让报纸不自觉地（倒不一定是不情愿地）成了他们的同盟。1877年，布雷德洛（Charles Bradlaugh）和贝赞特（Annie Besant）在伦敦被起诉，罪名是再版和散布45年前出版的一本避孕手册——诺尔顿（Charles Knowlton）写的《哲学的果实》（*Fruits of Philosophy*）。这起极为轰动的诉讼案让很多本来不知道有这类伤风败俗的智慧的人趋之若鹜：截至1880年，《哲学的果实》已卖出超过20万本。

在这场战役中，有来自不同国家的数十名医生挺身而出，鼓励人们控制家里的人口数量。他们指出，避孕可以让布尔乔亚夫妻自己掌握自己的未来——这无疑是令人愉快的。然而，尽管到了19世纪晚期，有关避孕的信息已经广泛流传，但避孕基本上仍是人们不敢提及的话题。这种缄口不言并不全是出于自愿的：自19世纪中叶以后，大部分工业国家都出现了一些由卫道士组成的团体，致力于打击避孕的言论和行为。他们没收了数以吨计的出版物和避孕用品，不然就是发起诉讼，让这些出版物受到查禁。

因此，站出来说话是需要勇气的，但有些人有这种勇气。

世纪之交，性学研究者埃利斯（Havelock Ellis）无畏地出版了他的划时代之作《性心理研究》（*Studies on the Psychology of Sex*）。起初他根本找不到像样的出版社愿意帮他出书，就连后来帮他出版此书的出版商也饱受诉讼的困扰。要不是有人愿意坦诚地把自己的性经验分享给埃利斯，他是不可能写成这本书的，所以在序言里，他感激地表示："我由衷感谢我的许多朋友及通信者（他们中有一些住在这世界很遥远的地区），他们无讳地以无价的信息和个人经验促成了此书。"[29] 可见，随着时光的推移，维多利亚时代人那张谨小慎微的布幕已愈发千疮百孔。

毫无疑问，有些鼓吹避孕的作品是被它们的敌人打压下来的。但缄口不言并不等于完全沉默。1874年，美国的富特女士（Mary Halleck Foote）在写给一个好友的信中，告诉对方她将要谈的是极敏感的事，又说她刚得知的这件事是"完全让人反胃的"：有"某种防护物"可以在药商那里买得到，它们"被称为'保险套'，是由橡胶或动物外皮制造的"。[30] 她承认自己在谈及这个令人作呕的话题时，是一面写一面发抖的。但她毕竟还是写了。

就像许多其他可以用来界定维多利亚时代布尔乔亚的文化习惯一样，避孕并不是一种新近的发明。但在19世纪，特别是它的后半叶，避孕却对中产阶级家庭带来了深远的影响。崭新或现代化的避孕技术扩大了人们对抗怀孕（富特女士称之为"自然方法无可避免的后果"〔31〕）的"军火库"。其中一种受欢迎的避孕方法是性交中断法（维多利亚时代人称之为"撤出法"），其历史与《旧约》同样古老。因为简单，它长久以来都是人们的首选。这方法几乎一学就会，而且失败的机会不多：失败的代价惨重得足以让使用它的男人小心谨慎。另外，它不需要外人（如药师或医师）的帮忙，也不需要动用让人望而生畏的器具。有些撤出法的热心鼓吹者宣称此法万无一失，但一大批不请自来的小婴儿却证明事情并非如此。但至少很多夫妻都认为那是最好的方法。

大部分鼓吹撤出法的医生都会正视一个很关键的生理学与心理学问题：此法会减损性满足的程度吗？一位美国医生阿什顿（James Ashton）认为答案是否定的："它不会真的减少结合时的愉悦感。"然后又用甚至比比顿女士教人煮甲鱼汤时还要露骨的坦率方式，建议男性应该事先为即将到来的狂喜预备好武装。"每次上床前男性都应该带一条干净餐巾，行房过程中把它拿在手里，到撤出时再把它放在恰当位置以接住精液。"阿什顿医生向读者保证，这种技术不会减少夫妻任何一方的愉悦，习以为常后，男方将会成为"这方面的专家"。〔32〕来自这样权威的鼓励自是大受中产阶级读者欢迎的。

在19世纪，特别是在文化人之间，撤出法面临了几个劲敌：避孕胶冻、灌洗法，以及阴道栓剂。但对现代家庭而言，最划时代的维多利亚时代发明非橡胶避孕套莫属。数十年后又出现了子宫帽（宫颈帽），这两者都是工业智慧的产品。保险套自18世纪就开始被使用，但主要是用羊肠制造的，既昂贵又不可靠。后来，到了1839年，古德伊尔（Charles Goodyear）首次发明硫化橡胶之法，又在五年后取得了专利。到了19世纪中叶，制造橡胶的程序经过一再改进后，批量生产橡胶保险套的时机终于成熟，它们要比它们的先驱更可靠，也更便宜。19世纪60年代前后，保险套在英国的售价从每个十便士降为半便士。[33]①

另外还有两种避孕方法深受中产阶级瞩目，一是禁欲，一是安全期计算法。前者可靠但不流行，后者流行但不可靠。禁欲是不得已的最后手段，它受到神父与牧师的高度准许，而且通常是由太太强加于丈夫的：因为受够了分娩的罪，她们禁止丈夫到卧室就寝。至于安全期推算法，则既可以由夫妻自行在家里推算，也可以请教医生的意见，但在这件事情上，专业的意见却不见得比业余的猜测可靠。当时许多医生的无知是惊人的[34]，他们常常引用一个不恰当的比喻，宣称处于受孕期的妇女犹如发热的动物。就像那些过度信任"撤出法"的夫妻一样，那些信任安全期推算法的配偶也常常会抱到不请自来的小宝宝。在维多利亚时代，一定有过无数次，人们更应该听妈妈的话而不是听医生的话。正是这类胡说八道的专业意见的存在，才促使里昂大学的动物学家克勒

---

① 尽管如此，保险套仍然有它的反对者。无数用过的人都可以告诉你，保险套不是万无一失的，而且非常容易减损性爱的乐趣。

（R. Koehler）于1892年在一篇资料详实的文章中指出："我们对受精现象的理解是相当晚近的事。"[35]在那几十年里，布尔乔亚家庭从他们的盟友那里吃到的苦头，几乎不亚于从他们的敌人那里吃到的。[36]

4

在种种把布尔乔亚家庭生活变得面目全非的宁静革命里，浪漫爱情大概是影响最深远的。它一再为流行小说、蚀刻画、诗歌和歌曲所讴歌，慢慢在人们脑子里植入一个通俗的观念：选择终身伴侣的第一考量应该是爱情而不是面包。当然，这个理念的落实程度是因地而异的：婚姻途径的多元性也再一次见证了中产阶级内部的歧异性。求爱仪式、父母的影响和金钱上的考量这三项元素的不同混合比例区分了不同的布尔乔亚社会。比方说，英国和美国的未婚男女会发现他们比同时代的德国和意大利男女有更多聊天或散步的自由。H.泰纳发现："英国的少女会憧憬一桩纯粹出于感情的婚姻，她会在想象中勾勒一段爱情故事，而这个梦想会成为她的骄傲和贞节的一部分。"但他马上又补充说，这不表示她会鄙夷实际的考量：她所梦想的不是与爱人在花前月下手牵手散步，而是"全部与永远地奉献给对方"[37]，成为丈夫的同伴。言下之意，法国人不是这样的。

确实不是。在法国，谈婚论嫁长久以来都像是谈买卖，这一点，在其他国家的男女被容许自由择偶（当然要以父母觉得对方条件合适为前提）的几十年后仍然保持不变。来自英吉利海峡对岸的法国人总是对英国的自由发出羡慕的赞叹，同时哀叹自己国家的种种陋习：律师蛮横的介入、男女双方家庭为金钱而发生口角，以及婚姻的各种安排都是在准新郎新娘不在场的情况下由家庭会议决定的——在法国，准新郎新娘在婚礼前几乎是没有见过面的。这些自我批判的法国人抱怨说：我们法国人不认为爱情是婚姻的安全基础。很多时候，连女孩嫁妆的多寡——英国人在这方面是出了名的吝惜——都是法国人更关心的问题。

通常，犹太人这类中欧和东欧的文化外来客（哪怕是已经部分同化于西方布尔乔亚的那部分人），为了提升自己不稳固的地位，都会更执着于遵守传统的社会习尚。"做雅利安人是多美的事啊"，施尼茨勒在1904年抱怨道，"（是雅利安人的话）一个人的智力就不会那么偏颇。"[38] 这种不安全感不只萦绕着波兰、乌克兰或罗马尼亚的犹太人，也萦绕着西方的犹太人。在犹太人能以较多人数打入四周的异教徒社会之前，英美人所享有那种愈来愈多的婚姻自主权是犹太人鲜少获得的。直至19世纪晚期，犹太男女的婚姻通常都由父母和媒人一手包办。

在其自传里，斯特劳斯夫人（Rahel Straus）——第一位获准在德国开诊行医的犹太人——向我们描述了这种转变的过程。她和一个她爱的同时爱她的丈夫结了婚。两人的结合带有革命色彩：她丈夫的父亲本来强烈要求儿子娶一个有钱人家的女孩，但伴侣却在她的怂恿下抵死不从。这在当时是相当"摩登"之举。但斯特劳斯夫人的其他家人都依照旧俗嫁娶。以她父亲为例，他是在19世纪70年代"直接到波森（Posen）去看妈妈的"，这是一种古老的习俗，也就是说男方会在"父母、亲戚、家族朋友或媒人"提出结婚人选后到女方家走一趟。"然后，如果双方觉得彼此的外在条件（家势、职业、财富、健康）适合，女孩父母就会允许他'瞧女孩一眼'。"男女双方的这场见面几乎总是以订婚为归结，因为要是男方不愿意订婚，将会被视为对女方的"绝大侮辱；毕竟，他真正要娶的是'一个家族'，而不只是一个女孩。"〔39〕就连斯特劳斯夫人的大姐也是依循这种历史悠久的习俗嫁人的，至于这宗婚姻后来竟会相当美满，则不是任何人当初敢预言的。不知有多少次，新娘父母对女儿许下的保证（"爱情会在日后培养出来的。"）都是不能兑现的。

在地位愈高的家庭之间，那种以婚姻作为结盟手段的古代贵族习俗就愈普遍。1850年，柏林犹太银行家布莱希罗达尔（Samuel Bleichröder）——其子即将成为俾斯麦的财政顾问——写信给素未谋面的法兰克福犹太银行家戈尔德斯密特（B. H. Goldschmidt），提出这样的建议："你有一个女儿，我有一个儿子，那我们何不结成亲家，让令爱成为我的儿媳妇呢？"他向对方保证，以布莱希罗达尔家族的地位，绝对可以为其女儿提供"生活中的一切宜人事物"，并会"倾全部的努力带给她幸福"。[40]戈尔德斯密特迅速回信婉谢了，推托说他还不准备让女儿嫁人。对中层和低层的德国犹太人布尔乔亚而言（严格来说是对大部分的布尔乔亚而言），这种书信往来是一种古怪的古代遗风。

然后，在19世纪晚期，随着愈来愈多的女性外出工作，被大学（甚至医学院）录取以及法律地位的改善，恋爱婚姻就成了一种常态而不是特例。这不是一场轻松的战役，而且直到第一次世界大战爆发之前还没有大获全胜。但恋爱婚姻要能够美满，性生活和谐也是一个要项，因为性满足已经慢慢像柔情蜜意和终身相守的承诺一样，成为定义真爱的基本元素。这不是一个新的理念，但如今却被重提（至少在进步的圈子里如此），并被视为判断夫妻平等的一个准绳。因此，当弗洛伊德于1910年把"正常"的爱定义为"两道海流"——**"情"**（tender）与**"欲"**（sensual）——的交汇时，他只不过是在呼应一个历史悠久的看法。在他之前早有无数的诗人、小说家和哲学家把没有爱情的性斥责为淫欲，把没有性的感情界定为友谊。但这种性与爱的紧张关系却是维多利亚时代一些幸福夫妻不用经受的。

这些幸运的夫妻（我们永远不会得知有多少）看来已超拔于纯粹的情欲与对财产的考量，他们发现了一种不那么粗暴且不那么计较的夫妻之爱。对这些幸运儿而言，有苦有甜的家是苦少甜多的。高翔的灵魂也许会看不起这些平庸的夫妻：譬如施尼茨勒的剧作《谎言》（*The Fairy Tale*）里一个角色在谈到一般夫妻时就语带鄙夷地说，"家庭"一词包含着"自我隔离"与"微不足道的适意"[41]等意思。但对很多人而言，能够享有"微不足道的适意"就已经足够好了，在他们看来，适意的理念是包含着亲爱之情和责任感的。没错，不是所有维多利亚时代中产家庭都是美满的，但其中美满的那些却足以让后来世代（包括我们的世代）无地自容。

注 释

〔1〕主要参考Michael Mitterauer and Reinhard Sieder, *The European Family: Patriarchy to Partnership from the Middle Ages to the Present* (1977; trans. and rev., Karla Oosterveen and Manfred Hörzinger, 1982)。有关现代家庭的兴起及发展，我借助的是两本通史：Jean-Louis Flandrin, *Families in Former Times: Kinship, Household and Sexuality* (1976; trans. Richard Southem, 1979) 和Jack Goody, *The Development of the Family and Marriage in Europe* (1983)。 Edmund S. Morgan的优异论文*The Puritan Family: Religion and Domestic Relations in Seventeenth-Century New England* (1944; rev. ed., 1966)也提供了必要的背景。另请参考以下两种文献：Jonas Frykman and Orvar Löfgren, *Culture Builders: A Historical Anthropology of Middle-Class Life* (1979; trans. Alan Crozier, 1987)，它谈的是瑞典家庭的情况；*The Family in Imperial Russia: New Lines of Historical Research*, ed. David L. Ransel (1978). Albrecht Koschorke, *Die Heilige Familie und ihre Folgen. Ein Versuch* (2000)，这是一篇谈论家庭在历史上被"神圣化"的过程的有趣论文。

〔2〕A.S., June 16, 1879, *Tagebuch*, I, 9.

〔3〕A.S., December 8, 1892, ibid., 395.

〔4〕A.S., *Jugend in Wien*, 90.

〔5〕Ibid., 98.

〔6〕A.S., October 27, 1879, *Tegebuch*, I, 12.

〔7〕A.S., December 30, 1879, ibid., 17.

〔8〕Sigmund Freud, *The Interpretation of Dreams* (1899 [1900]), Standard Edition of the Complete Psychoanalytic Works, trans. James Strachey et al., 24 vols. (1953–1974), IV, 264.

〔9〕有几十年时间，研究欧洲现代早期的历史学家（包括我本人），都坚持认为那时的父母对其子女的关爱一定比维多利亚时代人要少，因为他们失去过太多子女了，这让他们无法再投入太多情感来爱幸存下来的孩子。但这种对爱的量化观点现在显得相当站不住脚：子女愈多而爱愈多的人并不罕见。

〔10〕Julie Kaden（née Bondi），"Der erste Akt meines Lebens"（ms. 1943），*Jüdisches Leben in Deutschland. Selbstzeugnisse zur Sozialgeschichte des Kaiserreiches*, ed. Monika Richarz (1979), 328.

〔11〕Hippolyte Taine, *Notes sur l'Angleterre* (1871; 4th ed., 1910). 103.

〔12〕George and Weedon Grossmith, *The Diary of a Nobody* (1892; ed., 1995), 19.

〔13〕Mrs. Isabella Beeton, The Book of Household Management（1861; 从1859年起在Englishwoman's Magazine 增刊上每月连载），89, 98. Sarah Freeman, Isabella and Sam: The Story of Mrs. Beeton（1978），是一本重要的传记。

〔14〕Beeton, *Book of Household Management*, 1022–1023.

〔15〕Ibid., 1017.

〔16〕William Gladstone, October 18, 1842, *The Gladstone Diaries*, ed. M. R. D. Foot and H. C. G. Matthew, 14 vols.（1968–1984），III, 231.

〔17〕在这一点上，我要感谢Ruth Harris的杰出作品*Murder and Madness: Medicine, Law and Society, in the Fin de Siécle*（1989），esp. ch.6.

〔18〕von Sybel, in Ptiscilla Robertson, *An Experience of Women: Pattern and Change in Nineteenth-Century Europe* (1982), 28n.

〔19〕Virchow, in ibid., 25.

〔20〕对于施尼茨勒具有攻击性的语气，例子之一可参见 A.S., April 25, 1894, *Tagebuch*, II, 75.

〔21〕Miss Betham-Edwards, *Home Life in France*（1905）, 89.

〔22〕John Stuart Mill, *The Subjection of Women*（1869）, 57–59.这本书由弗洛伊德译为德文，但他在 1883 年 11 月 15 日写给未婚妻的信上却说："上天已经通过赋予女性美丽、迷人和温柔这些特质而决定了她们的命运。" Freud, *Briefe*, 74. The revolutionary as conservative bourgeois.

〔23〕A.S., January 4, 19, 1896. *Tagebuch*, II, 168, 170.

〔24〕A.S., May 10, 1896, ibid., 190.

〔25〕Emma Roe to Arthur Roe, October 5, 1864, Roe Family Papers, Yale-Manuscripts and Archives. 整段引文可参见 P.G., *TP*, 127–133.

〔26〕Anon., *Reproductive Control* (1855), 12.

〔27〕Frederick Hollick, *The Marriage Guide or Natural History of Generation* (1850), 333.

〔28〕John Humphrey Noyes, *Male Continence* (1866), 6.

〔29〕Havelock Ellis, Preface to the First Edition (1898), *Studies in the Psychology of Sex*, 6 vols., in 2 (ed., 1936), I, xxxv.

〔30〕Mary Hallock Foote to Helena Gilder, December 7 (1876), Mary Hallock Foote Papers, Stanford University Library. Carl N. Degler 也引用了这段内容，见 *At Odds: Women and the Family in America from the Revolution to the Present* (1980), 224.

〔31〕Foote to Gilder, December 12 (1876), ibid.

〔32〕James Ashton, *The Book of Nature; Containing Information for Young People who Think of Getting Married* (1865), 38.

〔33〕Michael Mason, *The Making of Victorian Sexuality* (1994), 58.

〔34〕这种粗糙计算法所引起的"灾难"的其中一个很好的实例，见 Mabel Loomis Todd 的经验：P.G., *ES*, "The Bourgeois Experience."

〔35〕R. Koehler, "Les phénoménes intimes de la fécondité," *Revue générale des sciences pures et appliqués*, III (1892), 539.

〔36〕最有想象力和最荒谬（也因此值得记录下来）的避孕鼓吹者是迪布瓦医生（Dr. Jean Dubois），他建议"欲望适度"的夫妻行房时应该躺在"一个倾斜的平面上，头朝上"，好让精子难于到达目的地。欲望更盛的夫妻则只应一星期行房一次，因为"到目前为止，交媾的激情强度已经扰乱了子宫的安排，从而能达到防止怀孕的目的。"像他这样认为夫妻同时到达高潮可以有避孕作用的医生，可谓凤毛麟角。另外，他又建议，女性在房事结束后应马上"在房间里轻快地跳一会儿舞"。迪布瓦医生问道：难道女舞者很少有许多子女的现象是偶然的吗？ *Marriage Physiologically Discussed* (1839; trans. William Greenfield, 1839)，88–89.

〔37〕Taine, *Notes sur l'Angleterre*, 101.

〔38〕A.S., November 4, 1904, *Tagebuch*, III, 98.

〔39〕Rahel Straus, *Wir lebten in Deutschland: Erinnerungen einer deutschen Jüdin, 1880–1933* (1961; 3d ed., 1962), 19.

〔40〕Samuel Bleichröder to B. H. Goldschmidt, January 21, 1850, Landesarchiv Berlin, E Rep. 200–233, no. 2.

〔41〕A.S., *Das Märchen* (1891), Act 2. *Die dramatischen Werke,* I, 159.

第二部分

驱力与防卫

第三章
性爱：狂喜与症状 [1]

Eros: Rapture and Symptom

无论是 19 世纪，还是后来的布尔乔亚仇视者，

都特别喜欢挖苦中产阶级对性的态度，

认为中产阶级的性观念明明是一种肉体与道德的灾难，

却被粉饰得像文明的楷模。

否认维多利亚时代人的性生活是彻头彻尾的灾难，

并不等于承认他们是住在性欢愉的天堂里。

1

　　种种迹象都显示，16岁的施尼茨勒行将成长为一个性方面的专家——我们还记得，在那本会引起他父亲愤怒和焦虑的日记本里，就记录了他与一个叫埃米莉的女子的韵事（日记里大概还记了其他韵事）。在接下来的年月，施尼茨勒将会通过艰辛的劳动去实现他的潜力。我说"艰辛"，是因为他有时与逢场作戏的情妇上床，只是单纯出于"服从意愿"。[2] 不管是在理论还是实践上，也无论是在私人的还是公开的表述中，性爱都是施尼茨勒关注的焦点，他的读者乃至诋毁者都认为，如果说有哪个单一的主题是他最拿手的话，非欲乐莫属。在一首诗中，施尼茨勒指出，批评他的人都说他把太多注意力放在了爱、戏剧与死亡上。但他却不打算为此道歉，反而写道：这"永恒三者"涵盖了整个世界，涵盖了世界上一切的意义与灵魂。不过对他而言，三者居首的仍然是爱——性爱。

幸好，"永恒三者"并未占去施尼茨勒的全部注意力，包括从1894年的《儿戏恋爱》（*Casual Love*）到1927年的《第二位》（*The Second*）在内的六七出剧作，以及他最出色的小说《古斯特少尉》——一部令人动容的意识流独白，都见证了他对决斗的鄙视。当反犹太主义在19世纪90年代愈演愈烈时，"犹太人问题"也得到了进入他的小说的机会。尽管如此，爱的狂喜与悲凉仍然居于其作品的核心位置。

施尼茨勒太清楚他写的是什么了。我们知道，与他一起在维也纳咖啡馆里打混的那些文学界单身汉，对感情的儿戏态度一点不亚于施尼茨勒。倘若把与他有过一段浪漫关系的情妇表列出来的话，那将是一长串。但他真的投入过感情的，却只有三四个。这一点使他有别于同时代大部分的布尔乔亚，后者的机会不如他多，欲望也较为适度。典型的布尔乔亚被法国人称为"正常人"（l'homme moyen sensuel），他们没有这个能耐也没有这个意愿把精力消耗在如此频繁的性活动上。施尼茨勒的"性胃口"总是不断求新求变，每一次的征服都不会让他的性欲消停太久。我们之所以会知道这么多，是因为有好些年时间，他把每一次性高潮都记在日记里，并且在每个月底结算一次——只可惜他没有把女伴的性高潮次数也记录下来。

1887年9月初，施尼茨勒在维也纳街头散步时，钓上一个名叫安娜·黑格（Anna Heeger）的妩媚年轻女子。安娜称自己为"珍奈特"（Jeanette），这是她提升自己地位的一个可怜的办法，因为在现实生活里，她只是个刺绣女工，过的是不值一提的生活。在施尼茨勒所属的阶级社会里，安娜是一个相当不适合交往的对象，但正因如此，反而让施尼茨勒更感到被吸引。两天后，她前往施尼茨勒的住处，成了他的情妇。让施尼茨勒有点惊讶的是，他发现自己愈来愈爱恋这女子。但他并未因此停止追逐其他女人，而且同样不费吹灰之力。1888年8月，施尼茨勒远行之后回到维也纳，当天，他与安娜一共交欢了五次。

这种频繁的体力劳动并未让这对情人耗尽精力或放慢步调。据施尼茨勒的日记记载，第二天晚上他们又交欢了两次，第三天晚上是四次。在8月31日算总数时，施尼茨勒算出自他们在一起以来，也就是11个月下来，一共做爱326次。当这对情侣最终在1889年年底分手时——安娜的醋劲儿让他们的韵事变了味——施尼茨勒算出他向安娜展示男性雄风的总成绩是583次。

施尼茨勒没有理由为这个分手唏嘘，因为自1889年年中起，他就与一个从前的女病人打得火热，其名字是玛丽·格吕马（Marie Glümer），一个年轻、资质平平的女演员。施尼茨勒在日记里昵称她为"玛姬"（Mz.）。这事情激怒了安娜，她半真半假地宣称要寻短见。她告诉施尼茨勒：你结婚之日，就是我生命的最后一天。施尼茨勒没把这恐吓当一回事，继续与"玛姬"幽会。当他最后一次月底结算与安娜的做爱次数时，不知道他是否注意到，他与新欢在同一个月有35次的狂欢。

对那些把良心关得紧紧的浪荡子而言，勾引"甜姐儿"（das süsse Mädel）——这个词是施尼茨勒教会维也纳人用的——既可以得到狂喜又不需要负任何责任。只要一些甜言蜜语、几顿豪华餐馆的晚餐和偶尔的周末乡村度假就可以让这些年轻女性趋之若鹜，因为这些东西都是她们盼了一辈子而不可得的。但不管她们从这些"邂逅"中获得多少满足，她们仍然是不折不扣的猎物。这是施尼茨勒想要承认但却极少承认的。

施尼茨勒所累积的傲人"纪录"与其说是一种成就，不如说是一种病症。我们将会看到，他的这种固着①——称之为"固着"一点都不为过——所带给他的并不是没有杂质的欢愉。这一点，从他笔下的阿纳托尔就可以清楚地反映出来。阿纳托尔是施尼茨勒写于1888年至1892年间一系列独幕剧的主角，而这出系列剧为他赢得了巧妙处理禁忌题材的高手的声誉。就像阿纳托尔一样，施尼茨勒自己也是个"爱情忧郁症患者"。[3]他小心翼翼记下高潮次数的做法，透露出他急于要证明些什么，让人忍不住要揣测（因为没有确切

_____

① fixation，心理学用语，指不由自主反复进行某种动作的病态心理。比如有些精神病患无论是否有需要，都会频繁洗手，就是"固着"的典型例子。

证据，所以顶多只能说是揣测），他那么喜欢炫耀自己的男性雄风，是为了把同性恋的性倾向压抑下去。当然，在病人不在场的情况下做诊断是胆大妄为的，但施尼茨勒对同性恋话题近乎沉默的态度（除了漫不经心说的一些笑话以外，他从未触及这个话题），却让人不由得怀疑，他有着自我隐瞒的深刻需要。

他不谈同性恋这一点之所以特别值得注意，是因为施尼茨勒的研究者都喜欢视他为小说界的弗洛伊德，就连弗洛伊德本人也是这样看他的。1906年5月，弗洛伊德写信给施尼茨勒，感谢他给自己写的50岁生日贺函。信中弗洛伊德表示，他一向对两人在一些重要心理学问题看法上的不谋而合印象深刻。他说，他常常问自己："你是从哪里得到这样或那样的秘密知识的呢？"[4]这是弗洛伊德常有的那种嫉妒的典型例子——那是一种不带忌恨的嫉妒，是一种研究心灵的科学家会对艺术家产生的嫉妒，因为后者不需要像精神分析学家那样经过"艰苦的研究"，几乎只凭本能就足以穿透一些晦涩的、防卫周密的领域。尽管弗洛伊德很高兴有施尼茨勒这样杰出的朋友，但他并不喜欢奉承别人，这样的恭维对他来说是相当奢侈的。

但那同时又是一个过分慷慨的恭维。因为与弗洛伊德出版于1905年的无所不包的《性学三论》（*Three Essays on the Theory of Sexuality*）相比，施尼茨勒对性纠葛的探索相对显得束手束脚：一点儿都没有谈及男性对男性的爱恋或女性对女性的爱恋。这是很奇怪的，因为同性恋这个主题早已经不是什么秘密，特别是在匈牙利医生本克特（Karoly Maria Benkert）于1869年创造出"同性恋"这个专门术语以后。而自从1895年王尔德的那宗轰动一时的诉讼案发生后，对同性恋的研究更是不乏其人，尽管谈到它的时候，人们还是会用"倒错"或"相反的性感觉"之类的委婉称呼。有关同性恋成因的理论汗牛充栋，而且往往旋生旋灭。直到弗洛伊德以前，遗传说要比环境说占上风，有一个学派甚至认为有一种第三性存在，亦即在男人身体里的女人或在女人身体里的男人。

在那几十年间，有一群人数不多却抢眼的专家——人们统称之为"性学家"（sexologist）——大胆地把研究触角深入一些较幽暗的性爱领域。他们把别人不敢说的话说了出来，而且不限在医学的圈子里。1886年，克拉夫特－埃宾（Richard Freiherr von Krafft-Ebing）出版了书名让人望而生畏的名著《性精神病态》（*Psychopathia Sexualis*）——此书不啻一张详列各种性爱的地图——令其旋即成了国际公认的同性恋权威。为了剔除那些不是追求知识而只是追求刺激的读者，他每谈到一个敏感的议题（他没有一个议题是不敏感的），都会使用拉丁文名词（当时上过像样中学的人都不会看不懂这些名词）。没过多久，埃利斯就把克拉夫特－埃宾表列过的性行为翻译为不带道德针砭意味的英文名词。

不可避免地，在这类如雨后春笋般出现的性学文献之中，有一些读起来相当于特别的呼吁书。第一个鼓励人们坦然面对和接纳同性恋者的斗士是柏林的赫希菲尔德（Magnus Hirschfeld），他热心地为其所研究的这种性行为辩护。其他人也是这样。由于《旧约》曾直言称同性恋为可憎行为，触犯者应以火刑处死；为了与其抗衡，一些辩护者采取的方法是把同性恋类比于希腊式爱情。在受过古典教育、读过柏拉图的布尔乔亚之间，古代雅典文化的威望仍然没有褪色，而既然雅典容许一个成年男子与一个少年发生性关系，那现代人就没有理由把同性恋视为伤风败俗之事。

维多利亚时代最有名的希腊式爱情辩护者大概要算西蒙兹（John Addington Symonds），他是一名多产的传记家、旅游作家和意大利文艺复兴史学家，本身就有同性恋的倾向。1883年，在《希腊伦理学的一个问题》（*A Problem in Greek Ethics*）一书中，西蒙兹称"男性间的爱"是一种"强有力而阳刚的感情，不夹杂一丝脂粉气"——其铁证就是《荷马史诗》中的阿喀琉斯和帕特洛克拉的感情。西蒙兹一向以自己的生活能够偏离中产阶级的道德观为傲。在1889年写给女儿的信中，他说："很大一部分的人类生活，最大的部分"——他实际上指的是"最好的部分"——"就是不当布尔乔亚"。[5]

不当布尔乔亚固然可以让自由的心灵感受到快乐的悸动，但在19世纪的大部分国家，这样做都是要冒风险的。法国是个显著的例外：就连复辟后的波旁王朝都没有废止制宪会议在1791年通过的同性恋无罪法案。有些国家在多年后起而效尤：荷兰是在1886年，意大利是在1889年。但其他大部分国家在19世纪对鸡奸的刑罚都是死刑，尽管这些法律条文绝少付诸执行：英国自1835年以后就没有任何人因为这项罪行被处决过（条文则一直维持到1861年才被删除）。另一方面，较轻一点的刑罚仍然足以让人害怕。在这些国家，"性倒错者"会招来粗鄙的嘲笑、社会的排斥和就业上的障碍。因此，只有爱招摇的同性恋者会对圈外人直言自己的性倾向；一般的同性恋者则是用婚姻作为掩饰，要不就是自我放逐到一些较宽容的遥远异乡，或是对探查者撒谎。以美国诗人惠特曼（Walt Whitman）为例，尽管他在诗歌里颂扬同志间的爱，但面对西蒙兹锲而不舍的追问时，他却回答说自己可是六个小孩的父亲（"其中两个死了"，他补充说）。这显然又是以男性雄风作为一张面纱的例子。

19世纪的大趋势是对同性恋者宽容，但在该世纪的后半叶，有些地方为打击同性恋而设立的法律反而愈来愈严厉，证明了历史悠久的道德观念有多么顽强。汉诺威和巴伐利亚这些德意志邦国都没有惩罚成年男子同性性行为（双方同意的前提下）的法律，但1869年的北德同盟（North German Federation）和1871年统一后的德意志帝国，实行的都是较严格的普鲁士法律，而在它备受争议的第175条条文的判决下，每一年都有约五百名同性恋者被送进监狱，坐四年的牢。从这个数字看来，真正被关的同性恋者属少数，其他大部分毫发无伤；尽管如此，"坐牢"的阴影还是让人充满焦虑。而在英国，1885年的《拉布歇雷修正案》（Labouchere Amendment to the Criminal Law Amendment Act）对鸡奸规定的惩罚是死刑，对意图鸡奸者的惩罚是十年的劳役，对"任何重大伤风败俗行为"的惩罚是两年苦刑。尽管王尔德不幸被判入狱（这一点无疑毁了他的文学事业，并缩短了他的寿命），但他还是幸运地只被判了上述刑罚中最轻的一种。值得一提的是，王尔德的诉讼案虽然在欧洲轰动一时，但毫无迹象显示施尼茨勒曾对此案作出过评论。

很难想象施尼茨勒这么博览多识的一个人，对发生在他四周的这些事件与相关文献会懵然不知。另外也有证据显示，他在熟人间也听说过同性恋这回事。这里只举一个例子。1893年3月，他在度假期间认识了一个年轻女歌手苏菲·林克（Sophie Link），后者的不快乐写在脸上，还向他倾诉自己的烦恼。"结婚了六个星期，（嫁的是）一个不值得爱的丈夫，（性）无能而且还是'有违自然'的①。"〔6〕施尼茨勒的生活和作品念兹在兹的都是性，但却是一种比较布尔乔亚类型的性。他的特色是不忠。

2

施尼茨勒对待"甜姐儿"不负责任的态度佐证了一个怀疑：他从未能脱去童稚的渴望和理清自己的性身份认同。很

_____

① 指他是个同性恋。

显然，对他来说不可或缺的那些风流韵事既源于一些焦虑，反过来也释放出他的一些焦虑。他的日记和书信都反映出他是一个执着的奴隶：他无比渴盼自己刚到手的情妇是处女，而当发现她们不是的时候，他会表现出无比的痛苦。他不可能不知道他的渴盼是奢侈的幻想，因为他喜欢勾引的那个阶层的女子——他自己也会这么说——都是极不可能等到他的出现才献身的。

然而，他还是坚持要在"甜姐儿"或已婚妇人中找寻处女，尽管后者就定义来说就是已经在别人那里失去"纯真"的了。他对女人的感情史（也就是性经验史）着迷不已，他会逼问她们，哀求她们，要她们把真相和盘托出；可一旦知道她们不是他渴望的处女时，又会对其心生鄙夷。"我是一个习惯性的自我折磨者"[7]，他在日记里很有见地地指出。在《阿纳托尔》系列的独幕剧里，他提供了一个强迫性追问者的自画像。例如，在《阿纳托尔的自大狂》（*Anatol's Megalomania*）这出独幕剧里，施尼茨勒等于是把他的心理困境公之于众。阿纳托尔是个生活条件优裕的单身汉，看不出来有赚钱谋生的需要，每星期（似乎一直如此）都会换一个情妇。有一天，他偶遇一个旧情人，没聊两句就狂热追问起她在他们分手后性生活的每一个细节。一如易卜生在戏剧《野鸭》（*The Wild Duck*）里所证明的，这种对真相不能自制的萦怀，有时其实是一种施虐癖倾向的表现。被一个朋友问到为什么要这样穷追不舍的时候，阿纳托尔承认说："那是愚蠢⋯⋯那是病态。"但他又补充说，他就是身不由己，对他而言，所有记忆都是尾随不舍的。这真是个让人叹为观止的自我分析。

施尼茨勒也深知，他想从情妇那里得到的忠实，却是自己不能给她们的。"爱，"他在1893年9月写给朋友的信上说，"如今已不是我感情生活的一部分，而是我（生理）卫生的一部分。"[8]为了给自己的不忠找托辞，他会找出一些心理与生理健康上的理由。1890年，他形容自己的性欲是"粗鲁的"，又说："当我保持贞洁好几天——六至九天是极限——我纯粹是头动物。"[9]两年后，他再次强调这一诊断："我会因为禁欲而饱受强烈的痛苦折磨，但妓女又会使我作呕。"[10]但这是一种他总是可以快速治愈的痛苦，而且只会引起偶尔的自责。有时他会承认，他这种自圆其说的逻辑是经不起片刻的审视的。他既自知又不自知。尽管努力尝试了，但他就是无法靠理性去抵挡忌妒心理的"要命攻击"[11]：每当他想象到自己的情妇被从前的情人抱住的样子，就会饱受煎熬。

施尼茨勒对绝对的性纯洁的渴求不是一种偶发性的小毛病，而是一种致其伤残的重症。1890年，他在日记里提到，去年夏天，有一次当他与玛丽·格吕马在一起时，"对过去的嫉妒"让他几乎发疯。当时他们一起躺在森林里（森林是他偏爱的幽会地点），"我又怨、又叫、又哭，因为那些思绪再次攻击我！"[12]他很容易哭，也常常哭。在写给他这位小天使的一封自剖的野蛮的信中，他为自己之所以不愿娶她找出了理由：

她的两个旧情人让他备受折磨。想到别的男人曾经听过她做爱时的呻吟声，想到别的男人分享过他的美好，他就忍无可忍。那会让他被一种"无比恶心的感觉"攫住[13]——他这样告诉她。这样的话他以后还会常常说。

就像折磨"玛姬"折磨得还不够似的，他在信中又放纵自己的野蛮（他本来就够野蛮的了），天马行空地想象出一个极没品位的情景：他想象他娶了她，带她参加宴会，却碰上她的一个旧情人——"一个曾经抱过你的男人，而且就在你的家里。他把你抛到沙发上，占有了你，而当时你妈妈正在厨房。这个男人离开宴会时面带微笑，心里想：我享受过她呢，在她丈夫之前就享受过她——而我还不是第一个呢！"[14]施尼茨勒曾经对"玛姬"说过，她比"绝大部分把自己保护得严严密密的处女"都更棒[15]；但他就是摆脱不了一个念头：他所亲的这双朱唇，其他男人也亲过。

施尼茨勒对"过去"的嫉妒，只有他对"现在"的嫉妒才可以凌驾其上。1893 年 3 月，他从一些匿名信中得知，玛丽·格吕马在一次旅行途中曾和别的男人睡过。施尼茨勒为此勃然大怒，用一些他能想得出来的最伤人的话把玛丽·格吕马痛骂了一顿。他说，他没想到他最知心的女友、最心爱的孩子和最信任的同伴竟然会自我降格为一个无耻的妓女、可怜兮兮的叛徒、"太阳底下最低等的生物"。[16]他告诉格吕马，他对她的为人感到不齿，其程度甚至超过了他对她过去有过的爱。"恶心，恶心，恶心！你污辱了我，比任何污辱过我的男人都犹有过之。"[17] 换成比较心平气和的时候，施尼茨勒将会评价自己这种无节制的夸大其词是低格调的、幼稚的和以自我为中心的。他也知道，尽管"玛姬"的不忠让他感受到了"最真诚的愤怒"，但对方"所做的只是我做过的事情：我疯狂地爱着她，却又背叛了她"。[18] 他安慰自己说，人生就是这么一回事：不能坚持一贯，不理性；会被各种悖论围绕。"有时候，当人不在爱中的时候，爱是非常甜蜜的。"[19]

这类谬论是施尼茨勒很需要的，因为就在他向不忠的玛丽·格吕马大发雷霆（"你在那些真诚的街头妓女面前理当感到脸红，毕竟她们从事的只是于别人无伤的工作。"[20]）的同时，他正在跟"菲菲"（Fifi）打得火热。菲菲是他从前的病人，从前一年的11月起，两人就开始幽会。菲菲也不是施尼茨勒在"玛姬"远行期间的唯一慰藉，哪怕他自认为他爱"玛姬"要多于任何一个女人。1892年10月，也就是他发现自己的主要情妇的背叛行为的三个月前，他与Z小姐睡了三次，每次都试图想起"玛姬"，却徒劳无功。"不，不，她们不是'一样的'。"他在日记里写道，"冰冷的饭店房间。疑病症。"[21] 他还想让自己相信，与菲菲或Z小姐在一起的背叛行为可以让他更爱"玛姬"——以"一种更棒、更美、更不折磨人的方式"爱她。[22] 他非常理智地问自己："（我是在）诡辩吗？"[23] 却又懒得去思考答案。他诡辩的天赋让他可以心安理得地去追逐他所沉迷的执念。

施尼茨勒拈花惹草行为的精神官能症特质，反映出这类行径带给他的快乐有多么的少。让他更为苦恼的是，他时不时都会意识到，自己对女人的鄙夷（有时是含蓄的，有时是公然的）已让他沦为那些凡事持双重标准的庸俗布尔乔亚的一员。在心情好的时候，他曾经形容"玛姬"是个"野性但本质相对真诚的女人"。[24] 但他也曾当着另一个情妇阿黛尔·桑德洛克（Adele Sandrock）的面告诉她："你就像所有女人一样，是个骗人精和妓女。"[25] 他并不总是如此相信，但相信的次数已经够多了。

但不管有多么不成熟，施尼茨勒还是细致得足以创造出一些讨人厌的男性角色，以讽刺那种司空见惯的男性意识形态。这些角色都是些不害臊的男性本位主义者，他们勾引女人上床而又看不起这些女人：一言以蔽之，就是施尼茨勒自己的写照。在他所创作的一出风趣的短剧《过劳的人》（The Overwrought Person）里，一位显然是中产阶级的已婚妇人告诉情夫她怀孕了。这消息让对方慌张不已，接着他给了她一些乱七八糟的建议，一个比一个麻木不仁，一个比一个更让她气恼。一开始，男主角拐弯抹角地表示，小孩一定是她丈夫的，但她生气地否认了（看来是真诚的）。继而，他暗示她应该去堕胎，但又被坚决拒绝。然后那男的哀叹说，他们两人是不可能私奔到美国去的，因为他是帮父亲工作的，收入可怜兮兮，根本凑不出这个钱。对这个她以前没有听说过的"依赖关系"，女的半信半疑地接受了。最后，男的建议她最近至少应该与丈夫上床一次，以便掩饰孩子的身份。听到这个，女的给了情夫一记耳光，掉头离开。落幕时，那男的还在喃喃自语：她太自以为是了，她会回来的！毫无疑问，施尼茨勒的用意是要让男主角显得讨人厌，要让女主角对男主角的鄙夷在观众中引起共鸣。

在其极具争议性的早期剧作《谎言》中，施尼茨勒对自己缺点的鞭挞同样毫不留情。该剧写成于1891年，首演于两年后，给他招来"败德"的谴责。男主角费多尔是个自认为有进步思想的人，对社会的双重标准深感不满，认为体面男人不该娶"堕落"女人这种主流意见只是布尔乔亚虚伪性的表现。但范妮——一个动人的女演员，她爱费多尔而费多尔也爱她——却成了他原则的试金石：她向费多尔坦承自己有过两个男人。到最后，因为受不了来自己所属阶层的压力，费多尔放弃了自己的原则。他卑劣地告诉范妮："黏附在你身上的羞耻是擦拭不掉的。"[26]听到这个，品格高尚的范妮主动提出分手，后来签了一纸条件优厚的合约，前往俄国发展。很明显，施尼茨勒是想让观众觉得费多尔是一个自负的懦夫和伪君子。但费多尔身上有他的影子，换言之，施尼茨勒更多地把他的良知与道德感表现在剧作中，而极少体现在现实生活里。

不过，有些时候，施尼茨勒也会找到真正意义上的爱，也就是情与欲水乳交融的爱。1894年7月，一个新病人因为喉咙痛向他求诊。对方是玛丽·莱恩哈德（Marie Reinhard），23岁，非常漂亮，他马上就被迷住了。整个夏天和秋天他都在追求她，小心翼翼盘算每一步，慢慢推进，与他一贯迫不及待的习性大相径庭。到了10月，也就是他们认识的三个月后，施尼茨勒在日记里表示："我迄今还不敢对她做任何事。"[27]没多久，他们就亲吻了，又发生了争吵，以及严肃的交谈。不过，还得要再过好几个月，玛丽·莱恩哈德才向施尼茨勒献出自己的"终极礼物"———一种只有循规蹈矩的中产阶级年轻女性才能够献出的礼物。

她在1895年3月13日的"投降"是出自深思熟虑的决定，而一旦做出决定，她就显出前所未有的热情。"毫不费力"，施尼茨勒这样形容他们首次欢好的情形，"她就变成我的了，就像整件事情的发展过程一样自然。"[28]当然，他还是无法自制地追问她，他是不是她的第一个男人。他得到的回答是肯定的。但当玛丽·莱恩哈德要求他发誓相信自己的话时，施尼茨勒在发誓时却暗自绕起了食指与中指[①]：他根本无法相信自己终于找到了一个处女！不管怎样，玛丽·莱恩哈德还是让施尼茨勒感到了前所未有的自在（至少是有时候）。他在4月14日记道："我们一起用晚餐，并在情与欲两方面爱着彼此。"[29]

施尼茨勒在日记里昵称玛丽·莱恩哈德为"玛姬二"（Mz.II）。但这位"玛姬二"既不是女演员也不是刺绣女工，

---

① 一种让誓言变得无效的方式。

而是出身良好布尔乔亚家庭的歌唱老师；换言之，她与施尼茨勒门当户对，是施尼茨勒可以娶的女人。他视她为一个可以——或几乎可以——与自己平起平坐的人，他把作品念给她听，甚至会采纳她的一些修改建议。然而，施尼茨勒的日记里有时也会透露一些危险信号：她让他感到无聊，让他神经紧张。1896年1月，亦即这对情侣第一次结合的仅仅十个月后，他又开始蠢蠢欲动了。有一个晚上，施尼茨勒在与"玛姬二"幽会过后，在日记里写道："（她）可爱、甜美、漂亮——但我又想要另一个情妇了。"[30]他很快就如愿以偿，而且不但没有自责，还找到了这样做的借口："自从有了第二个情妇，我更爱'玛姬二'了，肉体上爱她的次数也更多了。"[31]尽管最渴盼的愿望得到了满足，也就是得到一个"之前不属于别人"[32]的女人，但这种满足并未能打败他专横的欲念。获得他想要的东西以后，他就开始想要别的东西——别的女人。

他是无药可救的。尽管两年前施尼茨勒一怒之下结束了与玛丽·格吕马的关系，但后者还是不断给他写信和送花，让施尼茨勒颇为感动。他同意让她来看他，而这种场合，她几乎名副其实是跪着求他原谅的。然后，要发生的事情发生了。7月10日，施尼茨勒见过"玛姬二"之后说："她非常漂亮，我非常爱她。"[33]但才一星期后，他就与"玛姬一"独处一室。"她哭了，她很温柔，而她又再一次是我的了。"[34]他对这种脚踏两只船的游戏乐此不疲。7月底，他同时收到

"两位'玛姬'柔情蜜意的来信"。[35]这就怪不得当他在一次自我分析中谈及那段日子时，会觉得自己是个"不折不扣的男妓"。[36]但一如往常，这种自知之明并没有在他的行为上起到什么作用。

1899年3月，玛丽·莱因哈德在接受一次拙劣的盲肠炎手术后丧生，施尼茨勒大为悲恸，其强度在他而言是极罕有的。他常常会想起她，一直记得她的忌日。但他的身体很快就提醒了他的需要，而且是在一个极不恰当的场合。5月1日，也就是"玛姬二"离开人世还不到两个月，他向一个年轻的女熟人诉说自己的孤苦。"我哭了"，他记道，"她陪我一道哭。稍后（我的）肉欲燃烧了起来，但她觉得自己受到了冒犯。"[37]他有点儿诧异：世界上怎么会有这种女人。

施尼茨勒对女人的矛盾看法，以及他对处女的无比渴盼，在他心中交战、冲突，把他带到了精神官能症的边缘。但正如弗洛伊德提醒过我们的，精神官能症只是正常行为的夸大化表现，那么，我们似乎也可以把施尼茨勒的内心战争——比方说他对处女的无比渴望——视为正在转变边缘的社会心态的某种扭曲反映。这种社会心态就是处女情结。没错，克拉夫特–埃宾在19世纪80年代中叶时宣示过："不管情欲有多强，感受力强的男人都会要求有一个贞洁的妻子。"[38]只不过，在那些年间，有一些具有进步思想的布尔乔亚——施尼茨勒笔下的费多尔一度就是这样的人——已开始对处女崇拜提出质疑。处女崇拜正是社会双重标准的一个典型，而具有自由心灵的人愈来愈觉得它没有说服力，而且是不公平的。毕竟，除了严厉的神职人员外，谁又会要求男性做出同样的自我抑制呢？常言不是说，男性动物应该先来放荡一番，为一夫一妻制的婚姻做准备的吗？

19世纪的女性主义者取得的胜利尽管寥寥无几，但他们每胜利一次，都会让卫道之士震动一次。1848年，当女性主义者在纽约的塞尼卡福尔斯（Seneca Falls）举行大会，列出各项妇女应享的权利（包括投票权）时，神父、牧师和报纸主笔都纷纷口诛笔伐，对其诋毁抹黑。同样让卫道之士震惊的是约瑟芬·布特勒（Josephine Butler）自1869年在英国对《传染病法》（Contagious Diseases Act）——一项只罚妓女不罚嫖客的法令——发起的反对运动。女性主义中坚力量的很大一部分是怀抱理想主义的中产阶级妇女，她们受到少数同阶级男性——而不是波希米亚人或仇视布尔乔亚的极端分子——的衷心支持。但不管这些男性属于什么阶层，他们仍然受到主流文化态度的束缚。其中一项就是女性性权利的问题。对两性平等权的强烈要求（这是一个在维多利亚时代未能完全实现的梦想）意味着，妇女应该享有同男性一样的性自由。

这注定是一场硬仗，因为对贞操的崇拜是与宗教教条紧密交织在一起的——圣母玛利亚①在许多布尔乔亚心中具

---

① 根据《圣经》，玛利亚是以处女之身产下耶稣的。

有极崇高的地位。虔诚的新教徒、犹太教徒和天主教徒都不遗余力去保卫贞操，惩罚违反者。在很多中产阶级的圈子里，处女崇拜也是与社会地位交织在一起的。上流社会的少女因为都在女修道院或女校念书，难得接触异性，所以很少有机会在新婚之夜以前失去童贞。她们的处女膜乃是一样值得保存的战利品，因为一旦"败坏"，她们在婚姻市场的价码就会直落。

完整贞操（virgo intacta）的观念除了因为这些社会和经济方面的因素被神圣化以外，心理学性质的冲突也悄悄进行着地下工作。几乎无一例外，一旦一个小男孩撞见过父母行房，母亲在他心目中的形象就会一落千丈，认定她不如应有的那么好。如果这小孩运气好，那么在成长的过程中，他就会把他对母亲的激情整合到更切合实际的观点里，与母亲和睦相处，发展出对母亲的另一种性质的爱，让自己的情感得以宣泄。但如果他运气不好，对母亲的感情就会始终是一种重担，他会认为母亲对他不忠，没有给予他渴望和应得的那份爱。他会反复在别的女人身上寻找母亲本来的那个神圣身影。换言之，他会注定是个感情生活失败的人，被一种病态的潜意识报复心理所萦绕。

类似的事情看来就发生在施尼茨勒身上。他所留下的各种线索显示，他一直陷在儿时的纠葛中无法自拔。在红皮日记本被查抄的事件中，他的母亲看起来是个局外人，因为管教儿子的事情一向掌握在丈夫手中——这种家庭分工是与那种正在消退但活力犹存的父权家庭相吻合的。但施尼茨勒几乎从不在日记里提到母亲却不是偶然的，那是一条线索。在自传《维也纳的青春岁月》（*Youth in Vienna*）里，施尼茨勒同样极少提到母亲，偶尔提到也是漫不经心的，但这不代表母亲对他不具有情感上的重要性。

正如我们前面看到的，现代家庭的紧密性质让孩子对父母（特别是母亲）的感情期望值要比过去几个世纪的更高，至少更明显。施尼茨勒认为，不管父母有多爱他，多关心他的教育，他们对他的关爱仍然是不够的。他们的精力更多投入于怎样确保他父亲的社会地位并给它粉饰增华，而这也是他母亲心力付出最大之处。"总的一句，"施尼茨勒这样评价他的童年，"我们当时以及之后许多年的关系可以形容为亲善友好的，却不能说是亲密无间的。"[39]约翰·施尼茨勒夫人无疑认为自己是个好母亲，但在长子眼中，她就是还不够好。晚至1891年（当时施尼茨勒已差不多30岁了），他还在日记里记下一桩"丑闻"：他父母骂他是浪荡子和蠢材。这场冲突让他哀叹："我觉得我有权受到更多的了解。"[40]

施尼茨勒知道他父母的爱情观、工作观与道德观跟其他奥地利布尔乔亚（较其他国家保守）无多大不同，却未因此而释怀。他的表兄弟马克布赖特（Otto Markbreiter）就因为娶了一个酒吧女为妻，不得不与家里断绝一切关系。1897年，施尼茨勒发现玛丽·莱因哈德怀孕了（两人当时已在巴黎住了一段时间），这表示她已无法回到维也纳，只能栖身在郊区。正是这种氛围让罗素在1902年（即维多利亚女王驾崩的翌年）指控古典学家默拉利（Gilbert Murray）："森然的礼教：活生生的上帝。"[41]同样的基调在不同"仇布者"的演奏中有不同的变奏（指控布尔乔亚假惺惺、谨小慎微、道貌岸然等），它们都同样尖刻，也同样未能体认到，中产阶级的价值观、道德观已在改变。

3

无论是19世纪的还是后来的布尔乔亚仇视者，都特别喜欢挖苦中产阶级对性的态度，认为中产阶级的性观念明明是一种肉体与道德的灾难，却被粉饰得像文明的楷模。为了支持他们的反布尔乔亚宣传，他们杜撰了一些子虚乌有的故事，开一些粗野的玩笑，并凭借极有限的事例做出大胆的推论。这些虚构的、全面的判决获得了广泛的流传，拥有几乎不受质疑的权威性。它们让20世纪的维多利亚时代挞伐者自感高他们祖先一等，而这种态度甚至在今天一些专业的学术著作中还会留有痕迹。他们取笑布尔乔亚参加晚宴时会把鸡胸喊作"鸡膛"，取笑布尔乔亚家庭会用纸裁的小裙裾去遮盖大钢琴的"大腿"。还有一个流传不衰的笑话：一个维多利亚时代的妈妈在女儿出嫁前夕会告诉簌簌发抖的女儿，一旦她与丈夫单独相处，就会遭到丈夫的粗暴攻击，这时，她应该闭起眼睛，逆来顺受，心里想着英国。

事实却与此相当不同，有关性的选项在19世纪是相当多样的，其中甚至包括快乐的选项。在面对性爱的问题时，很多维多利亚时代的中产阶级都摇摆于两股力量之间：一方面是来自教会和文化传统的拉力，一方面是怀疑主义的吸引力和自然的生理需要。他们会想：天知道指导我们父母行为的那些所谓永恒道理是不是只是时代的产物！天知道"女性应该是无性天使"的布尔乔亚理念是否只是出于一种不被承认的焦虑！天知道它是不是已超出任何文明社会都必须加诸其成员的限制的合理范围！

　　维多利亚时代人留下来的材料一向在历史学家之间有南辕北辙的解读。以狄更斯这位在英语世界里作品最广为流传并最受爱戴的小说家为例，他固然曾不遗余力地嘲讽布尔乔亚的拘谨，但另一方面又是这种拘谨的体现者。在小说《我们共同的朋友》（*Our Mutual Friend*）中，他把那位谨小慎微的绅士先生尽情取笑了一番，说他整天都会担心有人把"让年轻人脸红耳赤的"话题提出来。可是到了《大卫·科波菲尔》，同一位作者在写朵拉·科波菲尔流产的情节时却一笔带过，让大部分读者几乎忘记了她的脸色为什么会那么苍白。此外，小说中的妓女角色马撒说起话来也俨如大家闺秀。事实上，狄更斯这种不一贯的态度反映了一件事：维多利亚时代人对性问题的态度是具有高度折中性的。

　　尽管有这种妥协，但这并不表示中产阶级夫妻没有享受性满足的机会。超过一个世纪的时间，鄙夷布尔乔亚的历史学家都在传播一个谣言，声称维多利亚时代的丈夫之所以喜欢上妓院、追求歌女或养情妇，是为了弥补他们在家里遭遇到的性挫折。但这只是另一个恶毒的、基本上没有根据的谣言，是与当时中产阶级生活丰富多样的面貌相抵触的。在19世纪，当然不是没有一些因为得不到性满足而流连在外的丈夫，但他们更常见的补救方法是与配偶一起追求更多和更好的性生活。

是的，更多和更好的性生活——但总是在适度的范围内。这一要求是维多利亚时代中产阶级夫妻追求幸福的一个前提。我们知道，性本能在其原始状态下是不受节制和不知餍足的，因此，对不羁的原始欲望的驯化就成了每个有教养的布尔乔亚必修的一课。在当时大部分教育家眼中，禁欲与贞洁并不是同义词或盟友，而是敌人。维多利亚时代人深深认同精神分析学家所说的"升华"（sublimation），也就是把性的驱动力转化到艺术、知识或工艺的活动上。许多中产阶级批判者有所不知的是，19世纪布尔乔亚放在床头的格言并不是禁欲，而是节制。

"性欲本身并非罪恶"，对于这种观点的推广，19世纪一些较为"进步"的婚姻手册居功匪浅。这也是德国医生阿尔布雷克特（J. F. Albrecht）的《女性的奥秘》（*Mysteries of Females or the Secrets of Nature*）的主要论点。这本清晰描写了性心理与性生理的小册子相当畅销：它出版于1830年左右，到1851年已经出到第六个增订版，当时作者已过世，出版社是为了满足市场的需求而增订的。这是一部特别有价值的文本，因为阿尔布雷克特医生是个谨慎而虔诚的模范，力求冒犯最少的读者和使用最得体的语言。他用尽量不会引起反感的语言建议当时的太太们，不应该拒绝丈夫对"床第温柔"的渴望，更不应该流露出厌恶，哪怕当时她们对房事的兴趣要低于丈夫。因为如果不能采取这种愉快的配合态度，那丈夫就说不定会"因为无法被满足而到婚姻之外寻求补偿"。[42] 这本来只是个警告，但许多年以后却被反布尔乔亚的斗士误当成事实的陈述，以为那是对当时普遍现象的描述。

鼓励配偶双方都应该追求性满足的同时，阿尔布雷克特医生有礼貌地指出，他不能容许自己认同神学家的一个见解：太太怀孕期间夫妻不应行房。他说，如果夫妻双方都有结合的冲动，就应该顺其自然，但丈夫应该特别体贴，而愈到后来次数也应该愈少。他问道，如果大自然不愿让人的某种驱力获得满足，它为什么又要赋予人这种驱力呢？阿尔布雷克特医生是19世纪最早宣扬这种自由的、有同情心的观点的人之一，而这一点提醒我们：一些最早和最有建设性的性指南，是布尔乔亚写给布尔乔亚看的，旨在修补因为夫妻双方的无知而造成的裂隙。

当然，这位态度亲切的医生也深知，有许多夫妻不需要别人来鼓励，自己就懂得追求共同的快乐。他们会自行探索出哪种程度的满足才最符合彼此的需求。施尼茨勒的许多作品都包含做爱的场景，但值得一提的是，他似乎理所当然地认为，他的女性角色是不必为性冷淡而担心的。他笔下最显著的床第失败者是一个男人：在《轮舞》中，施尼茨勒以幽默的手法描写一个男的因为太过紧张而不举，后经情人（一位已婚妇女）安抚而重振雄风，最后两人都能够得到最大的满足。总之，虽然维多利亚时代人中有不少性压抑的女性和心理性无能的男性，但还是有一些（大概还不为数不少）丈夫乃至妻子，是勇于追求性欢乐和得到满足的。

维多利亚时代中产阶级夫妻生活的真实面貌不仅被后世的嘲讽所掩盖，还被同时代人的见解扭曲——尽管这些见解很可笑，却是后来世代所乐于"利用"的。最好的例子（也是最糟的例子）是英国的妇科医师阿克顿（William Acton）——没有他，真不知道后来的布尔乔亚诋毁者要怎么办。他在初版于1857年的《生殖器官的功能与失调》（*The Functions and Disorders of the Reproductive Organs*）中指出，女性天生就是无法享受性爱的。阿克顿宣称，受过良好教养的女性都是性冷淡的："大多数女性（她们很幸运）都是用不着为任何类型的性欲而烦恼的。在男人看来普通不过的事情，对女人来说只是特例。"因此，一个紧张或赢弱的男子不必因为担心太太会苛索过度而对婚姻却步不前，正好相反：丈夫、家庭和小孩的幸福将注定吸去她全部的心思，"已婚女性是不会愿意被当成情妇对待的。"[43]肯定有相当多维多利亚时代的中产阶级妇女会令阿克顿大感惊讶——要是他曾经花时间去问她们的感想的话。

不管怎样，阿克顿的结论都是无效的，因为他未能把生物性前提条件与社会压力区分开来。但他自信万分的观点却招来了颇多的追随者，特别是在英国以外的国家。不过，在否认正常女人天生具有强烈性欲这一点上，阿克顿医生还不算最极端的。例如，约翰斯·霍普金斯大学的生物学与生理学教授马丁（H. Newell Martin）就甚至宣称：中产阶级的妇女，特别是中产阶级上层的妇女，觉得性交是痛苦的。她们同意行房，只是为了迎合丈夫的冲动。"一个深情的妻子会认为自己最大的快乐莫过于为所爱的人受苦；只要还忍受得了，她是不会让丈夫知道自己正在受苦的。"[44]就像阿克顿一样，马丁承认有些女人的性欲是可以被激起的，只不过他认为这些女人都不是正常的类型，注定只能是坏妻子和坏母亲，内心深处是渴望当妓女的。

伟大的克拉夫特-埃宾也同意这一点。1890年，他在概述自己的最新发现时，指出女性对性行为之所以明显兴趣缺乏，不是文化约束的结果而是身体新陈代谢过程的结果。"如果她的心智正常，家教良好，那她的性欲就会很低。"但这是一件幸事，因为要不是女人在性方面是消极的、被动的，那"整个世界将会俨如一座妓院，婚姻和家庭都不可能存在"。[45]在其经典之作《性精神病态》中〔此书的见解相当倚重意大利性学家曼泰加扎（Paolo Mantegazza）的研究〕，克拉夫特-埃宾采取了有点不同的见解。这一次，他承认女人就像男人一样，是渴望性满足的，但有别于男人的是，女性也渴望"保护与支持自己与子女"。[46]但不管他的前后观点有哪些细微不同，克拉夫特–埃宾都从不怀疑，虽然女人也许是爱的专家，但性却是男人的天赋。

很自然，这些意见都是20世纪的维多利亚时代文化批判者所乐于采用的。另外，维多利亚时代诗人帕特莫尔（Coventry Patmore）不就写过一首颂扬女性的长诗，称她们是家庭里的天使吗？女性在许多漫画里的形象——负有神圣任务、对房事兴趣缺乏甚至感到恶心——是那么深入人心，即便有相反的证据出现，也往往被置之不理。有些医生——甚至女性疾病的专家——因为成见太深，以至于有明明白白的证据摆在眼前也视而不见。其中一个该被授予"视而不见奖"的人是德国专家阿德勒（Otto Adler），他在1904年出版的《妇女有缺陷的性感受》（*The Defective Sexual Feelings of Women*）一书中，企图以实际的病例报告去支持他的论点。但他举出的一些病例在检查时明明可以到达高潮的，而有一些则是明明白白受到性渴望的困扰。不愿意睁眼看的人无异于盲人，这句话也许是老生常谈，但却是事实。

尽管有阿克顿、阿德勒这类人在，但把"妇女天生性冷淡"这种教条的顽强活力完全归咎于妇女疾病专家的摇旗呐喊却有失公允。事实上，大多数这方面的权威对这一普遍流行的神话都持否定态度。阿尔布雷克特医生就是其中之一，不过不管他为人有多审慎，他在这方面的意见却不是来自临床证据，而是来自哲学思辨："要断定两性在体现生殖驱力时，哪一方会经受更大的刺激并因此感受到更大的满足，并不容易。不过我们也许可以这样想：既然美丽的性别在这过程中要承受最大的痛苦，那她们自然也应该享受到最大的欢乐。谁又敢说造物主这样的设计是有所不当的呢？"[47]

当然不是所有的妇科专家都是偏爱思辨多于临床证据的。他们知道（而临床检验上也可以证实），一个女病人之所以会为性冷淡而上门求诊，正是因为她们怀疑自己或自己的处境有哪里不对劲。有些妇女会在日记里记下自己感受过的性欢愉（也有写在信上的，但要少得多）。这类证据无疑是稀少的，但已足以说明事情的一二。在19世纪，会坦承自己有强烈性欲的女性肯定是少数中的少数，哪怕是浪漫主义者。在这方面的话题能被公开讨论以前，有太多路障需要跨过。大部分妇女在记下她们与丈夫的温存时，都只会轻描淡写两三笔，描述与丈夫热吻或睡在丈夫的臂弯里的感受。

很多更符合实际的通信已经难于找到，部分原因是它们许多都被销毁了。不过仍然有留下来的。以下是一个姓名与年龄不详的巴黎女裁缝在1892年写给情人的信："我身不由己，必须向自己承认：'我爱你'，而我也永生难忘与你共度的那个良宵。亲爱的，你想必注意到我当时有多放开自己。尽管是第一次，却一点也不尴尬。那一定是我已对你深深着迷的缘故，而当时我也深信，在你的臂弯里我一定会感受到无上欣喜。"[48]

与这段剖白相比，阿黛儿·桑德洛克在跟施尼茨勒回忆他们共度的一个同样灿烂的春宵时，坦率的程度要更令人屏息。"醒过来时，我感觉自己就像仍然身处在你爱的魔圈里，就像仍然躺在你的臂弯里……我感受得到你的嘴巴是怎样吮吸我的呼吸。那种感觉不是爱，不是快乐——这些都是陈腐的、该送进垃圾桶的字眼。我很肯定我的感觉截然不同，那就像是一种新生，一个全新的世界向我揭示了它的璀璨：就像一种灵与欲的结合，其中充满无限的渴慕；就像一种蒙福的自我解体、一种在另一个世界的幸福梦游、一种半睡半醒的濒死状态……"[49]

也许会有人怀疑这番表白的真实性，因为阿黛儿·桑德洛克毕竟是个男女关系复杂的女演员，而且是个"放纵分子"，各方面都很造作。但比她平凡得多的布尔乔亚妇女也会发出与她类似的声音。19世纪60年代中叶，家住马萨诸塞州的东汉普顿（Easthampton）的劳拉·莱曼曾与人在纽约的丈夫约瑟夫（Joseph）有过几次书信往来。约瑟夫想让太太知道自己有多思念她。"我期盼着那种在你的拥抱里无可形容的欢欣。"[50]他在1865年3月11日通知回家的信上说。两天后，他在另一封信里把热情的筹码增加了一倍，表示他盼着"被一双爱抚的手紧紧包围，以及被最性感的碰触所抚慰！但用不了多久我们就会拥有它——全部的、完全的"。[51]他显然没有在外久留的打算。劳拉的回信显示出她喜欢这种文字上的挑逗，而她的回信比丈夫的还要火辣。3月13日，在向丈夫热情澎湃地宣示过自己的爱以后，劳拉又说："我盼望感受到与你的心灵相触。"[52] 没错，他们夫妻俩偶尔会给一些颅相学（Phrenology）的刊物联名写写文章，但她这里说的"心灵"却显然是"肉体"的意思。十天后，她把话说得更明白了："下星期六我会抽干你的保险箱的，我保证。"[53] 那之前，她已经用一些很性感的意象把丈夫折磨过一番："我刚泡过温水澡，正坐在火炉前，甜美得像玫瑰花苞。你不希望就在旁边吗？"[54]

丈夫抱怨她把他挑逗得太厉害（"你就不能以后再来谈你的泡澡和把自己弄得有多甜美销魂吗？"），但劳拉不但没有歉意，反而更加火辣。"我今天可没有洗澡，"她在3月24日的信里说，"床单不干净，我的内衣裤也没换新的——你一定不会再感受到被挑逗啦。"[55] 她完全知道这些话对丈夫的挑逗只会更甚。莱曼夫妇的这些情色的通信可不是在蜜月以后没多久写的，而是在结婚七年后。要是劳拉·莱曼——更不用说阿黛儿·桑德洛克——读过阿克顿医生有关布尔乔亚妇女天生性冷淡的言论，一定会哑然失笑。

4

除了一些担心世界会被统计数字淹没的保守分子以外，19世纪的布尔乔亚乃是科学的倾心者，矢志要发扬实证经验的力量。尽管要量化性生活的幸福度（或不幸福度）几乎是不可能的，但有些维多利亚时代人还是尝试求助于统计数字。狄更斯的小说《艰难时世》（*Hard Times*）中，那位可怕的格拉格林特先生——一位毫无想象力、鄙视感情、开口闭口都是"事实"的老师，可以说是对19世纪那些事事讲求精准的社会和政治改革者的一份挖苦。当时也有一些社会的研究者因为受够了道听途说，觉得说不定通过收集数字，可以或多或少地阐明——他们可不敢奢望可以一举确定——中产阶级妇女对房事有多么感兴趣或不感兴趣。

首先应该强调的是，在19世纪，没有任何以问卷或在医生办公室面谈的方式进行的调查，其精确度也远远不如现在的调查技术。尽管如此，这种规模很小、难脱主观成分的调查并不是没有用的，它们佐证了一个看法：中产阶级女性情欲的强度并不亚于同一阶级的男性，至少是相去不远。1883年，一名杰出的苏格兰妇产科医生邓肯（Matthews Duncan）在皇家医学院演讲时指出，他曾与504位不孕的妇女面谈，问及她们的性欲和性欢愉（即性高潮）状况。只有40%的人选择回答，但其结果足以让那些鼓吹女性有权利也有能力追求性欢愉的人欢欣鼓舞。152位妇女承认有性欲，134位承认有过高潮。看来，如果那些拒绝回答的妇女都愿意作答的话，那有性欲或有过高潮者的比例将会降低。尽管如此，邓肯医生所取得的结果，却足以支持他所说的"一个几乎被公认的观点"：那就是"妇女是有性欲和可以享受高潮的，至少是可经由适当的刺激引发"。[56] 阿克顿医生，再见啰！

在美国，引起相当多讨论的"莫舍调查报告"（Mosher Survey）也为上述令人欣喜的数字提供了进一步的支撑。1892年，动物学家暨女医师莫舍（Clelia Duel Mosher）对美国妇女进行了一系列的问卷调查，询问她们的性经验。只有45个受访者（全都是已婚妇人）交回的是有效问卷。但要注意，她们的回答并不能代表一般美国妇女的情况，甚至不能代表中产阶级妇女的情况；因为她们都受过良好教育，大部分念过大专或师范学校，而在当时，妇女受高等教育的机会是很稀有的。因此，她们都见过一点世面，而且大部分是老师。她们嫁的也是受过教育的丈夫，而这一点，对美满的性生活的促进当然是有利无害的。她们也不是什么"新女性"，只是不折不扣的维多利亚时代布尔乔亚女性。尽管欠缺代表性，但她们的回答仍然相当有启发。

　　"莫舍调查报告"包含三点结论。第一，受访者有相对活跃的性生活，从一星期一次到几次不等。她们中的很多人都把性生活与生小孩的责任相提并论，而大部分都对丈夫的技巧与细腻赞扬有加。只有约1/4的回答者表示，性生活可有可无或完全不能从中感受乐趣。1/5的人回答说，每次行房都能达到高潮；另1/5则表示，"常常会"或"有时会"——这些数字与20世纪晚期所做的同类型调查结果接近。若干受访者表示，她们每次行房都会希望得到性高潮，如果偶尔期望落空就会感到"沮丧和郁闷"。还有不少人在怀孕期间会继续行房事，其中一位还坦承希望在月经期间和白天做爱，不过这位前卫者又表示，这样的事一个月一次就很恰当。受访者对高潮的形容，从精疲力竭到快乐再到狂喜不等。一位妇女表示，这种事"总是会让人感到高兴"；另一位则表示，"如果错过这种经验会感到懊恼"。这说明人们对这种合法的欢乐已经相对没有罪恶感了。

不过，性生活除了是合法的快乐以外，还是有神圣目的的。有些回答者在谈到房事之乐时，语气中带着点歉意，仿佛觉得有个神父或严肃的妈妈正在旁听她们对莫舍医生的忏悔。其中一个受访者坦言，她不认为生育是性交的主要目的："我认为女性以至男性，中年时都需要这种关系，它让人更正常些。即使无儿无女，如果继续保持这种关系，仍然可以让丈夫更爱妻子一些。那是一种很美的东西，我很高兴大自然把它给了我们。"但有少数人对房事的见解与牧师和道德家如出一辙："如果没有生小孩的强烈渴望，我不会承认结合代表着真正的婚姻。"又说那如同"合法的行淫"。尽管如此，谈到闺房之乐时，她却表示因为与丈夫深深相爱，所以"相当乐于培养这种激情"。这使得她原先给人的严肃印象被冲淡了不少。莫舍医生的问卷谈不上严谨，而受访者们的回答通常都是扼要而不带热情的，所以在解读这些回答时，我们必须要带点儿谨慎。

上帝也出现在许多受访者的回答中，但主要被用来为世俗的欢乐给予肯定和支持。"我想男女是为爱而结合的，如果适度的话，它也许可以被视为爱的最高展现之一，而那是我们的造物主首肯的。"一点儿不意外，"灵性"一词也屡屡被提到。"在我看来，"其中一个受访者说，"那是灵性结合在自然和肉体上的表现，是婚姻誓言的一种更新。"另外，这些中产阶级妇女也认为，想要充分体验性爱之乐，不可少的前提是相互的爱恋——那是施尼茨勒渴盼而极少得到的。

莫舍指向的最后一个结论是：让闺房生活得以圆满，居首功的是一个体贴的丈夫，他会警觉到太太有什么需要，知道怎样去唤醒太太还在沉睡中的性需要。莫舍医生的其中一位见证人这样说：房事"是男女间爱情的表达"，它"往往不过是爱之激情的极端抚摸"。一位再婚的受访者说："我丈夫是个体贴得不寻常的男人。在结婚的最初几个月，"——她当时53岁——"房事的次数很频繁，一周两到三次，而我和他都一样渴望。"正是这种"一体感"使性的欢愉服务了"一个更高的目的，一种像音乐一样的超凡入圣"。[57]没有证据显示施尼茨勒曾听说过"莫舍调查报告"；而如果读过，他说不定会对它强调性生活的灵性而非肉体欢乐这一点感到一点儿惊讶。

否认维多利亚时代人的性生活是彻头彻尾的灾难，并不等于承认他们住在性欢愉的天堂里。因性而受伤的人仍然比比皆是，而这往往是中产阶级父母羞于谈性的结果。在1907年一篇论儿童性启蒙的短文里，弗洛伊德强烈指责当父母的人不应该回避儿童必然会提出来的敏感问题（如两性的区别或小孩是怎么来的）。他把小孩子日后性生活的不和谐归咎于父母"习惯性的拘谨与对性问题的忐忑不安"。[58]不管鹳鸟送子的故事立意有多好，它都是一种误导，对小孩子有百害而无一利。换言之，前面我们谈过的那种维多利亚时代家庭对身体的正视态度，并不必然延伸到性生理学中。

然而，自19世纪早期起，为父母写指南的作者就开始宣扬坦白的重要性。譬如热心的阿尔布雷克特医生就指出，当父母碰到应该告诉小孩真相的时候，绝不要犹豫："父母应该尝试与子女建立互信和友谊，并以朋友的方式探知他们的欲望与冲动。要是父母限于某些理由无法做到这一点，就应该找朋友帮忙，请他们用高明的办法探知小孩的感情。"[59]总的来说，推销教育子女知识的人们都同意一点：想要把小孩完全蒙在鼓里是不可能的；在父母那里得不到的东西，他们只会转向淫秽书刊或有经验的同学寻求，但这两者都是堕落的推手而非知识之源。

尽管如此，在维多利亚时代，对敏感问题开诚布公的父母也不是稀有动物。1888年5月，17岁的普鲁斯特写信向祖父索要十三法郎。他解释说："我迫切需要去找一个妓女，以终止手淫的恶习，为此爸爸给了我十法郎。但因为太兴奋，我打破了一个夜壶：价值三法郎。更糟的是，因为慌张，我竟然没成。"[60]不论这封信是否能忠实反映少年普鲁斯特的真实情感，但它仍然见证了父子间一种让人动容的坦诚。信中，我们看到了一个被孙子完全依赖的祖父，还看到一位除手淫外对儿子别无挑剔的父亲，而他对儿子手淫习惯开的是一剂猛药：以"健康"的性逐走"不健康"的性。

普鲁斯特的尴尬故事让人回忆起施尼茨勒与父亲的对抗。两个少年几乎同一年纪（一个17岁，一个16岁）；两人的父亲都是名医；两桩事件都让父子直接面对一些被认为是禁忌的话题——这种开诚布公，是被那些"仇布者"认定不可能存在于中产阶级家庭的。没错，两位父亲的态度和开的药方形成了强烈反差：身为法国人，普鲁斯特的父亲友好且善解人意，建议儿子多上妓院；身为奥地利人，施尼茨勒的父亲的态度则是勃然大怒、忧心忡忡，并用带点施虐意味的方法[①]警告儿子远离妓院。这种区别，也许是出于性格的不同，也许是出于国民性的不同，又也许是两者兼而有之。但不管怎样，反布尔乔亚神话中那种高高在上、不可沟通的父母形象，都是绝对应该被一个更切合事实的模型所取代的。

另一方面，那些百般规避敏感问题的父母也必然会有受到指控的一天。在这一点上，英国社会改革家安妮·贝赞特夫人（Annie Besant），因其坦率和聪慧而成了一个特别有说服力的见证人。她一生的事业有很多转折：最先是基督教的崇礼派（ritualism），后来转向研究神智论（Theosophy），其间又信仰过无神论、社会主义和其他介于两者之间的意识形态。在1893年出版的自传中，贝赞特夫人和盘托出自己的经验，并从

———————

① 指他要施尼茨勒去翻阅三册论梅毒的参考书之举。

中归纳出一些可供维多利亚时代父母参考的原则。她指出，如果父母有什么最需要尽的义务的话，那就是教导子女有关人生的事实。她在1867年嫁人，对方是个她几乎不认识、被她过度理想化的牧师。"我当时对婚姻关系一无所知，仿佛我只是个4岁的小女孩而不是20岁的大人。我一直过的都是幻梦般的生活，对一切性问题懵然无知，根本不明白婚姻的真相，所以只能在毫无抵抗能力的情况下接受一次粗暴的唤醒。"[61]

她写道，她的婚姻启蒙基本上是以牺牲少女的纯真换来的。她从往事中总结出这些教训："最要命的错误莫过于让一个女孩在成长的过程中对一切人生的责任与重担茫然无知，然后一下子把她从所有的联系、大人的帮助和母亲的胸脯推开，要她独自面对一切。"事实上，很多不幸福的婚姻都是从一开始就肇始的，也就是"从一个端庄矜持的年轻女孩感到莫名惊恐的那一刻开始，从她感到无助、困惑与恐惧的那一刻开始"。要言之，"当夏娃要离开母爱的伊甸园以前，应该先让她拥有善与恶的知识。"[62]

就现有的材料显示，尽管中产阶级少女要比同阶级的少男受到较多的"保护"，对男女之事更加懵懂无知；但男孩子往往也好不到哪里去，他们一样需要在手无地图的情况下穿过迷宫。艾米丽·利顿（Emily Lytton）——后来的勒琴斯夫人（Lady Lutyens）——就是一个例子，这个维多利亚时代英国人的亲身经验让我们见识到，父母好意的沉默会为子女的婚姻带来多大隐患。1893年，年方18的艾米丽爱上了英俊的诗人和花花公子布伦特（Wilfrid Scawen Blunt）——他当时已53岁，却试图勾引这个年纪只有自己1/3的女孩。艾米丽差点儿就失了身。在回顾这段往事时，她恚恨地归纳出一个结论："那种保护女性免受污染的传统方法真是愚不可及。这种奇怪的激情要直接或间接地为世界上大概一半的不幸和悲惨负责。出于良好的动机，它被灌输到了男人的头脑里，而这个内在的信息提供人和千百个不断冒出来的暗示都会告诉他，女性的贞操可以通过一种难以置信的无知而得以保存。"[63]家教良好的女孩因为一直被蒙住双眼，一旦产生性激情的时候会更容易酿成灾难。

　　差点儿失身已经够糟的了，但四年后的婚姻却带给艾米丽更大的震撼。因为尽管她的丈夫勒琴斯将会成为著名的建筑师，但对男女之事的无知却不亚于太太。多年后，艾米丽在回忆旧事时，向丈夫形容他们的蜜月是"一场由肉体痛苦与心灵失望构成的梦魇"。勒琴斯虽然完全没有经验，却性急难耐，在毫不体贴的情况下强行圆房，让太太承受"夜复一夜的不满足和怨恨"——怨恨这样一个她所爱和所嫁的人。"要知道，"她告诉丈夫，"我嫁给你是因为爱你，而我对你肉体上的渴望也不亚于你对我的。事后我没有一刻怪过你，因为那不只是出于你的自私和不体贴，也是出于我的懵懂无知。"[64]夫妻的同时无知不只是会让婚姻的折磨加倍，而是会让它加上好几倍。

　　新婚之夜有时会如同磨难——这种论调在维多利亚时代是一种老生常谈，也是很多粗俗笑话与讽刺漫画的灵感来源。在这一点上，一幅1832年的法国平版画很具代表性。新婚翌晨，画中的新娘子挨在大大的枕头上，穿着诱人的睡袍，酥胸半露。一个年轻的女性来客问她说："感觉怎么样？"新娘子的回答是："啊！我亲爱的朋友，千万别结婚，好恐怖！"[65] 说这话时，一个娇羞的笑容在新娘子脸上若隐若现。但新娘子慵懒的姿势、撩人的体态、娇羞的笑容却反映出，我们不应该把她的传统控诉照单全收。

潜伏在这幅意义模棱两可的漫画里的主要信息就是，对性机制的无知并不是不可修补的。一方面，第一次的性经验也许让人身心疲惫，而且情况有可能会一直持续下去；另一方面，这第一次也可能是个教育机会，是让"受难者"迈向欢乐的初阶。许多19世纪的医生与小说家对这一点同样乐观。邓肯医生在1884年说出了这番可以代表他大多数同僚意见的话："快乐在婚姻中常常都是阙如的，但却可以在这种状态的持续过程中逐渐培养出来。"[66] 德国医生西伯特（Friedrich Siebert）在1901年提出了与此相呼应的见解：当了太太的人在刚结婚时通常都毫无心理准备，但至少她们不会掉头就跑或尖叫求救！她们也许会发现初夜是可怕的，但却会"懂得怎样去调适自己"，并最终"发现事情怡人的一面"。[67]①

---

① 1999年2月10日，《纽约时报》登载了对18到59岁美国人所做的一项调查报告，报告指出"有超过40%的女性和30%的男性对性不感兴趣，无法获得高潮，要不就是有性功能障碍。"（p. A16）维多利亚时代布尔乔亚已婚男女的情况很有可能会更好一些。（原注）

夫妻可以发现性生活的怡人一面这一点，不但是医学的一个主题，也是小说的主题。一个精彩的例子是G. 德罗兹（Gustave Droz）的《先生、夫人与宝宝》（*Monsieur, Madame et Bébé*）。这部大受欢迎的轻松小说出版于1866年，15年内再版了121次，它讲述了一个单身汉走向婚姻和成为父亲的快乐历程。新婚之夜在这位先生卑微的历史中占有核心地位。当冗长的婚宴终于结束，所有阿姨都掉完最后一滴泪，每个堂表兄妹都说过祝福的话以后，新娘的母亲就在女儿耳边喃喃最后的教诲："牺牲、奉献、顺服"，然后又虔诚说出自己的愿望："愿天主保佑，有一两个圣灵躲在窗帘后面为我的女儿说情吧。"——别忘了，这时候的劝告可不是真的。

　　等到一对新人终于单独相处，新娘子，这个"可怜的孩子"，就马上躺到床上，用毯子把自己裹得紧紧的，"头深陷在枕头里"，眼睛闭着，就像是睡着了。新郎走近她，以他最温柔的声音说："你睡着了吗，亲爱的，睡着了吗？"但每次他一碰她——哪怕只是碰指尖——她都会瑟瑟发抖。而当他在她耳边低声说他爱她时，她噙着泪回答说她也爱他，又要求丈夫让她睡觉。

　　最后，他"就像照顾小孩那样"，帮她把被子盖好，准备坐在安乐椅里度过长夜。但房间冷得要命，新娘子担心丈夫着凉，就把他招到床上。新郎牙齿咯咯打颤，却高兴地发现，她不再怕他了。"那你是想当我太太啦，"他温柔地说，"告诉我，你愿意让我教你怎样爱我吗？"她的回答几不可闻，但已足以让他大受鼓舞。G.德罗兹没有继续描写接下来发生的事，但事情看来是成功的——即便不是在第一次，也是在之后。因为在小说的尾声处，我们听到太太这样对丈夫说："亲爱的，我们为这个回忆笑过多少次了？已经是那么遥远了。"〔68〕

我上面把这一段描述称为一部卑微历史的一部分。即便如此，又即便我们没有统计数字去佐证，仍然有相当多留存至今的证据（我引用的只是极少数）可以显示，"先生"和"夫人"的爱情故事在维多利亚时代的布尔乔亚中是典型例子。对他们来说，自然是有一种自我肯定的方式的——不仅未经琢磨的自然是如此，经过文明洗礼的自然也是如此。而中产阶级的爱情也不只是出于性需要或理性考量——这话我说多少遍也不嫌多。"爱永不会与理性携手同行"〔69〕，柏辽兹医生（Louis Berlioz）在写给妻子约瑟芬（Joséphine Berlioz）的信上这样说。而有许多19世纪的丈夫与太太（即便是法国人），都是为爱而爱。施尼茨勒的可悲之处正在于，相当多时候他的狂喜只是他的病症。但这并不是其他许多布尔乔亚所必须付出的代价。如果事实果真如此（我相信是如此），那维多利亚时代布尔乔亚的性爱史就有必要重写，以便让它更逼真，因为它远不像我们所知的那样冰冷。

注　释

〔1〕我在 *ES*，466—469 中讨论过好些站不住脚但仍然流行（包括在

一些学者之间流行）的对维多利亚时代性爱观的批判。Michael Mason，*The Making of Victorian Sexuality*（1944），勇敢地反驳了其中一些不可靠的说法。Carl N. Degler, *At Odds: Women and the Fanzily in America from the Revolution to the Present*（1980）与我对19世纪性爱观的研究有不谋而合之处。Roy Porter and Lesley Hall, *The Facts of Life: The Creation of Sexual Knowledge in Britain, 1650–1950*（1955）提供了相当多的相关资讯。

〔2〕A.S., October 17, 1893, *Tagebuch*, II, 55.

〔3〕A.S., "Agonie," part of the *Anatol* cycle (1888–1891). *Die dramatischen Werke*, I, 82.

〔4〕Frend to A.S., May 8, 1906, Freud, Briefe, 249. A.S. 的日记展示了他对Freud的兴趣早在1990年3月26日就出现了；出版4个月后他阅读了Traumdeutung (see Tagebuch, II, 325; and November 5, 1905, and October 27, 1906, Tagebuch, III, 164, 229).

〔5〕John Addington Symonds to his daughter Margaret, December 6, 1889. Phyllis Grosskurth, *John Addington Symonrds: A Biography* (1964), 299.

〔6〕A. S., March 4, 1893, *Tagebuch*, II, 14.

〔7〕A.S., January 24, 1894, ibid., 72.

〔8〕A.S., September 4, 1893, ibid., 52.

〔9〕A.S., August 10, 1890, *Tagebuch*, I, 301.

〔10〕A.S., December 15, 1892, ibid., 395–396.

〔11〕A.S., August 10, 1890, ibid., 300.

〔12〕A.S., ibid.

〔13〕A.S. to Marie Glümer, November [18], 1890, *Briefe*, I, 102.

〔14〕Ibid., 100.

〔15〕A.S., August 10, 1890, *Tagebuch*, I, 300.

〔16〕A.S. to Marie Glümer, April 29, 1893, *Bricfe*, I, 196.

〔17〕A.S. to Marie Glümer, April 4, 1893, ibid., 182.

〔18〕A.S., March 19, 1893, *Tagebuch*, II, 17.

〔19〕A.S., December 27, 1892, *Tagebuch*, I, 397.

〔20〕A.S. to Marie Glümer, [April 4], 1893, *Briefe*, I, 182.

〔21〕 A.S., October 22, 1892, *Tagebuch*, I, 390.

〔22〕 A.S., December 27, 1892, ibid., 397.

〔23〕 A.S., December 15, 1892, ibid 395.

〔24〕 A.S., August 10, 1890, ibid., 300.

〔25〕 A.S., April 24, 1894, *Tagbuch*, II, 75.

〔26〕 A.S., *Das Märchen* (1891), *Die Dramatischen Werke*, I, 199.

〔27〕 A.S., October 7, 1894, *Tagebuch*, II, 93.

〔28〕 A.S., March 13, 1895, ibid., 129.

〔29〕 A.S., April 14, 1895, ibid., 135.

〔30〕 A.S., January 16, 1896, ibid., 169–170.

〔31〕 A.S., April 4, 1896, ibid., 182.

〔32〕 A.S., February 17, 1895, ibid., 123.

〔33〕 A.S., July 10, 1895, ibid., 146.

〔34〕 A.S., July 17, 1895, ibid..

〔35〕 A.S., July 26, ibid., 147.

〔36〕 A.S., January 6, 1895, ibid., 110.

〔37〕 A.S., May 1, 1899, ibid., 306.

〔38〕 Richard von Karfft-Ebbing, *Neue Forschungen auf dem Gebiete der Psychopathia Sexualis. Eine klinische-forensische Studie* (1886), 14.

〔39〕 A.S., *Jugend in Wien*, 44.

〔40〕 A.S., June 21, 1891, *Tagebuch*, I, 337.

〔41〕 Bertrand Russell to Gilbert Murray, December 12, 1902, *The Autobiography of Bertrand Russell, 1872–1914* (1967), 224.

〔42〕 J. F. Albrecht, *Heimlichkeiten der Frauenzimmer oder die Geheimnisse der Natur hinsichtlich der Fortpflanzung des Menschen* (ca. 1830; 6th enlarged ed., 1851), 71.

〔43〕 Dr. William Acton, *The Functions and Disorders of the Reproductive organs, in Childhood, Youth, Adult age, and Advanced Life, Considered in their Psychological, Social, and Moral Relations* (1857; slightly revised and substantially enlarged 3d ed., 1863), 133–135, 103.

〔44〕Dr. H. Newell Martin, *The Human Body: An Account of the Structure and the Conditions of Its Healthy Working* (8th rev. ed., 1898), 664. 需注意，在其中几个版本中，第39章（"Reproduction"）被删除或作为附录出现 (见 3d rev. ed., 1885, separate pagination, 20). 出版商主动提出售卖不包含这一"性感"章节的版本。

〔45〕Krafft-Ebbing, *Psychopathia Sexualis*, 38.

〔46〕Ibid., 14.

〔47〕Albrecht, *Heimlichkeiten der Frauenzimmer*, 23.

〔48〕Anne-Marie Sohn, *Du premier baiser à l'alcove. La sexualité des Français au quotidien (1850–1950)* (1996), 250.

〔49〕Adele Sandrock to A.S., April 12, 1893. *Dilly. Adele Sandrock und Arthur Schnitzler: Geschichte einer Liebe in Briefen, Bildern und Dokumenten*, ed. Renate Wagner (1953), 40.

〔50〕Joseph Lyman to Laura Lyman, March 11, 1865, Lyman Family Papers, box 4, Yale-Manuscripts and Archives.

〔51〕Joseph Lyman to Laura Lyman, March 13, 1865, ibid.

〔52〕Laura Lyman to Joseph Lyman, March 13, 1865, ibid.

〔53〕Laura Lyman to Joseph Lyman, March 23, 1865, ibid.

〔54〕Laura Lyman to Joseph Lyman, March 11, 1865, ibid.

〔55〕Laura Lyman to Joseph Lyman, March 24, 1865, ibid.

〔56〕J. Matthews Duncan, *On Sterility in Women* (1884), 96.

〔57〕*The Mosher Survey: Sexual Attitudes of Forty-Five Victorian Women*, ed. James MaHood and Kristine Wenburg (1980), passim. 更多细节信息，见 P.G., *ES*, 135–144.

〔58〕Sigmund Freud, "The Sexual Enlightenment of Children" (1907), Standard Edition, IX, 133（译文已修订）.

〔59〕Albrecht, *Heimlichkeiten der Frauenzimmer*, 63–64.

〔60〕Marcel Proust, André Aciman, "Inversions," *The New Republic* (July 12, 1999), 39.

〔61〕Annie Besant, *An Autobiography* (1893), 70.

〔62〕 Ibid., 71.

〔63〕 Emily Lutyens, *A Blessed Girl: Memories of a Victorian Girlhood, 1887–1896* (1953), 10.

〔64〕 Mary Lutyens, *Edwin Lutyens* (1980), 242–244.

〔65〕 Gabrielle Houbre, *La discipline de l'amour* (1997), 73.

〔66〕 Duncan, *On Sterility in Women*, 94.

〔67〕 Friedrich Siebert, *Sexualle Moral und Sexuelle Hygiene* (1901), iii.

〔68〕 Gustav Droz, *Monsieur, Modame et Bébé* (1866; 1997), 134–154. 也可见 Gabrielle Houbre, *La discipline de l'amour: L'Education sentimentale des filles et des garçons à l'âge du romantisme* (1997).

〔69〕 Louis Berlioz to Joséphine Berlioz, April 22, 1803. David Cairns, *Berlioz*, vol. 1, *The Making of an Artist, 1802–1832* (1989; 2d ed., 1999), 11.

第四章
侵略性的托辞 [1]

Alibis for Aggression

在龃龉不断的 19 世纪，
哪怕是一些基础最牢固的口实
也一定会有唱反调者。
维多利亚时代的布尔乔亚都带有
坚定不移的现实主义色彩，
尽管有种种局限性，
但他们都是睁大双眼过日子的。

1

　　施尼茨勒以警句的形式说过，仇恨的"神圣一点儿不亚于爱"。[2] 他所创作的角色见证了他是认真对待这一标新立异的意见的。而他对女人的追猎也让"性征服"——它暗示着性与侵略性是密不可分的——那个陈腐的词汇拥有了活的生命。无疑，会抗拒施尼茨勒征服的"猎物"并不多，但这一点并不会减少其征服的掠夺性。① 不管怎样，施尼茨勒对人性所持的这种观点并不是他所独有的：维多利亚时代人很少会怀疑人天生具有侵略倾向。如果说还有谁对此多少持有保留意见的话，那么到达尔文划时代的《物种起源》在1859

---

① 1897年7月4日，施尼茨勒在日记里记道（当时他正一个人度假）："早上，我走到她房门前吹口哨。吹第二遍时，她把门打开——我迅速走进去，锁上门，上了她。"（原注）

年出版以后，他们都闭嘴了。《物种起源》主要想论证的，似乎是大自然和人性都具有好战的内驱力。在达尔文那个没有上帝的世界里，想要生存就必须经过最野蛮的斗争。基督教"爱人如己"的训谕终于遇到劲敌了。

这种有关演化的科学理论不可避免地会衍生出一些粗糙却极受欢迎的解读，也就是把它作为把残暴合理化的托辞。达尔文曾有些恼怒地指出，把他的观点解读为自私和残忍的托词是错误的。但商界的海盗们却欢迎这种解读，而它也满足了社会达尔文主义者以及那些最片面地吸收达尔文观点的弟子的需要，因为它证实了在政治、商业、外交和社会政策领域采取冷酷无情的立场是正确的，帮助穷病老弱者之举不过是滥情的人道主义幻觉。严厉的理论家用达尔文的进化论来支持这样一项主张：不同强权或不同种族间的战争是不可避免的。与此形成鲜明对比的，是那些不那么好战而且又更为深思熟虑的达尔文追随者，他们把进化论解释为一种迫切的提醒：人类必须坚定地抵抗进化式的竞争，否则文明就会倒退为野蛮。但不管读者从达尔文的作品中推断出哪些意涵，侵略的性质、侵略的适当程度以及其限制与结果，都是19世纪的重要议题。

因此，在维多利亚时代人看来，冲突乃是人类处境的一部分。1902年，威廉·詹姆斯（William James）以一句话概括了后达尔文主义者的普遍意见："祖传的进化已使我们成为潜在的战士。"[3] 他相信，迫害的历史业已证明人类身上仍然残留着"仇新癖"（neophobia），而这种对新事物的恨意甚至一直残存到了已启蒙的19世纪。生物学教条对知识界的影响力看来是无可动摇的。现实主义小说家和巴黎社会冷眼的观察者龚古尔兄弟（Edmond and Jules Goncourt）亦曾以格言的方式在他们卷帙浩繁的日记里指出："破坏欲是人所本具的。"[4] 1900年，德国社会学家齐美尔（Georg Simmel）以同样扼要的方式指出，所有人都具有他所说的"恨与斗的天生需要"[5]；换言之，"斗争本能"[6]是人皆有之的。

不过，认定侵略性无所不在要比界定它容易，因为侵略性有很多不同的声音，而这些声音彼此和谐的时候并不多。侵略性不一定只表现为冷血的行为或施虐癖：一则居心叵测的八卦、一篇恶毒的书评、对性能力的自夸或动辄在别人面前自怨自艾，这些表现同样都带有侵略性的一面。幽默也可以是一种要命的武器。但尽管许多侵略性的托辞归根结底都只是自利的，侵略性本身却不必然是不公允或不道德的。它们有时是可以满足社会需要的，因此，即便是最具人性的立法者，仍然必须允许某种程度的侵略性的存在——也许是在法庭上，也许是在战场上。

事实上，一些强健的侵略性是创造性不可缺少的元素，它们可以像燃料一样为人们提供追求某种理性目标的动力。另外，也不是所有人都天生具有同等强度的凶暴性，它们也并不像本能那样不可改变。在侵略性的强度上，几乎总是有个体和集体的差异。所以，一个爱好和平的国家所厌恶的语言与行为暴力，也许是它的邻国所乐于享受的。同样地，随着时间的推移，布尔乔亚的理论家也可以重新定义所谓的男子气概。简言之，侵略性不只有它的心理学，也有它的地理学和历史学。

在我看来，"托辞"所指的并不是事情的成因，而是把行为合理化的口实，它们犹如一张执照，用一些冠冕堂皇的理由（法律上、伦理学上、生物学上，甚至宗教上的）授予侵略行为以正当性。背景是很重要的：在平时，谁射杀了别人就会被以谋杀罪起诉，但同样的行为发生在战时却可以为杀人者带来勋章。有了托辞，一个人就不一定需要拥抱民族主义或帝国主义——两种最能搅动维多利亚时代人情绪的意识形态——才能为自己的侵略欲望找到出口。例如，19世纪中叶的法国沙文主义者就会觉得他们想毁灭莱茵河对岸的"宿敌"①的愿望是合情合理的。这也是为什么施尼茨勒的《谎言》中那个不讨喜的主角费多尔在得知爱人范妮有过两个男人的时候会出言不逊而不觉得良心不安。

有一件事自古希腊人以来就不是什么秘密：要是人人都可以随心所欲发泄报复心理和性冲动，把痛苦加诸别人，那将没有任何事物可以长存——不会有爱情，不会有家庭，不会有音乐会，不会有稳定的共同体。柏拉图提出过一个让人

---

① 指德国。

印象深刻的比喻：理性与激情犹如两匹不搭调的马，总是分道而驰。在17世纪，霍布斯（Thomas Hobbes）刻画了人在自然状态下失控的可怕情景：一切人会与一切人为敌，让生命孤单、贫穷、肮脏、野蛮且短暂。

就像所有共同的习惯的养成一样，对侵略性的抑制也是从家里开始的，这种情况在现代家庭中尤为明显。19世纪的家被视为一所爱的学校。然而那也是一所仇恨学校——用不那么夸张的话来说，就是一所关于侵略性及其管理的学校。断奶、如厕训练、家庭祷告、父母的奖惩、守规矩、有礼貌——这些都是文化对小孩子原始冲动的管制方法。小孩总是希望一切欲望可以获得满足，而且是即时获得满足；因此，有必要教育他们学会等待，并接受挫折，这是人生的一个基本组成部分。这些压力也许是沉重的，但它们不可缺少，因为只有经过这样的训练，才有希望把孩子未来的侵略性冲动塑造成社会可以接受的一些形式。简而言之，"托辞"乃是自我控制的一种特许例外，是一种安全阀；没有它们，个人和社会就会因过分的压抑而萎缩或爆炸。

就像其他时代、其他社会、其他阶级一样，19世纪的布尔乔亚也为自己构筑了一些合理化借口，让他们有权去对付异己：批评或嘲笑他们，拘捕或放逐他们，剥削或甚至杀死他们。另一方面，尽管面对的是一个不断变化的世界，但与其他时代的布尔乔亚相比，维多利亚时代布尔乔亚的行为明显要克制许多。他们所构筑出来的托辞也没有一个是不会招来异议的。在龃龉不断的19世纪，哪怕是一些基础最坚实的口实也一定会有唱反调者。因此，虽然19世纪布尔乔亚百般寻找，也常常能找到纵容自身侵略性的合理化口实，但总的来说，他们是偏好自我约束多于自我放纵的。

约翰·施尼茨勒医生在发现他正当青春期的儿子与一些"希腊女神"有染以后所采取的举动，其性质是符合当时家庭（特别是富裕的布尔乔亚家庭）的教育模式的。他没有用体罚作为恐吓手段，只是实施温和的恐怖主义，也就是使用言语申斥和视觉恐吓。我们知道，面对父亲的暴怒，施尼茨勒采取了低姿态。他无法反驳父亲的激烈指责：他的犯罪事实是无可争辩的。他唯一的小小抗议只是父亲不应擅自打开他书桌的抽屉。他的感受和行为截然不同：内心盛怒，外表恭顺。后来，在父亲于1893年过世后，随着他愈来愈觉得自己独立，施尼茨勒处理家庭冲突也愈来愈得心应手。每当母亲对他交往的女人有微词，他都会粗暴打断她的话：他已经是大人了，不容别人干涉他的私生活。但这并没有导致母子的决裂：正相反，自那时起，他腾出很多时间陪妈妈一起演奏古典乐曲改编的四手联弹曲。这种家庭冲突和解决之道毫无特别之处，每个人一生中几乎都会经历许多次。有一个词是用来形容人与自己侵略性之间的这种挣扎的，那就是"文明"。

政治一向被称为"可能的艺术"，但称它为"使社会成为可能的艺术"，也许更能切中要害。施尼茨勒既了解政治的重要性，却又厌恶它。"决定一个国家气氛的总是政治，而不是科学与文化。"[7]他的这种态度鲜明地表现在侵略性的议题上。我前面指出过，施尼茨勒与中产阶级观念格格不入的其中一点是他鄙夷决斗——一种不合法却受到容忍的血腥习俗，在奥匈帝国的军人与上层布尔乔亚圈子中广为流行。1896年，当他的作家朋友扎尔滕卷入了一起与骑兵队员的正式决斗时，施尼茨勒以"愚蠢而野蛮"来形容这种行为。[8]

与这种反对个人侵略的态度相一致的是，施尼茨勒也是鄙夷英雄崇拜的和平主义者，他斥责第一次世界大战是一群外交家设计并硬加给世界的龃龉。在一份未出版的笔记中，他说："军国主义唯一真实的基础是君王们脑子里的想法：我们的钱并不总是够花，但我们拥有权力，所以我们就发明了一样新的东西：征兵。这对我们来说要便宜些。这样，公民就会为士兵给我们付钱，当父亲的就会为我们派去赴死的儿子付给我们钱。我们没权力这样做？所以我们就发明了王权神授的观念。我们的士兵不知道为什么要赴死？所以我们就发明了忠君爱国的情操。"[9]如果有权力的话，施尼茨勒一定会禁绝决斗以及战争。

2

想知道一个文化有多么认可侵略性，其中一个可靠的指标就是看看它对孩子惩罚的严厉程度。而正如施尼茨勒的日记本事件所见证的，在维多利亚时代的布尔乔亚家庭，惩罚的严厉程度正逐渐降温。在这方面，19世纪也是18世纪的继承者。早在18世纪初，约瑟夫·艾迪生和斯蒂尔（Joseph Steele）这两位小品文作家——我们记得，他们曾赞美过股票经纪——就在他们创办的《旁观者》（Spectator）杂志上宣扬过仁慈这种美德。他们呼吁读者善待各种弱者，特别是妇女、儿童和仆人。欧洲大陆仿效《旁观者》创办的一些道德周刊也继续宣扬这一点。到了1800年前后，浪漫主义者——通过诗人对儿童的歌咏——把启蒙运动的教育开明主义带进了维多利亚时代。

所以，到了维多利亚女王主政的时期，《旁观者》鼓吹那种善待下人的主张已争取到数量可观的追随者，其中大部分都是受教育程度较好与较富有的布尔乔亚。19世纪中叶，马考莱（Thomas Babington Macaulay）在其畅销的《英格兰史》（History of England）里——一本比较当时和过去各时代之作——自豪地宣称："对过去的史册研究愈多，我们就愈庆幸自己生活在一个慈悲的时代，一个残忍行为被痛恨的时代。在我们的时代，即便受罚者罪有应得，痛苦的施加仍然是勉为其难的，只是出于责任感而为之。"〔10〕

马考莱一贯的乐观让他说出一些超出证据许可的话。事实上，在他的时代，仍然有许多体面的父母和受尊敬的教育工作者不但不痛恨野蛮，反而对体罚乐此不疲。虽然说较早时期那种管教子女的方法（包括经常打罚）在19世纪已见衰落，但离绝迹还很遥远。就连格莱斯顿这样一个慈父也会鞭打才七岁的长子威利（Willy），而理由只是威利不听家庭教师的话和上课不专心。他觉得这是个"痛苦的职责"[11]，但又是必须的。很多父亲都把教育子女视同于军事训练，认为体罚是绝对恰当的：男孩子要比女孩子任性许多，必须趁他们未定型以前"折断其意志"，"不受教、不受管、任性的男孩长大后会变成狂躁、暴力、邪恶的人。"[12]德雷克（Henry A. Drake）在1867年这样说，他是波士顿学校委员会的主席。

　　这样的格言出自一个英语国家人士之口看来不是偶然的，因为维多利亚时代对体罚的态度确实有国民性上的差异，而英国和美国看来是最纵容体罚的国家，体罚在这两个国家最流行，也最持久。虽然如此，不管是在19世纪40年代还是之后，美国都不乏激烈反对在学校里施行体罚的教育改革家，其中一位是贺拉斯·曼（Horace Mann）。在波士顿学校委员会决定继续支持传统的教学方法的25年前，贺拉斯·曼既已指出，波士顿的教师不但没有致力于培养学生的"责任感、亲密感、对知识和真理的爱"，反而动辄诉诸赤裸裸的身体暴力，唯一懂得的教育方法只有"权力、暴力、恐吓、伤害"！[13]但不管贺拉斯·曼多么勇猛，那仍是一场他会输掉的战争。

　　一些精心炮制的学校体罚方式会持续不断被使用，而这只是出于盲目的保守主义：事情不是一向如此吗？有哪个孩子曾经因此受到伤害吗？教师们不欢迎神经过敏的医生、焦虑的父母和温情主义的政府官员入侵那只应该属于他们的领域。但体罚在英国最顽固的要塞还是要算被称为"英国公学"（public school）的那十多家专门培养精英分子的私立机构。在这些自成一国的世界里，老师与学生组成了一个由绝对专制和无政府主义式民主构成的奇怪混合体，校长则高高在上，随自己喜欢发号施令。这些学校由一些外人不了解的规则统治，这些规则会把一些人纳入它的小圈子，把另一些人排除在外。更糟的是，它会给一些还算不上长大了的孩子造成终生的创伤；又因为这些小团体崇拜男子汉气概，受体罚者必须默默忍受桦树条带来的痛苦。

外国的访客被这种野蛮行径吓得魂飞魄散。两个法国教育家在1867年参观过一些英国公学之后，把他们目睹的鞭打形容为一种"古老而可耻的习俗"，一种"很难称得上正当和高尚的"社会习惯。[14] 由于打学生在法国是被法律禁止的，这两位法国人谴责英国的校长——他们常常喜欢亲自执行惩罚——是不折不扣的施虐狂。这个论断有一点儿过头，但仍然算是相当中肯：有些老师、校长之所以喜欢"动刑"，真的只是为了满足他们勉强压抑住的性需求。他们体罚学生的理由往往很勉强（说学生心不在焉、懒散、缺课、眼神挑衅等），甚至会在缺乏明显理由的情况下动用棍棒。有时也会传出一些丑闻：少数校长会因为同性恋倾向太过明显或打学生打得太不分青红皂白而被迫提早退休。有些在他们手下受伤的学生一辈子都无法走出儿时被打的阴影，斯温伯恩①就是其中之一。这就怪不得欧洲大陆会把施虐癖称为"英国恶习"了——尽管对小孩的残忍毒打并不是英国独有的。

反观德国（一个在任何国际男子气概的比赛中都会得高分的国家），不管它多么喜欢聘用退伍军人当小学老师，也不管它多么不喜欢学生流于"娇生惯养和娘娘腔"，它还是逐渐疏远了反对体罚，不认为那是带来良好纪律的有效办法。至少它容许人们对这种问题公开辩论。到了19世纪70年代，思想进步的教育家和政治家——传统主义者称他们为"误解人道原则"[15]的理想主义者——开始反击，指控"鞭子教师"[16]只有一种技巧：把拉丁文或数学打入学生脑子里，以掩盖自己的不称职。自1900年以后，巴伐利亚和普鲁士这些德意志邦国立法禁止可能给学生带来身体伤害的管教方式。不过，反复需要借助国家立法来禁止体罚的现实却从侧面反映出，旧的教育方法——狄更斯在小说《远大前程》（Great Expectations）中称之为"被打大的"——衰退的步伐缓慢。有迹象显示，很多德国父母就像英国的父母一样，热衷于打击儿子的意志。尽管这类父母的数量越来越少，但那些从施加痛苦惩罚中得到满足感的人在维多利亚时代仍占有一定的比例。

不过，这种习惯毕竟还是逐渐在削弱。爱的教育法在父

①　Algernon Swinburne，英国诗人、评论家。

母、老师和作家中拥有了有影响力的支持者。例如，当狄更斯在《大卫·科波菲尔》中描写大卫被继父毒打的场景（"他就像是想要打死我似的"）时，他可以很有把握地预期，读者会觉得可恶的默德斯通先生是冷血的畜生。在当时（该小说出版于1850年），小孩生而纯洁这种完全是非基督教的主张甚至已经可以在基督徒中找到拥护者，而那种认为打小孩是为他们好的立论则失去了相当多的市场。剧作家哈利迪（Andrew Halliday）在1865年指出，在过去，如果说"几乎英国的每个父亲都会备有一根皮带或藤条，以供矫正小孩这一特殊目的之用"，这种做法已经不时兴了。"他不再那么严厉，变得更人性化了。"[17]妖魔化小孩的态度被理想化小孩的做法取而代之，人们也开始听到有人抱怨"小孩陛下"的专政。

在这一点上，一如在其他事情上，18世纪为19世纪留下了有价值的典籍：卢梭的有关人类生而纯洁、只是后来才受到社会污染的学说在19世纪的教育家之间产生广泛回响。受此影响，许多绘画、雕塑和小说也把小孩子刻画得无比纯真。逐渐地，一种观点——那是卢梭首先提出而后来又经华兹华斯肯定的——被广泛接受：小孩生活在一个自己的世界里，必须以爱和宽容对待，而不是视之为邪恶的小大人。

在这一点上，G. 德罗兹再一次成为有价值的见证人，但这一次是作为19世纪卢梭学派的一个代表。他的《先生、夫人与宝宝》的最后部分不啻一首父爱的赞歌，其中无一语涉及惩罚。"像个藏起肩章的警督那样藏起你的父亲威权吧。"[18]
G. 德罗兹又指出，无法驾驭的小孩并不是天生顽劣的，而是由大人施加的"笨拙压力"[19]造成的。才过了一个世纪的时间，遗传说就开始让位于环境说，后者呼应了18世纪哲学家洛克所说的：初生儿的心灵原是一块白板，它上面会有什么东西，都是世界后来写上去的。G. 德罗兹绝不相信人有什么"天生的恶德"。[20]虔诚的基督徒所相信的《旧约》里的那一套——人生而带有原罪——到此为止了！

3

如果说在维多利亚时代，家庭内部的侵略性走向式微，那同样的说法也适用于那些为保护社会秩序而设计的策略。失宠政客的命运是一段特别有教育意义的历史。在16和17世纪，他们大部分会被送上绞刑架；在18世纪，他们会被"流放"到位于外省的庄园，充当政治游戏的百无聊赖的旁观者。不过，到了19世纪，受惠于一些现代发明（比方说反对党的合法化），他们在失去公职后除了可以保留生命和财富以外，还可以保留相当大的政治能见度，甚至有望重返公职。在较早时期，政治上的异议分子会被视为乱党：晚至美国建国的最初几十年，其开国元勋还会把异议分子斥为野心勃勃的分裂主义者。但在维多利亚时代，一些更进步的国家却容许反对分子进入议会，就重要的问题发表意见并投票。

不过，在一些动荡的时刻，当柏克①所说的"乌合之众"走上街头发出怒吼时，布尔乔亚又常常会站在政府的一边，赞成派遣军警对"暴民"施以凶暴的弹压。尽管已经愈来愈有自信和公共影响力，但当布尔乔亚觉得自己的利益受到威胁时，他们还是会向当权者靠拢。他们受不了示威者高呼口号、竖立街垒的行为，因为那将会威胁到社会的稳定，而社会稳定又一向对统治阶级和大部分布尔乔亚都极其重要。正如我前面所说，法国大革命的阴影似乎在体面的公民心中挥之不去，他们在每一个群众集会上都会看到嗜血的雅各宾分子的身影。

一件长留在人们记忆中的血腥事件发生在曼彻斯特的圣彼得广场。时为1819年8月16日，因不满艰难时期而大规模聚集的抗议群众被喝醉的民兵及骑兵镇压：这些士兵冲进和平抗议的人群之中大砍大杀，造成11个示威者死亡，数百人受伤。这就是臭名远播的"彼得卢屠杀"（Peterloo Massacre）——这个带有讽刺意味的名称意在用英国四年前在滑铁卢打败拿破仑的荣耀来对照它目前的卑下。诗人雪莱当时人在意大利，听说这起屠杀后把怒气倾泻为一首长诗：《暴政的假面游行》（*The Mask of Anarchy*）。诗中，他指控政府里的高官、律师、银行家和主教都是"受雇的杀人犯"。那些原指望布尔乔亚会谴责暴行的政治改革家对他们的缄默大感震惊。政治宣传册作家韦德（John Wade）以尖锐的言语谴

①　Edmund Burke，英国政治家、保守主义哲学家，一生反对法国大革命。

责那些保持中立的人，不过他又说，那些对军队的行动表示支持的人"更加邪恶和昏昧。他们伸出手去保护一个寡头政治，又以老虎般的凶暴，帮助他们去捻熄悲惨者与饥饿者的抱怨——用马刀，用刺刀，进地牢！"[21]这个时候的布尔乔亚，涉入政治的浑水可谓前所未有之深，但他们却两面不讨好，受到来自两个极端群体的攻击：一方面是梅特涅之流的当权派，他们把布尔乔亚视为良好社会秩序的潜在乱源；另一方面是英国的极端分子，他们认为布尔乔亚是反动政府的献媚者。不管在哪一方的眼中，布尔乔亚都被视为侵略者。

雪莱用诗歌加以谴责的那起屠杀与一些由官方发起的暴行多有相似。如果说人天生的侵略性需要用什么东西点着的话，这些场合无疑是最佳的助燃剂。军队对示威者的镇压往往不成比例——这有时是当局蓄意纵容的，有时则是控制不力的结果。这些事件有时会因为人们赋予它们名字而"不朽"。刚刚我们已经谈论过英国的"彼得卢屠杀"，而在法国，类似的事件是"六月起义"（June Days）。1848年6月，巴黎的工人及其同情者因为走上街头表达他们对于四个月前赢得的革命成果被僭夺一事的不满，遭到军队无情的射击，导致约1500人死亡。

在美国的类似事件是"特纳起义"（Nat Turner's Rebellion），它引发了一场以维护秩序之名而展开的极为野蛮血腥的报复。事件发生于1831年8月，地点是弗吉尼亚州的南安普顿县（Southampton）。当时，特纳领导的一小群黑奴揭竿而起，用他们所能找到的任何原始武器，杀死遇到的每一个白人（不分男女老幼）。起义很快被平定，但在那些没死光的起义者还没来得及受审以前，白人庄园主就展开了对黑人的报复，而且往往是如目击者指出的那样"以极度残忍的手法"大肆屠杀黑人。[22] 这种屠杀绝不只是出于恢复秩序的理性企图，而是一种侵略性的发泄。它放松了人们向来的自制，把最邪恶的狂想化为真实。有多少黑人在白人的报复中遇害，精确数字我们永难得知，据估计有好几百人。

这些数字固然让人心惊，但与法国军队在1871年春末镇压巴黎公社造成的伤亡相比还是黯然失色了。那之前的一年，也就是法军在色当败于普鲁士，巴黎被围困之后，一个匆匆在凡尔赛组成的法国新政府签订了和平条约。然后，在1871年2月，保皇分子在全国选举中取得了大胜。首都巴黎的激进分子因为害怕君主复辟，拒绝接受这个结果。来自各方面的社会主义者、拒绝丧权辱国条约的爱国主义者和痛恨凡尔赛政权的民粹主义者集结起来，在3月占领了巴黎，并实行了一系列左翼措施。法国政府视之为一种叛变，挥军镇压。这种法国人打法国人的情形一直持续到5月28日巴黎最后一批抵抗力量被歼灭为止。

接下来是秋后算账。巴黎公社成员先前杀害了84名人质（包括巴黎大主教），但胜利者却以不成比例的方式实施报复。在巴黎，政府军当街射杀了包括妇孺在内的几百人，又把数千人送到凡尔赛等候发落。这些人很多都未经审讯就被处决，理由也千奇百怪：有些是因为身上有表，有些是因为有一头白发，有些是因为长相不讨加利费侯爵（marquis de Gallifet）喜欢——加利费侯爵就是那个决定巴黎公社成员最后命运的人。超过25000名巴黎人就这样被"合法"谋杀了。5月28日之后的一个星期被称为"流血周"，但报复的狂热还要持续更久：一个特别法庭后来又处决了约3万人。

加起来，被杀或被放逐（等于一种慢性死刑）到新喀里多尼亚①的巴黎人的数量接近10万。巴黎公社的悲惨命运除了是君主制拥护者的报复心理使然，也是法国在军事上惨败给德国后的一次发泄。但那同时也是一场会让许多布尔乔亚欢欣鼓舞的阶级战争。这次事件之后，巴黎文化人的评论是让人发指的。例如，多产的诗人、文化评论家和小说家戈蒂埃（Théophile Gautier）就称巴黎公社党人为"野生的动物"和"大猩猩"；都坎普（Maxime du Camp）——福楼拜的朋友、自由派的报纸编辑、前卫摄影家、巴黎编年史作家——谴责他们完全不关心政治，只是一群"自恋和醉心权力的野心分子"。剧作家费多（Ernest Feydeau）则说："不再有野蛮人威胁我们了，我们周围不再是未开化的人了；那是不折不扣的兽行②。"〔23〕这些人几乎无一语责难那些野蛮的"文

---

① 太平洋西南之法国属地。
② 指巴黎公社的动乱。

明救星们"。

<h1 style="text-align:center">4</h1>

现在很清楚的一点是，最能够让侵略者——不管是外交家、政客、企业家、父亲，还是好战的公民——心安理得的一个托辞，就是他们是比被侵略者高一等的人类。施尼茨勒看穿了这种托辞的虚假性。"一个人要怎样才能报效国家？"他在一页未出版的笔记里写道，"一个人要怎样才能表现自己爱国？透过尖叫：我是个好德国人！我们是一等一的国家！通过把别人贬为低等人类！"[24]但这种自大心理是易于染上而难于摆脱的，其威信来自一些维多利亚时代社会科学家和生物学家普遍相信的迷信。有些人（工人、异端、犹太人、亚洲人和非洲的部落民族）就是低白人一等，这种想法无疑会让许多人感到心安理得，其中包括傲视印第安原住民的美国白人、剥削矿工的矿场主、对妻子颐指气使的丈夫和镇压被征服者的征服者。

被普遍接受的刻板印象会留下磨灭不掉的烙印。随着报纸愈来愈普及，讽刺漫画取代了理性的论证：酗酒的爱尔兰人、狡猾的犹太人、粗野的庄稼汉、懒惰的黑人——19世纪的报纸满是这类讽刺漫画，而读者也照单全收。卡莱尔就曾经这样讽刺过加勒比海的原住民："他们坐在彼处，头埋于南瓜里，以猫口猫鼻吸其浆而饮其液。"[25]约翰·穆勒对这一类歧视深恶痛绝，愤而与其决裂，但卡莱尔在读者中是有相当多支持者的。

不过，从约翰·穆勒对卡莱尔的愤怒回应可以反映出，有关白人乃是被上帝选中（或进化论选择的结果），注定要统治世界和拯救低等民族的见解，并不是人人都相信的。那么，在好争吵的维多利亚时代，又有什么是人人皆信的呢？美国《独立宣言》所释放出来的进步愿望并没有因为它经历半个世纪未能兑现承诺而式微，而法国大革命所揭示的理念也没有因为持续数十载的反动逆流而被遗忘。正好相反，维多利亚时代废奴运动与社会改革运动的历史显示出，那些有志于改革的自由心灵是愈挫愈勇的。在19世纪中叶，有不计其数的布尔乔亚投身于确立十小时工作制、禁止童工和加速扫除文盲的运动，他们其中最勇敢的一小批还致力于为妇女争取投票权。

幸运的是，优越的快感并不一定会驱使一个人去剥削与压迫他人，也正因如此，废奴主义者虽然未必人人都相信黑人是自己兄弟，却仍然会为废除奴隶制的目标做出不懈努力。但那个认为自己所属的种族、国家或所信仰的宗教是站在人类制高点的信念仍然是很难抗拒的。正因如此，一旦经济或地域利益发生冲突，种族偏见很容易让许多敏感的良知变得麻木不仁。

强调人种是一种生物学的实体并认定优秀人种是历史进步的主要推动者，乃是19世纪伪科学的杰作，其目的是让侵略行为显得冠冕堂皇。1870年，狄斯累利①在回顾历史时指出，"人种对人类行动的普遍影响力"一向"被普遍承认为历史的钥匙"。[26] 就突出人种作为历史之钥这一点而言，狄斯累利可以说是个典型的维多利亚时代人。但他会持这种主张是很奇怪的，因为虽然是个犹太人（他的政敌从不让他忘记这一点），他却爬到了英国首相的地位，并受封为子爵，可见他出身"低等人种"这一事实并未对他的人生构成任何障碍。而就像语意模糊、无甚用处的"人种"一词一样，"血液"一词也为一些最粗糙的偏见提供了一层伪装（当时的一些专家认为人的心智与道德素质是由血液决定的）。1899年，以"人类学、社会学家"自封的拉普热（Georges Vacher de Lapouge）写道："一生下来就在血管里流淌的血液是跟着人一辈子的。"[27] 他是其时代最有影响力的人种理论家之一。

这个奇怪的理论在当时已经流行了半个世纪。而在19世纪才被发明出来的"雅利安人"概念②———一个不折不扣的虚构概念———则逐渐被捧上了天，俨如一个已经被证明的学说。没有一个把人种视作重要范畴的文化研究者会觉得人种的难

---

① Benjamin Disraeli，英国政治家，两度担任首相。

② 在19世纪，由于比诺伯爵和其门徒 H.S.张伯伦的积极鼓吹，出现过一种说法，认为凡是讲印欧诸语言的人，凡是被认为对人类进步有过贡献的人，以及凡是道德上高于"闪族""黄种人"和"黑种人"的人，都是雅利安人种。北欧或日耳曼诸民族则被认为是最纯粹的"雅利安人"。这种说法在20世纪30年代已被人类学家所抛弃，但却被希特勒和纳粹分子利用，后者以之作为德国政府决策的依据，对犹太人、吉卜赛人和其他一切"非雅利安人"采取灭绝措施。

于界定有什么要紧的，至于在比较两个人种时会涉及的种种技术困难，他们更是不放在心上。人种概念愈是模糊他们就愈喜欢，因为如此一来，他们就可以随心所欲去操纵它了。这是一个任何人都可以玩的游戏，也真的几乎所有人都玩了：英国人用它来贬低法国人，法国人用它来贬低德国人，德国人则用它来贬低所有其他人。不管19世纪晚期列强瓜分非洲和亚洲的真正或表面理由何在，让帝国主义者及其支持者心安理得的都是同一个托辞：他们属于比较优越的人种。

帝国主义的罪行在过去几十年内已备受鞭挞，但我们这里还是不妨举一个例子，来说明一个国家在海外的暴行是如何被其国内民众所接受的，由此可见种族主义情绪的辩护能力及其局限性。比利时国王利奥波德二世（Leopold II）在非洲的行径就是个好例子。落入比利时的控制后，盛产象牙与橡胶的刚果自由邦①就成了利奥波德二世的私人财产，而从19世纪80年代中叶开始，在其公然授意下，他的代理人在刚果自由邦极尽压榨之能事，土著居民形同奴隶：他们会受到鞭打（往往致死），会被断肢，会遭到"训诫性"的射杀。霍布森（J. A. Hobson）在出版于1902年的《帝国主义》（*Imperialism*）里——当时对帝国主义最有杀伤力的一部著作——引用了利奥波德二世的话："我们唯一的目的是追求该国道德与物质上的复兴。"对此，霍布森狠狠地评论说："人

---

① 其范围与今天的刚果共和国相当。

在判断影响他们的种种动机的相对强度与效果时，自欺的能力是漫无边际的。"[28] 直到1908年，也就是刚果自由邦历经二十多年的野蛮统治后，比利时政府才因为国际抗议声浪的不断高涨，而把这块中非属地的管辖权从国王手上收回。

比利时人民对这段历史的观感是有分歧的。社会主义者、极端分子和右翼的自由派都反对利奥波德的帝国主义行径，斥责其贪婪。但对于该不该收回国王对刚果自由邦的垄断，比利时人却分裂为严重对立的两个阵营。宗教和政治进程让事情更趋复杂化，减缓了解决问题的速度。德国的情形几乎一样，帝国主义政策成为1907年全国大选的核心议题之一。德国加入抢夺海外属地行列的时间较其他列强要晚，但其殖民地的总督很快就学会了怎样剥削原住民，而且毫不手软。1904年，德属西南非洲的赫雷罗人揭竿起义，反抗统治他们的异族主子。一名当时在场的德国军官这样说："随着德国影响力的扩散，以及因此而来的土著成分的消退，土著居民对被德国人支配的仇恨情绪自然会有增无减。"[29]

这是征服者的典型说辞。"德国影响力"真正所指的，是入侵的德军夺去赫雷罗人离不开的牲畜，又把他们从牧场赶走。起义过程中，赫雷罗人杀死了约100个殖民者，不过比1871年镇压巴黎公社的部队厚道——他们放过了妇孺。但德国人在报复时却几乎杀掉了所有赫雷罗人：到1906年，有大约3/4的赫雷罗人死亡或沦为赤贫。和比利时的情形一样，德国的左派人士强烈抗议这起暴行，而右派则歌颂军队是英勇的爱国英雄。结果是保守派在国会大选中大获全胜。这证明了，爱国主义、男子气概和种族主义的诉求叠加在一起，魅力是无法阻挡的。

同样程度的强烈对立也让其他国家的布尔乔亚选民备感苦恼，不管他们要面对的是荷兰东印度公司在爪哇，还是罗德斯①在南非的胡作非为。帝国主义持续不断地受到来自各方面的人道主义者的挞伐，其中包括了质疑人种有高下之分的社会科学家、在世纪之交已蔚为一股强大政治力量的社会主义者，乃至一些热衷于保护原住民传统生活方式多过传教的传教士。人种是个强有力的托辞，但它不是万能的。不过，在现代反犹太主义的兴起上，它却扮演了一个非常具有毒害性的角色。

仇犹是一种古老而为人所熟悉的疾病，唯一新的东西只有"反犹太主义"（anti-Semitism）这个词本身：它是19世纪中叶才被创造出来的。许多年以来，犹太人一直是基督徒耻笑（至少是孤立）的对象：基督徒指控他们是杀害耶稣的凶手，是圣物的亵渎者，甚至相信犹太人会杀死基督徒的婴儿，取他们的血来制作逾越节吃的无酵饼。虽然这类幼稚的流言在19世纪中叶仍然对普罗大众具有一定的吸引力，但在逐渐世俗化和认同启蒙运动理念的人士中却失去了支撑，不过只

---

① Cecil Rhodes，英属南非的行政长官及资本家。

是失去支撑而不是正在消失：屠杀犹太人的事件还是时有所闻，只是没有在英国、法国、低地国家①或斯堪的纳维亚这些"进步"国家发生，而这也是西方评论家、观察家所津津乐道的。例如，当1881年俄国发生大屠杀时，西方报纸连篇累牍地报道，这些评论家指出，这种事只会发生在俄国这种政治文化不发达的落后国家。但这种自满的分析只是一种错觉，而最能具体显示出这一点的，乃是19世纪90年代发生于法国的德雷福事件（Dreyfus affair）②。本来只是一场单纯的冤狱，却因当事人是犹太人而逐渐升级为一个足以撕裂国家的危机，让本来就摇摇欲坠的共和国更加岌岌可危。随着法国的反犹太主义者的大动员，反犹情结在一个文明国家可以有多么根深蒂固，立刻显露无遗。基于此，施尼茨勒会密切注意此事件的发展，并且是一个坚决的德雷福捍卫者，就不让人惊讶了。

当时，反犹太主义的暗潮因为另一种更要命的论点——人种固定论——而更加汹涌。在早先的年代，一个犹太人想要摆脱犹太人的集体原罪，一个被认可的方法是改变信仰，受洗成为基督徒。但现在，反犹太主义却主张，犹太人的民

---

① 指荷兰、比利时、卢森堡三国。

② 德雷福为犹太裔法国军官，他在1894年被控把机密文件出卖给德国人，并在缺乏充分证据的情况下被判终身监禁。后有证据显示出卖机密文件者另有其人，但当局拒不公布真相。1898年1月，著名作家左拉在报上发表了一封致共和国总统的公开信《我控诉！》，谴责军事当局枉法。

族诅咒是擦拭不掉的，他们注定找不到真正的家园。如果他们尝试通过改变名字或受洗的方法归化，还会在不知不觉中透露出典型犹太人的狡猾性格。种族主义者宣称：只要当过一天犹太人，就一辈子是犹太人，而犹太人总是心怀叵测且危险的。就这样，仇犹变成了一种具有正当性的侵略行为。而让这种敌意膨胀到多大，不同的国家有不同的态度。

在奥地利，在施尼茨勒步入成年之列的那些年，反犹太主义的急剧升级占据了主导地位。我们记得，对奥地利的犹太人来说，1848年之后的几十年是前景光明的年代，例如，施尼茨勒念的文科中学班上只有一个同学是反犹太主义者，而且是受到其他同学鄙夷的。但让施尼茨勒愈来愈沮丧的是，反犹太主义渐渐形成一股政治势力，甚至入侵到了他所属的社会圈子中。他的日记里记录了不少犹太人身份带给他的尴尬。例如，在1898年，他被迫站出来反驳对他的质疑：身为犹太人，他是不可能了解维也纳的女人在想些什么的。施尼茨勒说不清二者之中哪个更让他气恼，是这种谬论的恶毒还是它的愚蠢。"99%住在维也纳的基督徒都是这样想的"〔30〕，他评论说。

他当然是夸大其词，但这种夸张却反映出他的怒气有多大以及疏离感的与日俱增。虽然施尼茨勒是德国文学的爱好者和鉴赏家，但有一次却有一个亲德的奥地利作家告诉他，身为犹太人，他不可能指望真正了解像歌德这样的德国经典作家。在一页未出版、未写日期的日记里，他记录了一则谈话:"(我说)第五谐谑曲真是无与伦比:原始森林的气息、知识与花朵的香气,一整片德国地貌浮现了出来。另一个人却说:不可能,马勒(Gustav Mahler)是犹太人,不可能了解日耳曼性。"[31] 1895年,施尼茨勒有机会接触到一个划时代的政治愿景,却又不当一回事,把它搁到一边。那年4月,他家里来了一位客人——赫茨尔(Theodor Herzl)。赫茨尔是记者、剧作家,犹太复国主义(Zionism)几乎就是由他一手创造出来的。后来他指出,他之所以会想出这个解决"犹太人问题"的极端方案,是被德雷福事件刺激出来的。施尼茨勒对赫茨尔——特别是作为剧作家的赫茨尔——相当了解,但不是很喜欢他。事后他在日记里记道:"(我们)交谈,(谈了)犹太人问题,他对自己的解决方案深信不疑。"[32] 而施尼茨勒既然是个世界主义者,想法当然不一样。

在其自传里,施尼茨勒曾确切地指出,大盛于其成年后的种族主义乃是一种狂想与政治机会主义的混合物。1873年5月,维也纳的股票市场暴跌,整个欧洲的银行和投资人损失惨重,施尼茨勒的父亲就是其中之一。这给了反犹太主义者一个可乘之机,他们指责那是犹太的投机者在金钱市场兴风作浪的结果,呼吁取消犹太人从事大学教职和公职的资格,并终止犹太人对报纸的"支配"。在聪明的煽动家卢埃格尔的主导下,一个本来以政治腐败为宗旨的维也纳布尔乔亚小团体(它起初是包含犹太人的)被转化为一个反犹太主义政党,而我们知道,踩着反犹太主义这个踏板,卢埃格尔将会在1897年登上维也纳市长的宝座。

施尼茨勒认为，这一连串让人灰心失望的事件证明了，现代的群众政治可能因为应对"群众最低等的本能"[33]的诉求而堕落得多么厉害。较之于追究谁应该为经济萧条和政府丑闻负责任，政客们发现，让犹太人来做唯一的坏人是省事得多的做法。施尼茨勒没有用"托辞"这个字，但他的精明诊断却显示出他深谙侵略性的托辞是如何运作的。它需要一个容易辨识的敌人，哪怕这个敌人的面目是遭到扭曲的，甚至是虚构出来的。一个世纪以前，布莱克（William Blake）①曾慨叹，将凡事都概括化的人就是一个白痴。不过，拉拢一群白痴来为自己的政治野心服务，倒不失为一种良策。

5

在所有关于被容许的侵略性的争论中，死刑的议题大概是最具启发性的。它们也揭示出人们对这个议题持有的痛苦疑虑。显然，没有一种侵略性要比死刑更突出，因为它是国家以社会的名义合法杀人，而被杀的人本身又是这个社会的一员。在维多利亚时代，大概除了奴隶制度和监狱改革的议题以外，没有哪个议题争议的激烈程度比得上死刑了。主张废除死刑的人只看到它的不人道，反对者则只看到它的不可

————————

① 英国著名诗人。

或缺。谩骂是敌对双方的标准武器：废除论者指责他们的对手不比野蛮人文明；反过来，支持死刑的人则把对手形容为缺乏男子气概的病态温情主义者。俾斯麦和其他的绞索支持者当然是毫不犹豫会打男子气概牌的。

尽管这方面的文献数量庞大且多样，但我们却很难凭借它们来认识辩论者的社会与政治轮廓。这是很自然的，因为反对死刑的人比支持死刑的人更喜欢诉诸笔墨；那些希望改变现状的人也会比那些想保持现状的人更急于发出声音。从事何种行业的人会更支持废除死刑或保持死刑也是难以预测的。例如，我们理所当然会以为，神职人员倾向于反对这种有违基督教义的谋杀；但事实上，赞成和反对死刑的神父、牧师几乎一样多，而且都同样以《圣经》为后盾。

1842年，康涅狄格州纽黑文市教堂街公理教会的牧师汤普森（Joseph P. Thompson）针对《圣经》里的两句话——"凡流人血的，他的血也必被人所流"——完成了三次布道。他认为，《圣经》的这一宣示，乃是一个"绝对的、毫不含糊的和无条件的命令"，是**"绝不可以违反的"**。[34] 但敌对阵营同样诉诸《圣经》的权威。如纽约州罗彻斯特的神父科丁（Milo D. Codding）就指出，既然地上的政府"理应与天上的政府协调一致"[35]，那它就应该从19世纪已经达到的高度去解释上帝的命令。他认为，他的对手"所利用的乃是发生在野蛮时代的事"，而忽略了人类已经取得的辉煌进步，这种进步是"对照过去的纪录和现在的趋势之后可以很清楚地看出来的"。[36] 换言之，他认为必须带着历史意识去读《圣经》的话语才会得其真意。1863年，意大利哲学家韦拉（A. Vera）——他在意大利和法国都担任哲学教授——呼吁不管在任何情况下（包括触犯军法或犯下叛国罪），都不应该采取死刑。不过，翌年就有另一个意大利人马里亚诺（Raffaele Mariano）撰文要推翻韦拉的论证，他在结论里说："废除死刑的主张是一种（不切实际的）乌托邦思想。"〔37〕

那支为废除死刑而战的部队拥有许多英勇的步兵。其中最卓著的一位是经济学家兼律师卢卡斯（Charles Jean-Marie Lucas），他在1830年被任命为法国监狱的监察长。三年后，他成立了组织，照顾出狱的年轻罪犯。几乎直到逝世那一年（他以86岁高龄在1889年逝世），他都在不遗余力地向各部陈情，撰文呼吁废除死刑这种"不正常的状况"，并资助各种为此而奋斗的组织。这类组织比比皆是，但贵格会成员艾伦（William Allen）于1809年所创的"尊重死刑与改善监狱管训知识传播学会"则明显是最先出现的一个。同类型的社团出现于巴黎与伦敦，以及柏林与纽约。为了回应它们带来的压力，各国政府纷纷成立研究这方面问题的委员会；只不过，有时这些委员会与其说是为废除死刑铺路，不如说是为了扼杀任何改革。

到了19世纪60年代前后，正反双方所能提出的论证几乎都提出过了，后来的辩论者只是为原先的论证补充了一些伪科学的证据和统计数字。但辩论从来没有降温。英国的死刑废除论者毕晓普（Francis Bishop）在其出版于1882年的小册子里就指出："废除死刑的争议是一个你无法再添加任何新意的辩论。"[38]而这个话题之所以始终保持活力，除了因为主张废除的一方所取得的进展极其缓慢，还因为支持死刑的官员、法官、律师与保守派公民形成了一个坚定的游说团体，坚决抵抗到底。有时，废除论者的成功只是昙花一现，因为立法者会把已废除的死刑再恢复回来，这证明了废除论者必须保持不懈的警觉。例如，1863年，一群德国法官曾投票决定在未来的法典中取消死刑这项刑罚，然而在1910年，他们的继任者在法典里又把死刑恢复了。[39]

然而废除论者还是取得了一些进展，其中包括法庭上应有精神疾病专家在场这一项。在法国，从1811年开始，审判时就允许专家在场，以确定凶手是不是能够为自己的行为负责，之后一些国家也跟着效仿。1843年，因为著名的"恩纳顿案"（M'Naghten case），获准一位精神病学家进入法庭之举在英国受到广泛瞩目。被告因谋杀首相皮尔爵士（Sir Robert Peel）的私人秘书德拉蒙德（Edward Drummond）而被起诉，但他想杀的人本来是皮尔爵士，却因为幻觉而误把死者当成了皮尔爵士。法官以被告精神错乱为理由判决恩纳顿无罪。因为这是个后果重大的判决，为了审慎起见，上议院的大法官组织了一个法官团重审此案，但他们的结论和原审一样：被告如果失去分辨对与错的能力，就无须为行为负责。

除了这类进步的措施之外，有些国家还完全废除了死刑。[40]比利时就是一个例子，它的法典上虽然还留有死刑这一项，但实际上已不再执行。也有一些国家是被判死刑的人多，实际被处决的人少：比如在1887年的法国，240个被判送上断头台的罪犯中有210人获得减刑，而剩下来的30个最后也只有6个实际执行。到了维多利亚女王主政的后半叶，公众舆论已经明显转向，不再认为一命还一命是真正必要的。

　　从最古老的法典开始，死刑就是一种合法的报复武器，只不过，它的现代形式却是自国家在16世纪兴起后才出现的。在此以前，谋杀和类似的罪行通常都是在家族或氏族间以冤冤相报的方式解决的。但随着国家的兴起，为了垄断暴力的专利权，各国开始禁止私人报复，把剥夺罪犯生命的权力转移到政府官员手上：他们是唯一获得授权，可以对犯人审讯、判刑和执行的人。

　　到了18世纪，死刑的频频上演要求启蒙运动做出人道主义的回应，不过这种回应是缓慢的，几乎是犹豫的。一般公民乃至启蒙哲学家大多倾向于支持死刑，认为杀人偿命是天经地义的。到了18世纪60年代，当法律改革成为伏尔泰注意力的焦点时，他曾雄辩地指出过死刑的不可取。伏尔泰认为唯一一个死有余辜的人是刺杀法王亨利四世（Henri IV）——他最喜欢的国王——的凶手拉瓦亚克（Ravaillac，他先是被溺死再遭车裂）。就此而言，伏尔泰并不是一个完全一贯的废除论者。

但意大利侯爵贝卡里亚（Cesare Beccaria）却是态度一贯的人。在其言简意赅的《论犯罪与刑罚》（*Of Crimes and Punishments*，1764）一书中，他反对任何的例外，斥责死刑为野蛮行为。这本小书迅速被翻译为法文与英文，并因其不妥协的立场赢得了一众喝彩者（伏尔泰就是其中最知名的一个）。在19世纪初，以边沁为首的英国功利主义哲学家以更实事求是的语调把贝卡里亚的思路引进了维多利亚时代。

文学之士也以极高的热情，在观念的市场里保持着这场辩论的活力。公开吊死罪犯的可怕场面引起他们的厌恶，也激发了他们的艺术想象力。在这方面，该世纪最具影响力的艺术描写是雨果的短篇小说《死囚末日记》（*The Last Day of a Convict*，1832）。雨果本身就在与他的心魔作战；他在少年时代曾目睹过一场恐怖的行刑，深刻印象从此挥之不去，反而使他成为反对如此残忍的正义的斗士。在《死囚末日记》里，他用死囚本身的视角来记录内心独白，描写了这个死囚怎样饱受恐惧与自怜的袭击。其中描写他与三岁女儿见面的一幕，更是让人心酸。大约三十年后，左拉为雨果在小说里流露的过度激情辩护:《死囚末日记》是一个政治宣言。"他的目的只有一个：把死刑的可憎面目揭露出来。难道你们还指望他会把它写成田园诗吗？"[41]

有两位小说家凑巧同时目击了1840年在纽基特执行的一

场公开绞刑，并各写出一篇报道：他们一个是狄更斯，一个是萨克雷（William Makepeace Thackeray）。他们让更多的人明白，观看行刑是淫秽的娱乐活动。萨克雷花了两个星期的时间都无法让死者的脸从脑海中消失，他把自己归类为"有罪的旁观者"之一，又对自己"残忍的好奇心"大加谴责。狄更斯把围观的群众描写为一群下流、醉酒的堕落之徒。他指出，在把死刑公开化之余，现代国家在不知不觉中满足了人类最丑陋的一种侵略欲望。公开行刑犹如一场嘉年华，不只可以吸引大批无产阶级，也可以吸引体面的布尔乔亚和好奇的贵族——他们因为负担得起，所以可以从一个视野较佳的位置上（马车上或租来的房间的窗前）一睹为快。在小说《荒凉山庄》（Bleak House）中，狄更斯只用了一句话就将书中那个花花公子的丑陋面貌暴露无遗："每一次处决罪犯他都不会错过。"那是一个有许多东西可看的场合。除了叫卖有关凶手与被害人背景说明的小贩外，你还可以看到辛勤工作的妓女和趁机在拥挤的人群里发点儿财的扒手。数以百计的观众大多会自备酒食，其中又以酒为主。现代社会很少有场合可以让人那么明目张胆地把快乐建筑在别人的痛苦上，而如果这种刺激会引起性冲击，当然更令人愉快了。

废除论者所追求的目标本身是再简单不过的。但到了19世纪中叶，喜欢中庸之道的中产阶级却开始支持一个折中的办法：把执行死刑的地点转移到一些闲杂人等到不了的地方。

这既可以让一些品味庸俗的人失去一种基本的娱乐，又可以让法律的庄严神圣得以维护。这看来是迈向文明化的一步，而事实也是如此。因此，它得到了一些一直以来只是半心半意支持废除死刑者的欢迎，狄更斯是其中一个——在他以前的同道看来这是一种懦弱的表现。英国从1868年开始停止公开处决罪犯。巴黎在30年后把断头台从市中心移到城市的偏远地区。柏林则在一些监狱的广场里执行死刑任务。但这些文明的安排却让废除论者陷入两难：尽管表面上取得了胜利，但事实上他们却被打败了。不过正因为这样，他们更觉得有必要把奋斗贯彻始终。诚如我们将会看到的，这个奋斗在维多利亚时代的中叶取得了若干显著的成功。

一个最常用来使死刑合理化的口实就是，死刑可以对重大犯罪起到威慑作用。启蒙时代的改革者认为，除了罪大恶极的人以外，任何人都应该有改过自新的机会，有权在接受刑罚以后重返社会。不过，各种形式的监禁实验却显示出，少有罪犯在出狱时会变得比入狱时好。由此可见，没有什么惩罚是有威慑作用的，死刑更是如此（除了把犯罪者消灭，让他无法再犯以外，死刑什么也威慑不了，因此狄更斯才会讽称绞刑手为"终极的教师"）。事实上，19世纪的犯罪学家和统计学家都找不到可靠的证据证明废除死刑会助长犯罪。正好相反，自19世纪中叶以后，像荷兰、比利时和葡萄牙这些勇于废除死刑的国家，其谋杀案就没有再增加过，甚至有所减少。

在英国维多利亚时代的历史中，死刑的发展读起来就像是对威慑理论的测试。自18世纪早期开始，英国议会就一再把死刑的罪名范围扩大，以至于到最后被纳入死刑的罪名多得超过两百种。其中大部分都是针对窃贼和伪造者而设，哪怕触犯者是贫民窟的小孩也不能幸免。最小的罪行——偷一件仅值两三先令的东西——也可能会让犯人有被绞死之虞。但这种为有产者设计的法律却是行不通的：陪审团拒绝判案，法官则想办法以较轻的罪名起诉被告，让他们免于一死。1830年就发生过一件颇为讽刺的事件：有一千多名英国银行家联名上书当时还是内政大臣的皮尔爵士，吁请将大部分伪造罪从死刑的名单上废除，其理由是野蛮的刑法只会让罪犯更加铤而走险。不管这些富有公民的动机是什么（一如往常，他们的动机都是混杂的，既有经济上自利的成分，也有对绞刑不安的人道主义成分），到了维多利亚女王登基的时候，被处决人犯的数目已开始减少。1880年，J. 法雷尔（James Anson Farrer）在为贝卡里亚的不朽之作《论犯罪与刑罚》新的英译本所写的导论中指出，自1832年起〔也就是伟大的《改革法案》（Reform Act）通过的那一年〕，英国就没有人再因为"偷一匹马或一头羊而被处死；到了1833年，没有人再因为闯入空室而被处死；到了1834年，没有人再因为从流放地偷溜回来而被处死；到了1835年，没有人再因为渎圣罪或偷一封信而被处死"[42]。这一趋势毫不动摇地持续了下去，以至于到了1914年，还会动用死刑的只剩下四种重罪。但英国并未因此而被犯罪的波浪所淹没。

即便如此，仍然有一些由卫道公民组成的团队无视大量证明死刑无效的证据，继续为维持死刑而战。这种对压倒性证据视若无睹的态度引起研究人类侵略性的学者（不只是19世纪的学者）的注意。不管死刑有多么不理性和没有建设性，赞成死刑的人仍然觉得，它至少可以带给人情绪上的满足。他们一大堆冠冕堂皇的理由不过是为了掩盖一种情绪——对报复的渴望。他们固然也会主张死刑可以维持或恢复神圣的社会秩序，而且只有一种方法可以做到这一点：将违犯者永远消灭。他的死是唯一足以补偿其所犯罪行的代价。他们还会呼吁听众为受害人的至亲和好友想一想：如果让凶手继续活着，受害人的亲友——他们本身也可以说是受害人——将永远得不到心理安宁。当然，说这种话的人口口声声要求听众为死者亲友着想的同时，也是在为自己着想：消灭凶手可以让他们获得快感。

但这种为受害人亲友着想的呼吁也不完全是无的放矢。那些为死者真诚哀痛的人会寻求一种感觉，一种被20世纪的一个隐语所涵盖的感觉："截止"（closure）。这也是为什么这些人有时会要求行刑时在场，因为只有这样，他们才可望卸去一个不会随时光流转而减轻的心理包袱。不过也有一些率直和睿智的维多利亚时代人敢于揭穿事情的真相，敢于把动物本能真正称之为动物本能。像 J. 法雷尔——他本身是个废除论者——就指出："罪有应得的观念"其实完全是奠基于"复仇的正义"。[43]到了19世纪末，这种主张已变成老生常谈。J. 法雷尔说上面这番话的十年后，一位德国专家京特（Louis Günther）承认，即便是"在我们这个已启蒙的人道的时代，第一个惩罚不义者的冲动也是来自人性的一项特征：报复（坏人）做过的错事和施加过的伤害"[44]。人类对冲动的自我约束是有时而穷的。

对侵略性（特别是报复的侵略性）的清醒认识，让一个对人性的断言成为维多利亚时代最透彻的心理学洞察之一。1860年，法国心理学家与哲学家蒂索（Claude-Joseph Tissot）指出，他虽然深信自己身处一个已启蒙的世纪，一个已经超越于原始报复心理的世纪，却仍然不得不认为"复仇的饥渴"是最基本的人性特征之一。[45]这一点，在英国法学家、历史学家兼保守主义者斯蒂芬（James Fitzjames Stephen）看来完全是自明的。斯蒂芬也是一位死硬的霍布斯主义者，对他来说社会不啻是一个战区。他在1873年指出，罪犯之所以应该被惩罚，主要是为了满足"恨的情感——要称之为复仇的欲望或其他什么悉听尊便。惩罚罪犯之举可以让健康的心灵振奋。"[46]社会如果不把某些形式的侵略性视为非法，当然是无法维持的，但这位著名的维多利亚时代人发前人之所未发的是：报复欲望是健康心灵的特质之一。

有很多人认为维多利亚时代人的心灵状态是很容易理解的：只要看看他们那些婆婆妈妈的纪念物、过于感伤的诗歌、拐弯抹角的委婉语，以及对很多重要问题羞羞答答的态度，一切就尽在不言中了。没错，维多利亚时代人在许多方面看起来都与我们大相径庭。但他们也不是"婆婆妈妈"或"虚矫"就可以道尽的。不管是自由派还是保守派，维多利亚时代的布尔乔亚都带有坚定不移的现实主义色彩，拥有一种依人生之所是去看待人生的天分。容我重申：尽管有种种局限性，但他们都是睁大双眼过日子的。不必惊讶的是，很多曾萦绕于他们四周的议题至今也还在影响着我们，比如现在有关死刑是否应该废除的种种论点，就几乎没有什么超出维多利亚时代人之处：不管是主张死刑可以威慑重大犯罪，还是主张死刑可以让受害者的亲友释怀，都是早在一个多世纪前就有人提出过的。

类似的例子比比皆是。这种历久不衰的生命力足以显示出维多利亚时代的现代性。不管有多么喜欢规避问题，有多么喜欢拐弯抹角，但许多（非全部）维多利亚时代人所相信并额手称庆的一点——他们生活在一个进步的时代——是有坚实根据的。任由侵略性尽情抒发出来在他们看来已不可取。随着时代的推移，不管是打小孩的父母、苛待佣仆的主人、剥削劳工的雇主，还是威压妻子的丈夫都在减少。被处决的罪犯也变少了。这并不是说自维多利亚女王驾崩后，布尔乔亚就不再有发泄侵略性的渠道。对于那些想满足侵略欲望的人来说，总是可以找到现成的出气对象：社会民主党人、女权主义者、犹太人和邻国。而只要他们把侵略性行为维持在官方容许和布尔乔亚良知许可的范围之内，那唯一的后果就只是得到快感。不过，在一个这些界限模糊不清、持续有争议和逐渐窄化的年代，侵略冲动的心理后果将会变得更加复杂，更不怡人，让人陷入自疑和焦虑；而焦虑正是维多利亚时代中产阶级的另一种典型情绪。

注 释

〔1〕Richard Hofstadter 的经典之作 *Social Darwinism in American Life*（1944; rev.ed., 1955）比它书名允诺要谈的范围还要大；作为开创性的研究作品，如今它有必要做出若干调整，因为斯宾塞（Herbert Spencer）等社会达尔文主义者实际上要比此书所显示的更为人道和崇尚自由。John Chandos 的 *Boys Together: English Public Schools 1800–1864*（1984）谈到了鞭打。Ian Gilbson 的 *The English Vice: Beating, Sex and Shame in Victorian England and After*（1978）对施虐癖进行了心理学的分析。R. J. White 的 *Waterloo to Peterloo*（1957）为这起"屠杀"提供了一般性的背景说明。至于1871年法国人杀法国人的事件，Frank Jellinek 的 *The Paris Commune*（1937）有逐月逐日的丰富记载，至今仍相当具有权威性。Paul Lidsky 的 *Les écrivains contre la Commune*（1970）收集了作家们对巴黎公社事件的敌意（有时甚至是野蛮的）评论。关于人种，特别值得参考的文献是 Hugh A. MacDougall 的 *Racial Myth in English History: Trojans, Teutons, and Anglo-Saxons*（1982）。Daniel J. Kevles 的 *In the Name of Eugenics: Genetics and the Uses of Human Heredity*（1985）是研究19世纪伪科学的卓越著作。

〔2〕A. S., "Aphorismen und Betrachtungen," *Buch der Sprüche und Bedenken*, I (1927; ed., 1993), 82.

〔3〕William James, *The Varieties of Religious Experience: A Study in Human Nature* (1902), 366.

〔4〕Edmond and Jules de Goncourt, November 16, 1859, *Journal; mémoires de la vie littéraire, 1851–1898*, ed, Robert Ricatte, 22 vols. (1956–1958), III, 168.

〔5〕Georg Simmel, *Soziologie. Untersuchungen über die Formen der Vergesellschaftung* (1908), 261.

〔6〕Ibid., 262.

〔7〕A.S., "Aphorismen und Betrachtungen," 84.

〔8〕A.S., May 29, 1896, *Tagebuch*, II, 193.

〔9〕A.S., Papers, reel la, State University of New York at Binghamton.

〔10〕Thomas Babington Macaulay, *The History of England from the Accession of James II,* 5 vols.(1849–1861; American ed., n.d.), I, 385 [ch. 3].

〔11〕William Ewart Gladstone, September 28, 1847, *Gladstone Diaries,* III, *1840–1847* (1974), 656.

〔12〕Henry A. Drake, Chairman, Boston School Committee, *Report on Corporal Punishment in the Public Schools of the City of Boston* (1867), 22.

〔13〕Horace Mann, *Reply to the "Remarks" of Thirty-One Boston Schoolmasters on the Seventh Annual Report of the Secretary of the Massachusetts Board of Education* (1844), 135.

〔14〕Jacques Claude Demogeot and Henri Montucci, *De l'enseignement secondaire en Angleterre et en Ecosse* (1867), 40.

〔15〕Julius Beeger, "Die Disciplinargewalt der Schule," *Allgemeine Deutsche Lehrerzeitung*, 28 (July 9, 1876), 232.

〔16〕Eduard Sack, *Gegen die Prügel-Pedagogen* (1878), 13.

〔17〕Andrew Halliday. John Tosh, *A Man's Place: Masculinity and the Middle-Class Home in Victorian England* (1999). 92.

〔18〕Droz, *Monsieur; Madame et Bébé*, 342.

〔19〕Ibid., 343.

〔20〕Ibid.

〔21〕John Wade. Dror Wahrman, *Imagining the Middle Class: The*

Political Representation of Class, c. 1780–1840 (1995). 205.

〔22〕 Tony Horwitz, "Untrue Confessions," *The New Yorker* (December 13, 1999), 80-81.

〔23〕 关于一系列讲述反巴黎公社的例子，参见 Lidsky, *Les écrivains contre la Commune*, esp. 46–53.

〔24〕 A.S., Papers, reel la.

〔25〕 Thomas Carlyle, *"Occasional Discourse on the Negro Question"*[in the original version, reprinted as 'Nigger Question'], *Fraser's Magazine*, XL (December 1849), 670–671.

〔26〕 Benjamin Disraeli. Robert Blake, *Disraeli* (1967; ed., 1968), 186.

〔27〕 Georges Vacher de Lapouge, *L'Aryen. Son role social* (1899), 511.

〔28〕 J. A. Hobson, *Imperialism: A Study* (1902; 3d rev. ed., 1938), 198.

〔29〕 P. Leutwein, "Anhang. Die Unruhen in Deutsch-Südwest-Afrika", in "Simplex africanus," *Mit der Schutztruppe durch Deutsch-Afrika* (1905), 197.

〔30〕 A.S., February 3, 1898, *Tagebuch*, II, 277.

〔31〕 A.S., Papers, reel la.

〔32〕 A.S., November 4, 1895. *Tagebuch*, II, 159.

〔33〕 A.S., Papers, reel la.

〔34〕 Joseph P. Thompson, *The Right and Necessity of Inflicting the Punishment of Death for Murder* (1842), 7, 19.

〔35〕 Milo D. Codding, *Capital Punishment, Shown to Be a Violation of the Principles of Divine Government as Developed by Nature, Recorded in History and Taught byJesus Christ, and Proved to be INEXPEDIENT by its Effects upon Society, its Failure to Accomplish its Object, and the Destruction of the Rights of its Victims* (1846), 6.

〔36〕 Ibid., 17.

〔37〕 Raffaele Mariano, *La Pena di Morte considerazioni in appoggio all'opusculo de prof. Vera* (1864), 19.

〔38〕 Francis Bishop, *"Thou Shalt Not Kill," A Paper upon the Law of Capital Punishment* (1882), 1.

〔39〕美国有些州（如罗得岛州）在废除死刑若干年后又恢复了死刑。缅因州在1876年废除死刑，七年后恢复，至1887年又取消恢复，这反映出反对和支持死刑的州民人数非常接近。

〔40〕委内瑞拉于1864年废除死刑，葡萄牙、荷兰、意大利分别于1867、1870、1880年废除死刑。

〔41〕Emile Zola to Jean-Baptistin Baille [end of August, beginning of September 1860], *Correspondance*, ed., B. H. Bakker, vol. I, *1857–1867* (1978), 231.

〔42〕James Anson Farrer, *Crimes and Punishments, Including a New Translation of Beccaria's "Dei Delitti e Delle Pene"* (1880), 66.

〔43〕Ibid., 82.

〔44〕委内瑞拉于1864年废除死刑，葡萄牙于1867年荷兰于1870年，意大利于1880年。Louis Günther, *Die Idee der Wiedervergeltung in der Geschichte und Philosophie des Strafrechts. Ein Beitrag zur universalhistorischen Entwicklung desselben*, 2 vols. (1889–1891), I, 5.

〔45〕Claude-Joseph Tissot, *Le Droit pénal étudié dans ses principes, dans ses usages et les lois des divers peuples du monde; ou, Introduction philosophique et historique à l'étude du droit criminel*, 2 vols.(1860; 3d ed., 1888), II, 591.

〔46〕James Fitzjames Stephen, *Liberty, Equality, Fraternity* (1873; ed., Stuart D. Warner, 1993), 98.

第五章
焦虑的理由 [1]

Grounds for Anxiety

维多利亚时代人之所以那么在意焦虑，
本身就是焦虑的一个症候。
弗洛伊德相信，布尔乔亚的道德观已经
把人的生物本能压抑得超过人可以承受的极限。

1

　　说到焦虑，很少有布尔乔亚可以超过施尼茨勒。他的日记显示出他总是担心这个，担心那个，为自己的作品、道德高度和感情生活忧心忡忡。总之，如果说施尼茨勒就像他的大部分同时代人一样神经兮兮，那他要比他们中的大部分人都来得强烈。但他当然是不孤单的——维多利亚时代的布尔乔亚看来要比其他世纪的同侪对焦虑这种症候的存在更加警觉。所有的时代都是焦虑的时代，但维多利亚时代人把焦虑视为一种现代疾病又似乎是合适的。他们还给焦虑取了一个专门术语——神经衰弱（neurasthenia）。那是1880年的事了。不过，在那之前的几十年，人们早已把一个习惯用语"神经紧张"（nervousness）——它原是指精神和活力的高亢——转用来指称一种微恙、一种隐隐约约的不安。

19世纪的人已经知道焦虑并不是只有一种：它可以是非理性的，也可以是有根据的，可以由内在的紧张或客观的警告信号所引发。从这个观点来看，维多利亚时代的另一个理想——男人应该是个无所畏惧的大丈夫——显得相当不合理：就是有些人、事、物或情景是理智的人完全有权害怕的。这也是为什么小孩在进入社会的过程中老是会被灌输焦虑的观念：小心对你示好的陌生人！别走近火炉！18岁的施尼茨勒就曾在日记里写道："值得赞扬的服从。"[2]明智的焦虑教给人的其中一课就是：牺牲一时的快乐以避免以后的痛苦是合理的。小心应对正在逼近、轮廓朦胧的危险则是它教的另一堂课。

我说过施尼茨勒在焦虑这件事情上并不孤单。父亲搜查他的书桌抽屉并不是出于一时兴起，或认为当父亲的就是有权侵犯儿子的隐私权。约翰·施尼茨勒医生会这样做，是出于对儿子的健康的忧虑——而且因为是医生，他的忧虑比别的父亲更甚。儿子可能会交些什么样的朋友？他会不会让自己暴露在某些传染病的危险中？这不是无关痛痒的问题，也不是父亲担心儿子担心过头的表现。在施尼茨勒的时代，性病是一种真实的威胁，而像施尼茨勒这种以败德为乐、爱与声名狼藉的女人鬼混的中产阶级少年人，又尤其容易受到淋病和梅毒的感染。

这方面的统计数字是公开、丰富且吓人的，从医学研究到一些专业刊物，再到一些比较开放的流行刊物，相关讨论比比皆是。一个例子就可以说明许多事情：在一个对现代婚姻所做的全面性研究中，德国哲学家卡斯帕里（Otto Caspari）指出，1872至1888年间，在巴黎各医院接受诊治的性病个案一共118 223宗，其中约半数是梅毒。他又补充，从1861到1884年，英国死于梅毒的病人增加了84%。[3] 尽管在19世纪，医生对性病的诊断已取得若干进展，但他们不知道的事情还有许多。正因为知道这一点，约翰·施尼茨勒医生对儿子的担心当然只会更多而不会更少。

更糟的是，在1879年（施尼茨勒日记被父亲发现的那年），医学界对梅毒的了解很多根本是错的。最要命的一个误解就是以为病患得过一次梅毒而获得治愈后就不会再得（这个误解夺取了许多忠诚的妻子与无辜孩童的容颜、健康，甚至生命）。很多颇有声誉的医生都相信，他们的病人在受到梅毒侵袭而又成功痊愈以后，就可以从此免疫。在无知的医生信心百倍的保证下，为数不详但肯定不在少数的梅毒患者痊愈后继续征逐女色，或自以为可以放心去结婚。1860年，波德莱尔在一封信里就曾谈到一个他和当时大多数人都相信的观点："没人比得过梅毒而又痊愈了的人更健康。"[4] 他很快就会知道这不是事实。

还有一些名人也认同波德莱尔的观念。1877年，莫泊桑在一封兴高采烈的信中告诉友人，医生曾把他掉头发和其他相关的症状诊断为梅毒，但已经用水银和碘化钾的疗法治愈了。莫泊桑当时才27岁，但已经因为一些杰出而世俗（有人说是淫秽）的短篇小说而闻名，时人还相信，他是一个性精力无穷的浪荡子。莫泊桑告诉友人，自己的头发已经重新长了出来，感觉好得不得了。"我得梅毒了！终于得了！货真价实的！不是不入流的性病，不是，不是，就是要了弗兰西斯一世（Francis I）的命的那种。"他说自己为此"感到骄傲，无比的骄傲——布尔乔亚见鬼去吧"。他忍不住在另一封信里重复他的兴奋："哈利路亚，我得过梅毒了，不用担心会再犯了。现在干过街头妓女以后，我都会告诉她们，'我得过梅毒喔'。她们吓得半死，而我只是笑。"〔5〕若干年后，他进入了医学界开始认为的梅毒的第三阶段，饱受恐怖幻象的折磨，发疯而死，年仅43岁。

如果能更像布尔乔亚一点的话，莫泊桑说不定可以活得久一点。他是施尼茨勒极为敬仰的小说家。在性欲的不知餍足上，施尼茨勒不输于莫泊桑；不过因为谨慎，施尼茨勒的下场与莫泊桑截然不同。在施尼茨勒的单身日子中，每次他勾引到一个尤物，都会因为害怕染上性病而犹豫再三。我们知道，这种智慧是他父亲用粗鲁的方式教会他的。不管我们如何评价约翰·施尼茨勒医生的教子之道，他对儿子的担心是完全有道理的。而一旦医学界发现梅毒不能治愈，他的焦虑便显得益发有道理。

2

"神经衰弱"这一临床术语是康涅狄格州的比尔德医生（George M. Beard）在1839年创造的，这个名称出现得有点儿姗姗来迟，因为某种难以名状的内在紧张已经困扰人们超过半个世纪。诗人、道德家和布道者一直都责难他们的时代缺乏活力，没有强健心灵应有的那种冷静沉着。早在1813年，伦敦的《检查者》杂志（Examiner）就把活力的阙如归因于人们过度放纵的生活方式："现在这个奢侈的时代的一大特征是神经紧张。"[6] 四分之一个世纪之后，也就是1840年，美国医生奥尔科特（William Alcott）指出，妇女特别容易受到"那些难以形容的乏味感"的影响，又说"如果想为这些多样的感觉取一个较佳的名字，不妨统称之为'神经紧张'"。[7]

认为女性较男性更容易罹患神经紧张的想法，是符合那个时代男性的思考风格的，而这一主题也慢慢成为文学中的传统题目。对此，阿诺德（Matthew Arnold）的《吉普赛学者》（The Scholar Gypsy）一诗中有这样的诗句（后来常常被引用）：

好一种现代生活的怪病

病态的匆忙，多歧的目标

那是1853年的事。到了19世纪60年代，一些精神科医生时刻准备提出一种极端的主张：神经紧张的元凶不是别的什么，就是现代文明本身。

　　英语世界并未独占这种毛病。1800年之后不久，法国的小说家就侦测到这种疾病，并称之为世纪病（mal du siècle）——一种忧郁和茫然的结合体。贡斯当（Benjamin Constant）在小说《阿道尔夫》（Adolphe）中指出，他的目的就是要借主角阿道尔夫揭露"我们世纪的一种主要病症：疲倦、不确定感、缺乏活力，喜欢持续不休地自我分析，让任何情绪都在后见之明中（或从一开始就）显得倒人胃口"。[8]当这一主题在文学界已经消退几十年后，它开始成为大众读物涉及的话题。我们在小说家、文化评论家和剧作家的作品里都会遇到像"我们神经质的世纪"这样的表达。在这方面，施尼茨勒笔下的男女主角就像他本人一样，与其所属的阶级及时代完全吻合。他们无一不是焦躁不安的人，常常会没来由地情绪失控，动辄自怨自艾，如走马灯一样忽而狂喜忽而沮丧。我们记得，在《帕拉切尔苏斯》一剧中，施尼茨勒曾经说过："安全无处可寻。"那等于是在说："焦虑无处不在。"

　　神经紧张不完全是新式的东西，但在19世纪，它似乎却呈指数级扩散。权威的克拉夫特-埃宾在1895年指出："神经紧张正在以要命的速度兴起。"[9]当时没有人会对此说法感到惊讶。1890年，法尔肯霍斯特（C.Falkenhorst）就已经把当时的一些医学知识通过《园圃小屋》（Gartenlaube）——德国相当受欢迎的家庭周刊——带给了他的小布尔乔亚读者。"我们的时代饱受神经衰弱之苦，那是19世纪的疾病。"[10]与此同时，在1886年的意大利，备受尊敬的性学家曼泰加扎也把他的集大成之作称为《神经紧张的世纪》（*Il secolo nevrosico*）。才两年，此书就被译成德文，这反映出在一个自由贸易的时代，焦虑的传播有多么快。事实上，在18、19世纪之交，神经紧张的普遍性受到如此广泛的认同，以致广告文案的写手们觉得不多加利用实属可惜。1895年，《纽黑文领袖》（*New Haven Leader*）杂志上的一则广告说，有一种被称为"佩氏芹菜锭"（Paine's Celery Compound）的药物可以缓解"小孩子的神经衰弱"，又说小孩的这种症状已使父母处于"一种恒常和愈来愈强的紧张状态"。[11]可见，焦虑在当时已成为一种让商人觉得有利可图的时尚。

这种时尚的根基相当浅，但忧郁气质的概念却历史悠久。这可以追溯到希波克拉底①，后来历代都有他的信徒。17世纪初，伯顿（Robert Burton）在英国出版了其著名的《忧郁的剖析》（*The Anatomy of Melancholy*），在他故世两百年后仍有人将此书作为权威来征引。所以，19世纪并没有对忧郁提出什么新的见解，有的不过是让问题的混乱性更严重罢了。我们今天会诊断为"抑郁"或"严重焦虑"的症状在那时被称为"情绪消沉"或"神经崩溃"，它们的成因被归诸五花八门

---

① Hippocrates，古希腊医生，被誉为"医学之父"。

的理由：生意失败、宗教疑惑、失恋或天生的性情。

　　在心理学和社会学的解释成为主导以前的几十年时间里，最受欢迎的病因就是"糟糕的"遗传。施尼茨勒认同的也是这种观点。在反省自己的神经紧张时（他妹妹也是这样的人），施尼茨勒指出，那大概是得自母亲的遗传。在弗洛伊德以前，有关焦虑的起源和定义都是众说纷纭，莫衷一是。弗洛伊德令人信服地指出，焦虑是一个信号，是由某种等在前头的麻烦所引起的。换言之，维多利亚时代人那么在意焦虑，本身就是焦虑的一个症候。可引起维多利亚时代人普遍焦虑的"麻烦"是什么呢？为了回答这个问题，他们探索了每一种可能性。他们通过18世纪晚期一些分析家的意见，列出一张"麻烦"的清单，从文化习惯到制度性的安排一应俱全。虽然焦虑似乎是可以感染每个人的，但有些人就是比别人更容易受感染。尽管如此，焦虑的气氛似乎仍然无所不在，而且就是源起于社会本身。

　　最初，造成这种疾病的主要原因被怀疑与黎明中的工业化社会的分工制度形影相连。持这种意见的批判者指出，分工制度是片面的，无法让人的各种潜能得到充分发挥，而这一点，又是工厂系统加诸工人的种种桎梏的直接后果。因此，在最初，焦虑症的主要受害者被认定是贫穷的劳工阶级。1776年，现代的分工制度才刚萌芽，亚当·斯密就已经在巨著《国富论》中分析了分工制度的利弊：新颖而高效的方法固然大大提升了生产力，但它们也重创了工人的心灵与精神。

日复一日、年复一年地在工厂里进行单调的工作，会让工人无法发挥出人赖以成为人的本质潜能。他们会沦为次等人类，沦为无血无情的机器的奴隶，毫无解放的希望可言。

用不了多久，就有人把这个幽暗诊断的适用范围扩大，把布尔乔亚也纳入近代社会的受害者之列。18世纪90年代初，席勒（Friedrich Schiller）在一篇精彩的长文《美育书简》（Letters on the Aesthetic Education of Mankind）中谴责分工乃是现代人悲惨生活的祸首。他指出，与古希腊人相比，他的同时代人要不幸上无数倍，因为他们已被敲碎为可怜兮兮的碎片，充其量只能把一件事情做好，其他事则一件都做不好。一门科学与其他科学之间的日益疏远，阶级之间鸿沟的不断加深，还有理性与感情的分离，"撕裂了人性的内在纽带"。席勒严肃地总结说："带给现代人这种创伤的是（现代）文化本身。"[12]

19世纪的社会研究者创造出一些吓人的术语来形容现代文化的缺陷。"异化"（alienation）这个词——首先是被黑格尔重新发掘出来的——被马克思用作批判资本主义的武器，其意义与席勒所说的"碎片化"（fragmentation）相当。马克思指出，维多利亚时代的工人，不管是在工厂还是办公桌前工作的，都被迫成为其同事、其工作，甚至其本人的异己。整全是这些工人永远不可得的。后来，在1900年前后，涂尔干（Emile Durkheim）把"失范"（anomie）这个神学名词加以世俗化，用它来形容个人主义所带来的危害性：以自我为中心的心态已经让西方社会失去铸造扎实集体纽带的能力，无法继续维系一个具有高凝聚力的共同体。这类社会学与历史学的推断让人们更有理由相信，焦虑是普遍弥漫的现象。比尔德医生和借用其"神经衰弱"一语来谈事情的读者，都毫不怀疑他们谈论的是一种维多利亚时代独有的疾病。因此，当德国哲学家卡尔内里（Bartholomäus von Carneri）在1890年说出"神经衰弱是我们的时代病"〔13〕这话时，可谓了无新意。

单是比尔德医生主要著作的书名本身——《谈神经衰弱、其症状、其性质、其后果、其治疗的实用论著》〔*A Practical Treatise on Nervous Exhaustion（Neurasthenia）, Its Symptoms, Nature, Sequences, Treatment*〕——就足以说明他的雄心壮志。他一生的职志就在于把神经衰弱这种疾病的病征与治疗方式加以条理化，要让它们条理井然得像一座法国的花园。他年轻时就在笔记里说过："秩序是天堂的第一法则。"〔14〕他对自己这句格言显然是钟爱有加的。只不过，他所列出的神经衰弱症状清单是那么五花八门，让人不能不怀疑他谈的是不是同一种疾病："失眠、脸红、嗜睡、做噩梦、头疼、瞳孔扩张、疼痛、头胀……耳鸣……易怒、牙齿和牙龈酸软……手脚冒汗、手脚发红、怕光、怕负责任、害怕开阔或幽闭的空间、恐惧社交、害怕独处、害怕恐惧、怕脏、害怕一切……"〔15〕

这张清单已经够叹为观止的了，但它与比尔德对"国民性"的观察相比，仍然相形见绌。在研究神经衰弱的过程中，他"发现"，在文化程度愈高和女孩子愈漂亮的国家，神经衰弱就愈常见。换言之，神经衰弱不一定是坏事。他指出，在世界各地走过一遭以后（实际是指在欧洲主要国家的首都走过一遭以后），他发现"美国女孩的美"无与伦比，是任何国家和历史上任何时代都无法匹敌的。他认为，这一点是高度发展的心智机能和"生理组织"的精华灿烂结合的结果。比尔德医生并不否认在别的国家也可以看到美女：在英国可以"不时"看得到美女，在德国则"罕见得多"，在法国与奥地利比在德国要常见。只不过，他认为这些美女无一能够与美国的姐妹相比。这位自学成才的艺术评论家又告诉我们，欧洲艺术作品中的女性脸孔之所以"几乎无一好看"，源于一个事实：欧洲大陆的画家"从未见过真正的美女"。他猜测，要是拉斐尔有幸在纽约住过，就不会把西斯廷圣母画成"那种神经衰弱和一脸贫血的类型"。[16]

这种比较各国女性长相的研究离题万里，不过却是比尔德医生独有的。反观他对神经衰弱起源的说明就没有如此高度的原创性了。比尔德认为，神经衰弱患者数量急速增长的"主要和首要原因"很简单，四个字就可以涵盖：**现代文明**。[17]他继而指出，现代文明有五样事物是从前的文明所没有的：蒸汽动力、期刊媒体、电报、科学以及女性的心理活动。[18]接着，他又觉得意犹未尽，列出了更多的不同之处：宗教狂热、政治机器、技术教育、分工制度、严格的时间表、时钟、严格守时、噪音、不停的旅行、股票投机、压抑的情绪——换言之，现代文明的一切都与过去有所不同。

　　几乎所有维多利亚时代的神经衰弱研究者都认为有一点几乎是不言自明的：现代都市生活的"匆匆忙忙"要为激增的焦虑症负责。谈及这一问题的书籍不计其数，但结论几乎都一模一样，不同的只是措辞。像德国医生福伊希特斯莱本（Ernst Freiherr von Feuchtersleben）在一本小册子《灵魂的饮食》（*Dietetic of the Soul*）里就说："我们的时代快速、骚乱而轻浮。"[19]这本出版于1838年的小册子非常畅销，前后印了几十版。晚至1910年，德国指挥家瓦尔特（Bruno Walter）还把它推荐给马勒，认为其值得一读。世界自19世纪30年代以后就大大改变了，但显然还不足以让福伊希特斯莱本过时。

　　这类判断在维多利亚时代及其后都是主流。例如，在1855年出版的小说《北方与南方》（*North and South*）中，盖斯凯尔夫人（Elizabeth Gaskell）让女主人公对比了乡村生活和都市生活，指出后者的营营扰扰是人们心烦气躁的原因。"在都市，匆匆忙忙的步伐和四周快速旋转的一切弄得他们神经紧绷。"[20]四十年后，《纽黑文领袖》杂志也同意这种主张，他们把"匆匆忙忙"视为让现代男女神经紧张的元凶。[21]重述这种主张的文本多得数不胜数。

　　"匆匆忙忙"理论的影响力要直到第一次世界大战爆发后才明显减弱。1911年，德国精神科医生伯格曼（Wilhelm Bergmann）在著作中感谢福伊希特斯莱本的启发，之后，就以与福伊希特斯莱本同样（但要饶舌上许多）的语气数落布尔乔亚的不是："它一心只想要逃离土地，生活在充满各种刺激、烦恼与焦虑的大都会，以最不羁的激情追逐享乐，追逐金钱。它只在意一些了无价值的东西，不知节制地为名与利而斗，直至筋疲力竭。为了追求快乐，它置一切道德考量于不顾，把自己放在善与恶之外，自夸自己的颓废是（尼采式）超人的表现。"[22]这种对布尔乔亚的热切控诉读起来更像是焦虑的表现，而不是一份关于焦虑的医学报告。

在19世纪90年代中叶，也就是弗洛伊德将其精神分析思想理论化和从事临床实验的早年，他曾经仔细读过比尔德的作品，但他的结论是比尔德的作品太模糊，无所不包，因此不值得信赖。[23]他这个说法还是太客气了：事实上，比尔德对神经衰弱所知甚少，而且错的观点居多，尽管自称是个谨慎的经验主义者，他的许多结论都是来自肤浅的印象和根深蒂固的偏见。弗洛伊德既然是精神创伤方面的专家，加入精神衰弱的讨论自是意料中事。不过在某一方面，他对这种疾病的最初评论显得相当传统：他相信那个普遍的意见，也就是说相信神经衰弱是现代文明的产物。换言之，对弗洛伊德而言，那是一个历史现象，而它所提出的一些根本问题是其他人未能正确解决的。不过，他对正统的追随就到此为止。他接下来一个见解是发前人所未发的：神经紧张乃是维多利亚时代中产阶级性压抑太过厉害的结果。

这种主张无疑是对布尔乔亚道德观的一个彻底批判。弗洛伊德相信，布尔乔亚的道德观已经把人的生物本能压抑到了超过了人可以承受的极限，遂带来了种种症状，而精神官能症是其中之一。这不是一个没有价值的理论，但它的全面适用性却不无疑问，因为它已超出了证据可以支持的范围。弗洛伊德的证据完全来自他那些精神官能症女病人，而他之所以认为这些证据也适用于一般布尔乔亚妇女，是因为他把女病人视为维多利亚时代女性的代表。我写这本书的其中一个目的，就是推翻他以偏概全的判断，至少是让问题的复杂程度显示得更全面。我们先前已经看到丰富且有力的证据，知道性冷淡在维多利亚妇女中间并非如弗洛伊德所相信的那样普遍。作为精神分析理论家的弗洛伊德，其立足点要远比作为布尔乔亚批判者的弗洛伊德稳固。

　　把注意力放在性挫折与情绪沮丧的因果关系上的，并不只有弗洛伊德一个人。像比尔德医生本来就正在写一本研究"性神经衰弱"（sexual neurasthenia）的书，只是因为天不假年（他逝于1883年）而未能完成罢了。不过，像弗洛伊德那么相信性在人类心理功能与失调上扮演着中心角色的人，仍然是绝无仅有的。尽管他有关布尔乔亚文化的推论有修正的需要，但其心理学的基本取向——他的性理论在其中扮演了关键角色——对人类心灵的研究来说仍是划时代的。他不像其他专家那样只满足于研究神经紧张的表面，而是潜入到了其深处。

弗洛伊德的心理理论也许可以简述如下：他把心灵视为自然的一部分，也因此，他认为心灵就像其他自然现象一样，是受法则支配的。用一句话来说，没有什么心理现象是没有原因的。任何怪异的、表现上无意义的心理现象（笔误或口误、无法解释的记忆丢失、无法说明的症状、荒谬的梦境和精神分裂症患者的前言不搭后语等）都一定有其科学的解释，尽管要发现这些解释也许相当不容易。弗洛伊德认为，这些现象指向的是潜意识的地下活动，是潜意识要透过扭曲的方式自我显示的表现。[1]在人类潜意识里占显著地位的是原欲（主要是性欲和侵略），再有就是防卫机制，它们是伪装和斗争所需要的，隐蔽却又迫切，或是亵渎神明，淫秽无礼，或具有侵略性。对弗洛伊德而言，人类是一种欲望多多的动物，不自在地生活在文化的束缚里，又是一种自我矛盾冲突的欲望动物。

　　弗洛伊德的精神分析体系要求人类谦逊：人的许多行为动机是人所不自知的，理性并不是一家之主。把理性从王座上推下来的做法，解释了弗洛伊德的观念为什么会受到精神医学界和社会大众那么强烈的抗拒。他对性欲和潜意识力量的强调，是对维多利亚时代禁忌的——有些话是体面的人所不应该谈论的——一个直接的冲击。然而弗洛伊德从不是非

---

[1]　当然，并不是所有这类心理现象都值得精神分析家关注。据我所知，弗洛伊德从没有说过这句话："有时一根雪茄就只是一根雪茄。"但不管这话是谁说的，它都契合精神分析的思考方式。（原注）

理性的同道人：研究心灵的黑暗力量并不表示他要与它们为伍。非理性可以通过理性来加以分梳，这种主张是一般人难以理解的，却是弗洛伊德理论的精要所在。简单一句话，对他而言，科学必须要成为主人，而宗教不过是迷信。不管他对中产阶级的道德观有多少批判，弗洛伊德本质上和维多利亚时代的布尔乔亚无信仰者是同一类人：一个达尔文与赫胥黎的信徒。

他与其他神经衰弱研究者的目光都专注在布尔乔亚身上。他们都相信，中产阶级要比工人阶级更容易罹患这种疾病，更不用说的是，他们也比贵族更容易罹患。当然，工人阶级也有他们需要忧虑的事情，只不过，他们日复一日要为糊口卖力工作，根本没有那个精力去神经衰弱。贵族也没有时间神经衰弱，因为他们一如往昔，整天忙着吃喝玩乐。但布尔乔亚不同，他们比工人阶级多一点点余暇，却身负繁重的家庭与社会义务，同时又被严厉的良知驱使着去卖力工作，因此最容易屈服于歇斯底里、疲倦、忧郁和胡思乱想——简言之，就是精神官能症。最有钱有闲的男女是精神类疾病最显著的伤员。但这种世纪之疾同样可以感染没什么钱的小布尔乔亚：神经紧张在19世纪是那么的弥漫，以至于一个人是可以一面工作一面焦虑的。

3

神经紧张正急遽成长并以愈来愈快的速度在中产阶级里蔓延开来——这种看法相当普遍，而且看来是可信的。但为什么神经紧张会在19世纪特别显著呢？部分原因或许是医生对女病人的抱怨的前所未有的重视使得神经衰弱比以前更为显眼。这一点也反映出19世纪确实是一个所谓医学化的时代，也就是说它趋向于把怪异的情绪和行为归因于心理状态，而不是像从前那样，归因于鬼魂附体或上帝的惩罚。

虽然神经衰弱为什么会在19世纪大行其道这个问题就本质上来说是不可能有明确回答的，但似乎还有一个既简单而又陈腐的解释：变迁。历史是"常"与"变"两者的交替，这一观点在历史学家之间已属老生常谈。尽管如此，历史上的大部分人类看来都是把"常"体验当作铺天盖地的真实的。这并不是说穷人不会有深刻的焦虑——最基本的衣食问题就够他们焦虑的了；他们也不是不会经历一些激烈的动荡：战争、疫病、饥荒、农民暴动、经济危机、自然灾难、新的宗教和新的主人，这些都是他们常常需要面对的。尽管如此，在大部分情况下，他们生存的基本事实——不懈的劳苦，不变的义务——都是固定的，常常会历经几个世纪而不变。

然后，到了15世纪前后，变迁的速度似乎加快了，其中尤以都市为然。陆续出现了一系列翻天覆地的事件（这些事件都是错综复杂的，却被高度简化为一些名词）：文艺复兴、宗教改革、印刷术的发明、发现美洲、现代国家的崛起、科学革命、启蒙运动、工业化的肇始。这些事件让主宰了过去相当长一段时间的永恒不变之感为之震荡。在维多利亚时代，变迁臻于白热化。维多利亚时代人自己也知道这一点。到了19世纪晚期，有一个说法已经成为陈词滥调：要是一个出生于拿破仑政权三代以后的人可以回到1800年，他将会觉得四周的环境异常陌生。

任何变迁——哪怕是往好的方向变——都会有创伤性的一面。自启蒙时代起，对进步的追求、对未知的探索、对实验的渴望就愈来愈成为社会的主导性基调。令人目眩神迷的各种发明和发现，以及各种有争议性的新观念侵入维多利亚时代生活的每一个领域，带来了充满希望但焦虑亦如影随形的气氛。这就难怪社会会不断进步的理论会成为一种19世纪的意识形态（很多人都误把它归因于18世纪的启蒙思想家）。

19世纪的观察者很少会意识不到他们生活中这一最高层面的事实，但他们的反应各有不同：有惊讶的，有高兴的，也有难过的。在1831年，约翰·穆勒称其时代为"一个转变的时代"[24]。不同意他意见的人并不多。几十年后，左拉在写给朋友的信中也说："我们的世纪是一个转变的世纪。"[25]在今天看来，这些见解毫不新奇。有些不知名的人曾经这样说过：当亚当、夏娃被逐出伊甸园以后，为了安慰哭泣的夏娃，亚当告诉她："开心点，亲爱的，我们正活在一个转变的年代。"但在维多利亚时代，有一个判断可真是持之有据：这是个与以前时代截然不同的时代，而且持续不断要求人们做出新的回应。铁路网、连接大西洋两岸的电缆、细菌致病的理论、达尔文的进化论、群众政治的推进——这些，都不过是一个将会全面重塑人类生活的时代中最让人难忘的几项创新罢了。

但不是每个人都对这个让人眼花缭乱的时代欢欣鼓舞。1829年，对时代趋势一向相当敏感的卡莱尔指出："那个巨大的、外向的变迁正在进行，这是任谁都不会怀疑的。这是个生了病、脱了臼的时代。"[26]专门研究文艺复兴时代的瑞士大历史学家布克哈特（Jacob Burckhardt）也在1843年语带遗憾地说："人人都在追求新，没有别的。"[27]同样的，伦敦的《星期六评论》（*Saturday Review*）在1874年以其一贯的贵族腔调怨叹说："这些喧嚣骚乱的日子，一切都从固定的状态中被拔起。"[28]在一个头脑发热的时代，这些评论会采取矫枉过正的修辞是可以理解的；而虽然矫枉过正，但它们至少可以提醒读者一些他们每天必须面对的真实。

这些真实现已成为历史教科书的重要素材，其中一些我在前面曾简略提及。但还有更多是我所未提的：欧洲人口在1750年还不过1.5亿，一个世纪后却激增至2.6亿。为逃避屠杀、饥荒和反天主教徒迫害而从东欧、德国、爱尔兰逃往美国的移民合计好几百万。有数量庞大的农村人口移入了城市：巴黎在1801年还不到60万居民，50年后却超过了100万；维也纳和柏林在1815年都只有12万人，但1848年的人口却是此数目的三倍。都市化把前所未有之多的人口从农村吸引到城市。在19世纪中叶的英格兰、威尔士和比利时，城市人口的数目第一次超过农村。现代形式的商业和工业组织带来了高得闻所未闻的资本累积。

这些众所周知的史实已经因为太为人所熟悉而失去了新鲜感，但它们全都会扎实地影响到生活在其中的每一个人：不管他是一个住在英格兰贫民窟里的爱尔兰人，一个在银行倒闭时失去了所有积蓄的德国储户，一个因为不想被杀而移民到维也纳的俄国犹太人，还是一个因为搞工会活动而被捕的干部。他们的焦虑往往是深切的，总是有合理的根据，而穷人的麻烦也无可避免会冲击到19世纪布尔乔亚的生活。

因此，造成不稳定的大转变弥漫在整个世纪。其创新性的爆炸性影响如此深远，无法抗拒，比先前任何时代更惊心动魄。改变就是原则，这一许诺或许是威吓主宰了一切，包括科学、技术、医学、经济、政治、政府、宗教、生活品位以及其他领域，甚至还有性的表达方式。阿诺德下面这番话代表了许多人的想法："没有一个信条是未被动摇的，没有一个受信任的教条是未被质疑的，没有一个既有的传统是未受到解体的威胁的。"[29]但论速度和全面性，最大的变迁还是变迁本身。约翰逊①在1783年所抱怨的"创新的狂暴"在几十年后更趋极端。变迁的无所不在与其高速发展这两个相互

---

① Samuel Johnson，英国作家、辞书家，18世纪下半叶文学界最重要的人物。

关联的因素要比任何理由——包括布尔乔亚的性压抑——都更让维多利亚时代人神经紧张。

但它同时也让维多利亚时代人感到快乐。悲观主义者对进步的批判，总的来说要比乐观主义者的意见更容易被征引，也因此在历史学家中获得了超出其所应得的关注。事实上，自启蒙运动初期以来，对创新的向往和恐惧就一直在角力，各有占上风的时候——但总的来说，还是向往创新这一边占优势。1850年，阿尔伯特亲王①在伦敦市长就职宴会上所发表的演说道出了乐观主义者的心声："没有一个关注现在时代各种特征的人会对此有片刻怀疑，那就是我们生活在一个最棒的转变阶段，它正要迅速实现一个所有历史都指向的伟大目标——人类的统一。"他提醒听众，伦敦万国工业博览会马上就要揭幕了，而透过它，"已获得的知识将会一下子变成这个共同体里大部分人的财富。"也因此，"人们正在更完全地实现其被派到这个世界来的伟大而神圣的使命"。[30]在阿尔伯特亲王及其他喜欢变迁的人看来，19世纪是一个持续进步的世纪，几乎是不证自明的。

他们的看法不无道理，因为发明家、工程师、自然科学家让培根在两个多世纪前揭示的理想——人定胜天——比任何时候都要更接近实现。另外，尽管起初有些笨拙和欠缺效率，但政府的各部门（其数目与功能都显著地增加了）莫不

---

① Prince Albert，维多利亚女王的丈夫。

奋力朝同一个目标迈进：克服由都市化和工业化所引发的种种新问题。私人企业家创建了跨国公司，投资建设铁路网，又创办了维多利亚时代生活最色彩斑斓的代表——百货公司。所谓的一般公民——至少是其中的大部分——也从这些活动中受惠。当然，19世纪40年代的邮政改革使邮递服务更快速、更可靠、更便宜，也是一般公民以至于商业巨子同感高兴的。

有一点是说比做容易的，那就是进入那些经历过这些改变的人的心。但我们不妨以维多利亚时代其中一项大发展作为代表。没有一种19世纪的发明比铁路更能让维多利亚时代人感到他们生活在一个改天换地的时代。1848年初，法国内政大臣迪莎泰尔（Comte Duchàtel）在主子路易·菲力普国王（Louis Philippe）垮台前夕曾说过，在他的时代，"事物的移动速度要远快于60年前。事件就像旅人一样，都是靠蒸汽推动前进的。"〔31〕铁路是我上面所说的那种漫天的惊讶与不安全感的贴切比喻——难道它不是以几乎让人难以置信的速度让生活加速的吗？铁路也不只是个比喻：对愈来愈多的布尔乔亚乃至工人来说，铁路确实把他们从居住地与原有的生活方式中连根拔了出来。它彻底把人员与货物的运输现代化了。它毁了一些商业城镇，扶植起另外一些。就像19世纪其他惊人的创新一样，火车所能带给维多利亚时代人的刺激是他们还来不及全部吸收的，焦虑于是随之而来。

萨克雷曾经以幽默夸张的笔法，传神地刻画出铁路兴起前后的生活有多大的不同。他在1861年写道："我们这些生长于铁路兴起前的人是属于另一个世界的。"他承认火药和印刷术都曾有过把文化"推向现代化"之功，但铁路的震撼性不遑多让，因为它"开启了一个新纪元"。萨克雷说，那些生活在铁路时代以前的人都是大洪水来临前的人类，就像是"从方舟走出来的诺亚和其家人。孩子会围着我们这些家族的元老问：'爷爷，告诉我们有关旧世界的事。'我们会喃喃细说过去的故事，人们一个一个老死，人数一日少于一日，剩下的都是非常衰弱的老头"[32]。萨克雷当然是在开玩笑，但又不只是开玩笑。

作为时代的特征，铁路会激起文学家的想象力是很自然的。把火车头拟人化的做法蔚为风尚：它被视为一种强劲的、似人的力量。在德国小诗人普伦内斯（Luise von Plönnies）的《铁路上》（"On the Railroad"，1844）里，火车头被形容为挟带着雷鸣的迅疾闪电；而在惠特曼的《致一辆冬日的火车头》（"To a Locomotive in Winter"，1876）里，火车头则被称为"呛喉的尤物"。这两位诗人都暗示着火车头蕴藏着一种情欲般的能量，而这种能量在克拉勒蒂（Jules Claretie）出版于1905年的小说《火车十七号》（*Le train 17*）中更加明显：书中的主人公是个已婚的火车司机，而他对他的火车的感情事实上就是一种爱情。

但更多时候，作家会把火车视为邪恶的威胁力量——这与火车意外的噩耗频传，以及报纸喜欢巨细无遗地报道这些意外不无关系。不止一个小说人物最终命丧于火车轮下，安娜·卡列尼娜只是其中最著名的一个。狄更斯的小说《董贝父子》中的坏蛋卡克也是被火车撞上，四分五裂。左拉的小说《衣冠禽兽》（*La bête humaine*）的高潮是两个正在格斗的人被火车碾过，身首异处。这些只是一小部分例子。当然，大多数的维多利亚时代人都更在意他们对铁路的真实感受——火车的舒适便利、火车总站的金碧辉煌、火车旅行所带来的恼怒以及火车车厢分一、二、三等的现实。不过，铁路在小说中的突出地位反映出，它在维多利亚时代人的心里是占据着重要位置的。有几十年时间，铁路甚至拥有一种它专属的疾病——"铁路脊椎"（railway spine），指的是意外事故后导致的严重背痛症。很难想象还有什么对火车文化之重要性的礼赞能胜于此的了。铁路很多时候都让人欢欣，但带来的忧虑亦复不少。

4

维多利亚时代人的焦虑的一个特殊之处在于，焦虑常常是非理性的、牵强的。其中一个例子就是他们对手淫近乎不可抑制的恐惧，这一点值得我们深入分析。因为，从他们是那么普遍和坚决地反对手淫，从他们对否定性证据的视若无睹，我们可以看出这是受过良好教育的布尔乔亚所挥之不去的迷信。毫不意外，维多利亚时代人并不喜欢直呼"手淫"之名，而是给它贴上了严厉的道德主义标签，如"孤独的恶癖"（solitary vice）、"自我污染"（self-pollution），或"自我虐待"（self-abuse）。这种避讳，让一些"专家"在谴责这种主要属于年轻人的娱乐活动时显得更加理直气壮。

对这种"不虔敬""不道德""肮脏"的自我取悦之道的焦虑，同时影响着维多利亚时代的教育家和父母。19世纪中叶，一位法国地方医生和研究手淫的专家德莫（J.-B.-D. Demeaux）宣称，这种习惯已经感染了未来法国"政治、道德、工业领域的精英"。[33] 19世纪晚期，德国研究者指出，文科中学（一种低下阶层的少年上不起的学校）的学生中，有手淫习惯的比例大概在71%至100%之间：这一统计数据规模不仅惊人，而且因其不精确性而显得非常有趣。

就像很多其他事情一样，19世纪对手淫的焦虑也是18世纪的遗风，但生了病的与其说是那些耽溺于手淫的年轻人，不如说是那些对手淫大加鞭挞者。其中一位率先把手淫妖魔化的人是备受敬重的蒂索医生（Samuel-Auguste-André-David Tissot），他把这一议题从一些对其语焉不详的庸医手中接过来并加以条理化，让其成为一个值得焦虑的问题。蒂索是一个具有启蒙思想的医生，也是伏尔泰的朋友。他的名声让他出版于1758年的拉丁文小书《手淫》（L'Onanisme①）得以热卖。此

---

① Onanisme这一拉丁文的英文对等语为 onanism，直译是"俄南主义"。俄南为《圣经》中的人物，《创世纪》记载，俄南兄长死后，父亲命他与嫂子同房，以便为兄长传宗接代，但俄南不愿意子嗣为他人所有，与嫂子行房时泄精于地。基于这个典故，西方人也称手淫为"俄南主义"。但"俄南主义"亦可指性交中断法，根据的是同一个典故。

书在翌年就被译成法文，其他语种的译本也相继出现。更后来的版本把它所传达的令人惶恐的信息带进了维多利亚时代。晚至1832年，还有《手淫》的增订版出版。

一支反手淫的大军在此时集结而成。这支由布道者、教育家和医生三方组成的联军发出让人丧胆的预言：如果不把"自我污染"（手淫）消灭，医学和文化上的灾难将无可避免。为他们摇旗呐喊的还有颅相学家、江湖骗子和传统的卫道之士，以至于到了19世纪50年代和60年代，整个文明世界的反手淫出版物加起来已数以百计。它们有时也会以年轻女子为警告对象，因为她们一样可能会沉溺于这种秘密的邪恶。不同的小册子和论文对手淫的惊恐程度各有不同，开出的治疗方法也不尽相同。它们有些还是有附图的，令其中的恐怖信息更加深入人心。图片所载的通常都是纵溺于手淫者的骇人模样：他们形容憔悴，颧骨深陷，两眼无神，嘴角流涎。但不管是较温和还是较狂热的分子，所有反手淫的宣传家都可以说是维多利亚时代焦虑大家庭的成员。

大部分的卫道之士都带以近乎施虐的快感去罗列习惯性手淫者会罹患的症状。蒂索医生列出的症状包括长疖子、疼痛、活力衰减、淋病、性无能、早泄——后三者是反手淫人士最爱提及的。这个列表已经够吓人的了，但十几年后它还要膨胀得更长。后来的卫道之士似乎是为了把前人比下去，又加入了以下症状：癫痫、肺结核、疑病症、精神错乱与死亡。美国医生卡尔霍恩（George R. Calhoun）说得最简明扼

要：“手淫是通向坟墓最稳当的路。”〔34〕

不过反手淫之士也悲哀地意识到，光靠语言文字的警告，很难与年轻人压抑不了的性冲动竞争。长老教牧师葛瑞翰（Sylvester Graham）就指出：“对天国的向往，对地狱的恐惧，以及地上种种可怕的灾难——这一切都不足以阻止那些从出生起就堕落的人对情欲上瘾。”〔35〕但这种无力感并没有让狂热之士停止继续倾泻他们的恐吓、责备、呼吁和恳求。他们也会推荐一些更具侵略性的治疗方法：泡热水澡、淋冷水浴、睡硬板床、穿厚衣服、长距离散步、吃不加调味料的食物。剧烈运动是很多人最爱建议的方法，因为疲劳被公认为是对抗“自我虐待”的有效预防剂。

住宿的学生被认为需要特别的控制手段，医生会向校方建议使用一些巧妙的道具（有时候会被采用），比如没有口袋的裤子，没有门的厕所，在学生睡觉时架一块木板隔在身体中间，让他的手难以够着性器官。还有各种极具想象力的奇巧器具：紧身裤子、手铐和内有小针的阴茎环。更野蛮的是，少数舍监会给那些无法自我控制的女孩子做阴蒂切除手术。

推荐这些让人丧胆方法的卫道者绝不在少数。为了维护性纯洁的神圣原则，他们会采用一些极端夸张的修辞。像反手淫健将德莫医生以下这番话，对19世纪读者来说是司空见惯的。他说，手淫的“灾祸”业已对家庭、社会与人类产生了有毒的影响。“这种可耻的恶癖从未像现在这样弥漫，这样致命。”又说手淫会让年轻人道德沦丧，能力和心智都破碎得无可修补。而手淫者结婚以后，因为他们"本来已耗尽了生命的本元"[36]，所以生下来的孩子会病恹恹的，注定夭折或体弱多病。手淫原是个人的私事，但在德莫医生和其同道看来，那并不是私事。

为什么这些被认为有见识而理性的专业人士对手淫有集体焦虑症？答案在于当时的一些生理学观念（其中一些可追溯至希波克拉底）与当时极不稳定的文化气候的"汇流"。当时的医生相信，人体生来拥有的精气是有一定量的。没错，消耗掉的精气经过一段时间会自行恢复，但不会与原来的一样多。

蒂索把这一点作为其论证的核心。他指出，男性的"精液"如果频繁损失，就会极难恢复。[37]他最有力（对他来说有力）的证据就是男人在房事以后会疲乏，甚至有精疲力竭感。这类臆想的生理学让这个古老神话重生活力，维多利亚时代有关性话题的严肃讨论往往都受其影响。而专业人士喜欢用"获得""损失""消耗"这样的修辞，也和时代的重商风气一致。

对相信这一套的人而言，一个逻辑结论就是男人必须珍惜他们宝贵的精液。这样，手淫就不只是在道德或宗教上站不住脚，而且是在生理上有害的。因此，想要有良好的健康状况，人在婚前应该禁欲，在婚后也应该以最保守的程度消耗精子。福勒（O.S.Fowler）在1846年大声疾呼："床笫上的逾度"将会挖空身体，弱化心灵，损害消化能力，引发恐怖的疾病，甚至破坏婚姻。[38]福勒是个颅相学家，却喜欢给自己加上医生头衔——只不过，他对手淫的观点与真正的医生并无实质差异。

我说过，这种对手淫的反感让那些世俗的焦虑感传播者与神职人员之间产生了一种意想不到的、而且在很多时候不想要的联盟关系，而这种关系也解释了为什么反手淫的战役在19世纪后期虽然受到质疑，却仍然活力不衰。也有少数明智的医生开始反对恐慌传播者所散布的无根据的恐慌：例如，在1870年，著名的英国外科医生佩吉特爵士（Sir James Paget）就否认手淫是许多神经症状的原因[39]；11年后，克里斯蒂安（Jules Christian）也在他《医学科学百科全书》（*Dictionnaire encyclopedique des sciences medicales*）的"手淫"条目里宣称，他从未诊断过因手淫带来的任何疾病[40]，但还是要再等上几十年，常识才会让焦虑的维多利亚时代人把他们画在墙上的恶魔给拭去。

自1900年起，也就是反手淫运动洋洋得意了超过一世纪以后，对手淫的攻击开始式微。尽管如此，在1912年，弗洛伊德仍然观察到，"有关手淫的讨论几乎是没完没了的"。[41]这个时候的精神分析家认为手淫是有害的，因为它会引起当事人的罪恶感，让人对其他的可欲之物不感兴趣，不过这已是不带歇斯底里情绪的温和指控。两年后，童子军的创始人贝登堡（Robert Baden-Powell）在写给其小队员的手册里，仍然称手淫是"肮脏低级的行为"，是最没有男子气概且不道德的。[42]但这已是反手淫道德家的最后挣扎了。

如前所述，反手淫运动本身就是一种焦虑的征候，它同时弥漫于作为始作俑者的医学界与整个社会。另一方面，19世纪对医学界本身来说就是一个焦虑的时期。在一个又一个国家，医生们都通过种种手段（建立证照管理制度、创办期刊、举行会议、分科、设立教学医院等）不遗余力地要把医学建立为一门真正的专业。这种自我转化对他们来说是极端重要的，因为这可以让他们有机会争取到国家的支持、垄断特权和许可，把竞争对手——信仰治疗师、秘方贩子、圣徒和圣地——给排挤掉。

与此同时，19世纪的医生又要肩负来自病人的更大的期望。那是一个在化学和生物学上都有惊人发现的时代，这些发现激起了人们对医学空前未有的期望，但这种期望却一次又一次以失望告终。任何老实的行医者都会承认，在19世纪的科学革命中，医学的进步远远不及其他科学。不管是哪个国家的统计数字都显示，医学只获得了少许成功，更多的是失败。在1801年至1901年间的法国，死亡率从每1000人死亡27.1人下降为20.1人；同一时期，女性的平均寿命从36岁上升为46岁。但与这些让人动容的数字相比，婴儿死亡率的降低程度要逊色许多：从每1000人死亡190人减至160人。换言之，就像别的国家一样，法国婴儿死亡的数字高得惊人；

产妇的死亡率也好不到哪里去。19世纪为改善人们的健康做了许多事，但犹待去做的事更多。

另外，诊断想要战胜猜测和空想的理论也需要时间。至少直到巴斯德（Louis Pasteur）^①以前，法国医学界都习惯于从空想的哲学思辨那里吸取养料。其他国家也好不到哪里去。敌对的医学派别为争取支配地位展开激烈的竞争，用一些不可共量的专业术语来包裹自己，让人无法科学地断定谁是谁非。

在《普遍接受观念辞典》（Dictionary of Accepted Ideas）一书里，福楼拜（他有一个医生父亲和医生弟弟）把当时医生的无知奚落了一番。在"胃"的条目里，他告诉我们："所有疾病都源于胃。"[43]而在"湿气"的条目又说："湿气：所有疾病的原因。"[44]"健康"的条目就更不用提了："太过健康是诸病之源。"[45]尽管如此，在经过多个世纪的努力以后，医师还是终于在19世纪晚期战服了他们长久以来的不被信任，成为布尔乔亚家庭的偶像。我们可以在一些油画中看到他们的样子：蓄着胡子，身形结实，亲切地坐在病人旁边，沉思着怎样不负所托把病人给治好。医学界乃至社会大众对手淫的恐慌也差不多是在这个时候开始消退的，而这可能跟医生已经建立起了威望与自信不无关系。

---

① 19世纪法国化学家、细菌学家。

5

焦虑会催生防卫，也就是催生出一些用来驾驭或否认焦虑的策略，维多利亚时代人的焦虑也不例外。不过19世纪防御策略失败的时候并不比成功的时候少，而失败又会反过来引起新的焦虑。面对不断创新必然会带来的茫然感甚至混乱感，一个很自然的反应就是再次寻求秩序的保护。不过，维多利亚时代人到头来却发现（这一点也是他们的批评者喜欢拿来做文章的），过度的秩序化会助长僵化（包括口头上和态度上的僵化），让人无法适应意料之外的处境，变得高度依赖规则。

维多利亚时代人所设法建立的秩序大部分都是出于特殊的需要。随着学校和公众领域内有组织性的体育活动的蓬勃兴起，需要设立公认的准则：网球场的大小、拳击比赛中可以容许打对手哪些部位、足球队的人数等，都是需要规范化的。另外，为了让工厂或办公室的运作顺畅，固定的上下班时间也是不可或缺的，对经理的出勤时间的要求几乎不亚于对秘书以至机器操作员的要求。铁路网的扩张也使得可信赖的时刻表成为必要之物。事实上，时刻表就像球场上不偏不倚的裁判一样，是维多利亚时代的象征。正如比尔德医生注意到的，在19世纪，世界是受守时的理念、时刻表和报时钟声支配的。

但对19世纪的资本主义而言，规律的制定和遵守并不只是一种为了让生活运作顺畅的纯技术层面的设计，它们还侵入且塑造了人的性格特质。在著名的《新教伦理与资本主义精神》（*The Protestant Ethic and the Spirit of Capitalism*，由两篇分别出版于1904年与1905年的论文构成）一书中，伟大的德国社会学家韦伯（Max Weber）冷酷地指出当时金融家和企业家是被一种苦行主义所主宰的。他指出，布尔乔亚被困在一个铁牢笼里，他们拼命赚钱，不是为了能够享受金钱的购买力，而纯粹是身不由己。"理性是可以变成最不理性的习惯的"，约翰·穆勒曾经谴责这种"对不守安息日的财富的追求"。这句话，比任何对贪婪资本家的不平之鸣都要有力，因为它一语道出了他们有多么不快乐。

　　然而，这幅维多利亚时代的布尔乔亚肖像是以偏概全的，它以部分病人来代表全体，其偏颇不亚于弗洛伊德以他从病人那里归纳所得的结论来涵盖所有中产阶级男女。如果说很多布尔乔亚都是自己成功事业的受害者，那也有许多人的成功只有甜味而不带苦涩。不过，韦伯等人对疯狂的理性的批判也不全是无的放矢。正如我先前所说，防堵焦虑之举是会带来新的焦虑的。这也是为什么在维多利亚时代的求医者中，强迫性精神官能症患者占了很大的比例。然而值得记住的是，也有数不胜数的维多利亚时代中产阶级是不需要求助于精神医师就可以把心理调节得很好的。

注 释

〔1〕有关梅毒的危险，参见Claude Quétet, *History of Syphilis*（1986; trans. Judith Bradcock and Brian Pike, 1980）。Terra Ziporyn所写的专论*Disease in the Popular American Press: The Case of Diphtheria, Typhoid Fever, and Syphilis*（1988）亦相当有用。关于法国作家和他们的梅毒，Roger L. William在*The Horror of Life*（1980）一书中谈及波德莱尔、福楼拜、龚古尔兄弟、莫泊桑和都德的论文是权威性的。有关维多利亚时代人对神经衰弱的态度，Janet Oppenheim的*"Shattered Nerves": Doctors, Patients, and Depression, in Victorian England*（1991）相当有启发性。

〔2〕A.S., April 28. 1880. *Tagebuch*, I. 45.

〔3〕Otto Caspari, *Das Problem über die Ehe! Vom philosophischen, geschichtlichen und sozialen Gesichtspunkte* (1899), 19–20.这篇由一位德国哲学教授所写的长篇论文是其时代与文化的典型产物，由干巴巴的数字与感性诉求混合而成。

〔4〕Charles Baudelaire to Auguste Poulet-Malassis, ca. February 10, 1860. Baudelaire, *Correspondance générale*, ed. Jacques Crépet, 6 vols. (1947–1953), III, 22.

〔5〕引自一份拍卖品目录：Quétet, *History of Syphilis*, 129–130.

〔6〕*Examiner* (London), May 17, 1813.

〔7〕Dr. William Alcott, *The Young Woman's Guide to Excellence* (1840; 13th ed., 1847), 295.

〔8〕Benjamin Constant. Jane Matlock, *"Novels of Testimony and the 'Invention' of the Modem French Novel"*, in Timothy Unwin, ed., *The Cambridge Companion to the French Novel, from 1800 to the Present* (1997), 28.

〔9〕Richard Krafft-Ebing, *Nervosität und neurasthenische Zustände*(1895), 80.涂尔干在其研究自杀现象的经典之作中说过同样的话："神经衰弱是一种初级的精神病……也是更广泛的情况；它正逐渐变得愈来愈普遍。" *Suicide: A Study in Sociotogy* (1897; trans. John A. Spaulding and George Simpson, 1951), 68.

〔10〕 C. Falkenhorst, "Jugendspiele", *Gartenlaube*, XXXVII (1890), 219–220.

〔11〕 *New Haven Leader*, April 4, 1895.

〔12〕 Friedrich Schiller, *Über die aesthetische Erziebung des Menschen, in einer Reihe von Briefen* (1794), Sixth Letter. *Sämtliche Werke*, Säkular-Ausgabe, 16 vols. (1904–1905), XII, 18.

〔13〕 Bartholomäus von Carneri, *Der moderne Mensch. Versuch über Lebensführung* (1890; 5th ed., 1901), 25.

〔14〕 Dr. George M. Beard, journal, ca. June 11, 1858, Beard Papers, Yale-Manuscripts and Archives.

〔15〕 George M. Beard, *American Nervousness, Its Causes and Consequences. A Supplement to Nervous Exhaustion (Neurasthenia)*, (1881), 7.

〔16〕 Ibid., 65–67.

〔17〕 Ibid., vi.

〔18〕 Ibid., 96.

〔19〕 Ernst Freiherr von Feuchtersleben, *Diätetik der Seele* (1838; 5th ed., 1848),, 21.

〔20〕 Elizabeth Gaskell, *North and South* (1855; ed., Dorothy Collins, 1970), 376 [ch. 37].

〔21〕 *New Haven Leader*, April 4, 1895.

〔22〕 Dr. Wilhelm Bergmann, *Selbstbefreiung aus nervösem Leiden* (1911; 3d ed., 1913), 7–8.

〔23〕 见 Freud, "On the Grounds for Detaching a Particular Syndrome from Neurasthenia under the Description 'Anxiety Neurosis'" (1895), Standard Edition, III, 90.

〔24〕 John Stuart Mill, *The Spirit of the Age* (1831; intro. Frederick A. von Hayek, 1942), 6.

〔25〕 Emile Zola to Jean-Baptistin Baille, June 2, 1860, *Correspondance*, I, 169.

〔26〕 Thomas Carlyle, "Signs of the Times", *Latter-Day Pamphlets, Characteristics, etc.*, Library Edition (1885), 29 .

〔27〕 Jacob Burckhardt to Johanna Kinkel, August 23, 1843. *Briefe*, ed. Max Burckhardt, 9 vols. (1949–1994), II, 42.

〔28〕 Anon., February 14, 1874, *Saturday Review*, XXXVII., 204.

〔29〕 Matthew Arnold. David Daiches, *Some Late Victorian Attitudes* (1979), 87.

〔30〕 Prince Albert. Nikolaus Pevsner, *High Victorian Design: A Study in Victorian Social Theory* (1951), 16–17.

〔31〕 Comte Duchâtel. Georges Duveau, *1848: The Making of a Revolution*. (1965; trans. Anne Carter, 1967), 27.

〔32〕 William Makepeace Thackeray, "De Juventute", *Roundabout Papers. The Works of William Makepeace Thackeray, Centenary Biographical Edition*, 26 vols. (1910–1911), XX, 73.

〔33〕 Dr. J.-B.-D. Demeaux, "Exposé de quelques mesures hygiéniques à introduire dans les établissements destinés à l'instruction publique," inserted in Jean-Paul Aron and Proger Kempf, *Le pénis et la démoralisation de l' Occident* (1978),and separately paginated, 204.

〔34〕 Dr. George R. Calhoun, *Report of the Consulting Surgeon on Spermatorrhoea, or Seminal Weakness, Impotence, the Vice of Onanism, Masturbation, or Self-Abuse, and Other Diseases of the Sexual Organs* (ca. 1858), 6.

〔35〕 Sylvester Graham. *A Lecture to Young Men* (1834), 79.

〔36〕 Demeaux, "Exposé...," 205–207.

〔37〕 Samuel-Auguste-André-David Tissot, *De l'Onanisme* (1758; ed., 1832), xiv.

〔38〕 O. S. Fowler, *Amativeness: Or Evils and Remedies of Excessive and Perverted Sexuality, Including Warning and Advice to the Married and Single* (1846), 41, 43, 47.

〔39〕 Sir James Paget, "Sexual Hypochondriasis." Oppenheim, *"Shattered Nerves,"* 162.

〔40〕 Dr. Jules Christian, "Onanisme," *Dictionnaire encyclopédique des sciences medicales* (1881).

〔41〕 Freud, "Concluding Remarks, Contributions to a Discussion on Masturbation" (1912),, Standard Edition, XII, 254（译文已修订）.

〔42〕 Sir Robert Baden-Powell. John Neubauer, *The Fin-de-Siècle Culture of Adolescence* (1992), 155.

〔43〕 Gustave Flaubert, "Estomac," *Dictionnaire des idées reçues, Oeuvres,* ed. Albert Thibaudet and René Dumesnil, 2 vols. (1951–1952), II, 1009.

〔44〕 "Humidité," ibid., 1013.

〔45〕 "Santé," ibid., 1022.

第三部分

维多利亚时代的心灵

第六章
讣文与复生 [1]

Obituaries and Revivals

那些无法再留在传统教会里的布尔乔亚

并不准备跳入理性的冰水里，

而是宁可寻找一些妥协的方法来寻求心灵的满足。

对他们而言，他们会相信，

纯粹因为那是真的。

1

"我了解谋杀，但不了解虔诚。"[2] 施尼茨勒在1902
年3月21日的日记上说。写这段话的时候，他已经是个老
练的作家，对人性的幽微观察入微，但却少了对超越性
（transcendence）的鉴赏力。在18岁至20岁的这段青春期后
期，他曾短暂思考过永恒的问题，但很快就把它搁在一边，
觉得这类反省是多余的。他满足于不可知论，认为真诚的唯
物主义者或无神论者都是不存在的。"任何声称自己能超越人
类思考极限的人"，施尼茨勒写道，都只不过是"胡说、伪
装、撒谎，或是疯了"。[3] 但这种对无神论的保留态度并不
意味着宗教在施尼茨勒的生活和作品里有什么重要分量可言。

他极少使用宗教性的比喻，即使偶一为之，也是为了阐
明他的某种世俗观点。例如，在反思年迈的歌德死前还孜孜

不倦把《浮士德》第二部完成这件事时，施尼茨勒写道："这事让你有何感想？我会说这跟天才无关，而是跟人格气质有关！这是'虔诚'二字的最高意义！82岁的时候用20岁的态度把工作做好，这就是虔诚！最深刻的对比：虔诚与疑病症。"[4] 施尼茨勒最常自责的一件事就是自己老为疑病症所苦，因此，他把虔诚称为疑病症的反面，无异于给了虔诚极大的礼赞。但这样礼赞虔诚的同时，他只是礼赞了大部分布尔乔亚都会认同的德行：工作的福音。

实际上，施尼茨勒的无宗教信仰来源于家庭。他父亲发现他日记后的一顿训话纯粹是为了教会儿子审慎，与宗教或道德无关。他完全没有暗示儿子的所作所为有可能招来上帝的责罚或是他应该为此而去忏悔。施尼茨勒的大家族里唯一有虔诚信仰的人是他外婆。也是因为她，这个家族才会一直（包括她身故以后）笃守犹太人的重要节日。但那是一种全然非宗教性的虔诚：只是对一个受爱戴的女家长表示尊敬的方式。施尼茨勒在形容这位外婆的时候，语气中只有一丁点儿的批评（"一位受过教育的布尔乔亚"），其他都是赞语：一位贤惠能干的家庭主妇，"尽管有一个问题多多的丈夫，仍然是最具奉献精神和耐性的妻子，也是众多子女钟爱的慈母。"[5]

施尼茨勒的父亲也是一个信守世俗人文主义的人。1884年，在约翰·施尼茨勒医生被任命为维也纳综合医院（Allgemeine Polyclinic）的院长后，他发表了以下信仰声明："医生的宗教就是人道，也就是爱人类而不分贫富，不分国籍与宗教。因此，当任何民族沙文主义与宗教狂热大行其道之时，医生都应该坚守岗位，充当人道的使徒——为了国与国之间的和平以及人们之间的手足情谊而工作。任何不这样想或没有如此感觉的人，都不是真正的、信实的医者。"[6]施尼茨勒当然不会说这类正经八百的话，但他愿意支持父亲的这种观点，却是无疑的。

很多别的人也会愿意。约翰·施尼茨勒医生父子所信守的世俗主义，是为欧洲与美国一群数量庞大且与日俱增的布尔乔亚所共享的，他们包括：法国大革命理念的继承者、有科学倾向的英国不可知论者、像费尔巴哈（Ludwig Feuerbach）这类异端宗教哲学家的德国信徒、共济会（Freemason）各分支的天主教徒、各地的怀疑主义者。不管这些人对上帝的讥笑多么轻微，他们都认为传统信仰是过于轻信的过往的残留，认为宗教已败落下风，并大胆预言它离死期不远了。19世纪的物理学家、化学家、生物学家、天文学家和地质学家几乎每年都会有惊人的发现，足以挑战《圣经》中有关人类起源的记载，而这些发现与工人阶级强烈的反教权主义情绪都在维多利亚时代文化里留下了不可磨灭的烙印。德国的高等批判学①也是如此，很快就出口到其他文

---

① higher criticism，指用科学方法对圣经作品的作者、写作日期、写作目的等做考证，区别于只对《圣经》做校勘工作。

明国家。这种新式的批评把神圣的典籍视同世俗作品，以怀疑的眼光对其一一拆解，揭露它们处处都是人的痕迹。这就难怪19世纪的世俗主义者会那么信心百倍——但只是一时的。

上述世俗主义的最后一支部队是特别值得研究维多利亚时代布尔乔亚的历史学家注意的，因为它直接诉求的对象是受过教育的人。认为《圣经》就像其他任何书籍一样应该接受检视的想法，乃是前两个世纪的遗产。少数17世纪的思想家〔斯宾诺莎、霍布斯和培尔（Pierre Bayle）是其中的佼佼者〕因为主张《圣经》不应该享有不受质疑的特权而为怀疑主义开了路。这一主张后来扩大到一切事物，成为启蒙运动的主要理念之一。"一切都必须加以检验，"狄德罗写道，"一切都必须予以摇晃，没有例外，没有借口。"[7] 1879年，美国著名演说家、被称为"伟大的不可知论者"的英格索尔（Robert Ingersoll）在《摩西的一些错误》（Some Mistakes of Moses）里说了一番语气与狄德罗一致的话："在每个灵魂都被容许自由检视每一本书、每一个信条、每一则教理以前，这个世界不能算是自由的。"[8] 由此可见，启蒙运动的理念有多么深入到维多利亚时代。

在一批成员不多但读者众多的自然神论者的推波助澜下，18世纪被轻轻推向了一种反基督教的心态和一种较为自然主义的神学（两者都会进入维多利亚时代）。这些自然神论者眼中的上帝是个仁慈的造物主，祂在建立了自然和道德的法则后就不再干涉被造物的行动，任由大自然与人类自行其道。因此，一切所谓的神迹都是骗局。这些自然神论者喜欢用一些挖苦的评论来折腾基督徒。但他们那些逗趣的评说绝不只是玩笑，而是一针见血的挑战。例如，如果《摩西五经》真是出自摩西手笔，那书中又怎么会有他死亡的记载？如果《新约》就像《旧约》一样，都是出自神启，那为什么《马太福音》记载的耶稣世系跟《路加福音》的又有所不同？这两个例子，我取材于伏尔泰出版于1762年的《哲学辞典》（*Dictionnaire philosophique*）。类似的质疑在这部邪恶的小书里比比皆是，它们也使得伏尔泰的犀利形象——就如同他的风趣家形象和人文主义者形象一样——深深嵌入了维多利亚时代。1872年，莫利（John Morley）在其自传的一开始就说："当有关历史部分的正确意识在被培养得更充分时，伏尔泰的名字就会一如'文艺复兴'或'宗教改革'那样突出，成为一个伟大的、具有决定性运动的代称。"[9]

　　伏尔泰的方法之一是通过指出基督教的荒谬可笑之处，让它显得不可信（他的另一个方法是揭露基督教是迫害与战争的根源）。他的这种努力，在19世纪得到来自博学者的补充：通过让基督教在智力上站不住脚而使它显得不可靠。在这方面，最有杀伤力的作品大概要数施特劳斯（David Friedrich Strauss）的《耶稣传》（*Life of Jesus, Critically Examined*），此书共两册，分别出版于1835年与1836年。这部书及其作者的际遇是一个有启发意义的故事。施特劳斯是一位学富五车的德国神学家和哲学家，1833年辞去图宾根大学的教职，之后就全力投身于《耶稣传》的写作。就像一位德国历史学家所指出的，这本书与其说是一部传记，不如说是一场地震。[10] 施特劳斯为他的书取名"耶稣传"而不是"基督传"是有深意的。因为在他的解读里，《新约》各书的作者不过是他们时代的产物，都是一些容易受骗的人，各有各的癖性，唯其如此，他们才会用神话来取代事实。正是因为没有事实意识，这些作者才会对他们的前言不搭后语和矛盾——施特劳斯指出这两种情况在《新约》里比比皆是——不当一回事。一言蔽之，虔诚的基督徒所敬拜的那个基督不过是集体思乡病的产物。

《耶稣传》出版后，施特劳斯受到来自四面八方的攻击，但他没有退缩，反而在1840年出版的《耶稣传》的第四版里给予了批评者有力的反驳。四年后，一位杰出的英国小姐玛丽·安·埃文斯（Mary Ann Evans）——她的笔名乔治·艾略特（George Eliot）更广为人知——把《耶稣传》翻译成了英文。她花了两年时间，因为即便是对以德语为母语的人来说，那都是一本难啃的书。这个时期，施特劳斯的事业经历了戏剧性的转折。1839年，他被授予苏黎世大学神学系的讲席。然而当地人却对这个"撒旦的门徒"极为反感，以至于施特劳斯还没有走马上任，州政府就决定付给他退休金请他退休。但一如往常，这种妥协没有讨到任何一方的欢喜，反而引发了街头暴力，导致15人死亡。在这种压力下，自由派的政府向保守派对手做出了让步。施特劳斯只好回去写书，主要是写些传记。1864年，他再度以耶稣的生平为题材写成一本书，出版后也是热卖，四十年内印行了十三版。然后在1872年，也就是施特劳斯逝世前两年，他在最后一本著作《新旧信仰》（*The Old and the New Faith*）里宣布，他已成为唯物主义者和达尔文的信徒，不再是基督徒。至少对这位学者而言，科学与宗教的界线是一清二楚的。

另一个让非信徒满怀希望甚至沾沾自喜的变化，是许多国家在漫长的19世纪放弃支持某个基督宗派作为国教（或至少是抽回部分支持）。这本身并不是一种世俗化政策，但却透露出这些国家有接受其他信仰的成员作为其良好公民的意愿，这样的立场，当然是反宗教的意见团体所乐见的。英国继续保留圣公会作为国教，但在1829年通过一项被称为"天主教徒解放"（Catholic Emancipation）的法案，容许天主教徒进入国会；而在1858年通过的《犹太人限制解除法案》（Jewish Disabilities Bill），也让犹太人获得了同样的权利。19世纪的法国因为政局动荡不安，政权更迭频仍，其教会与国家的关系自然要视掌权的是什么政权而定，也正因如此，法国教会的地位经历过好几次大起大落。直到1905年，反教权的共和主义者才取得最大的胜利，即政教正式分离。其他国家的情况也一样，公民的权利愈来愈与宗教信仰分离。另一方面，这种分离往往又是停留在法典上的：基于宗派差异而产生的社会与经济歧视仍然继续存在，几乎无法靠立法加以矫治。美国当然已经把政教分离的原则作为第一修正案写入了宪法，不过直到19世纪20年代，还是有一些州把某些基督教派当成官方宗教来看待。尽管如此，美国在1960年以前从未有天主教徒的总统候选人当选过这一点，仍然在很大程度上表明了公众的态度。

与此同时，施尼茨勒所属的多民族帝国却见证了，以上见于其他国家的进步不是一定能保证宗教的友善关系的，甚至不能保证人与人之间最基本的礼节。奥匈帝国本来就因为其内部民族众多而龃龉不断，自19世纪80年代起，这种龃龉更因为反犹太主义的兴起而白热化。1898年3月，马克·吐温在《哈泼斯新月刊》（*Harper's New Monthly Magazine*）向读者报道了发生在维也纳议会的混乱场面，其粗野的程度让最粗鲁的美国议员亦自愧不如。议会代表彼此叫嚣、谩骂，拒绝服从主席恢复秩序的呼吁，最后得靠警察进入会场把一些叫嚷得最厉害的议员拖走，骚乱才告落幕。为了向不熟悉奥匈帝国国情的美国读者解释这一现象，马克·吐温指出，奥匈帝国议会的425名议员使用的语言共有11种，而这表示它包含了"11种妒意、敌意和冲突的利益"。他又补充说，这些议员来自各行各业，全都是"有宗教信仰的人；他们热情、真诚、虔敬，而且都恨犹太人"。[11] 不过我们记得，很多奥地利人（包括当时31岁的施尼茨勒）都曾经历过一些宗教激情处于低潮的美好年代。在维多利亚女王的世纪，开明的风气是与严重的倒退反复交替的。

2

反教权主义者对世俗化进程的预言当然是大抵正确的，但并不是全部正确。马克思早在1843年就信心百倍地宣称："在德国，**宗教的批判**已大体完成。"[12] 在19世纪60年代和70年代，进化论开始吸引少数布尔乔亚（他们在很长时间内都只会是少数），让他们相信，大自然的奥秘和人类的潜力根本不需要诉诸神明来解释。在19、20世纪之交，尼采的名字以惊人的速度在人们中间——特别是那些只知道他一言半语的人们中间——传播开来，而胆敢谈论"上帝已死"的人也愈来愈多。1908年前后，哈代（Thomas Hardy）已大可以为上帝的丧礼写一首肃穆的挽诗了。不过，这些讣文都是早熟的。要知道，达尔文的年代也是保守的教皇庇护九世（Pius IX）的年代。不管有多少人大谈自然界血淋淋的生存斗争的道理，向圣母显灵地朝圣的人潮依旧络绎不绝。那些宗教的公共展示——教会学校、教堂建筑、政府措施、对有关教义和礼仪的争论——在维多利亚时代都是具有高度争议性的存在，从茶杯里的小风波到高分贝音量的斗争，不一而足。

在最顽固的死硬派无神论者眼中，这些冲突乃是科学与迷信间的一场生死战，而站在另一个极端的对手则视之为一场从邪恶的无神论手中拯救信仰的战争。但一如往常，情况比极端论者愿意承认的要复杂得多：一个人大可以在作为反教权主义者的同时不必然是个无神论者。例如，法兰西第三共和国缔造者之一的甘必大（Léon Gambetta）——他同时敌视教士与无神论者——就曾大声疾呼："教权主义者就是敌人。"

有些历史学家喜欢把科学与宗教的战争描绘为一场长期的、泾渭分明的社会冲突。对于这种偏颇的观点，迄来已经有过不少讽刺的评论。事实上，战斗双方的阵营并不是壁垒分明的。以对大自然的崇拜为例，它到底是宗教的一种真诚的代替品，还是一种新的宗教？又或者只是那些勇于抛弃原有宗派而又没有勇敢到抛弃一切信仰的人的一种逃避？有若干中立的观察者曾指出，敌对双方所呈现的是一幅让人眼花缭乱的图画：战线常常是交错的，敌友关系因时而异，顽强死硬的态度与策略性的妥协彼此交替。构成个人宗教情感的那些元素往往是杂七杂八且不一贯的，部分会潜藏在意识水平之下。它们有可能只是一种习惯而非真实情感，只是一种家庭传统而非个人的真诚抉择。没有任何简单的概括可以全面捕捉人们那种信仰与怀疑变动不居的情形。1906年，法国的保守派评论家法盖（Emile Faguet）引用尼采的话指出，法国人本质上是信教的，本质上又是不信教的。[13]这句话对厘清问题并无多大帮助，但至少反映了当时人们的普遍困惑。

尽管情势如此混乱，但科学的一党——施尼茨勒所属的一党——似乎在敌人的阵地多有斩获。那些最高分贝的反宗教人士都雅好征引一些朗朗上口的名言警句。尼采当然是他们的最爱之一。尼采作品的一个中心主题就是犹太教和基督教都是大骗局，是弱者在几乎2000年前诱骗强者去相信的，而这一骗局仍然萦绕着19世纪。弗洛伊德离和尼采只有一步之差：在他看来，所有宗教本质上都是一种集体精神官能症，是小孩子害怕父亲的产物——不是一种成年男女应该有的心理。1890年，弗雷泽爵士（Sir James Frazer）在《金枝》（*Golden Bough*）这部对文化人类学大有推广之功的著作里更是直言：对宗教的研究必然会引向一个结论，那就是仪式与信仰是"错误和愚蠢的"。[14]面对这些严重的挑衅，神职人员和虔诚信徒的反应会有多激烈是可以想见的。

让事情更趋复杂的是，在许多基督徒看来，信仰中的美学成分会让信仰变得怡人且更没有压迫性。1802年，夏多布里昂（François-René de Chateaubriand）——一位拥有广大布尔乔亚读者的贵族——在其畅销之作《基督教真谛》（*Genius of Christianity*）中试图以色彩缤纷、金碧辉煌的大教堂来印证天主教的真理性。庄严的弥撒、神圣的礼拜仪式、振奋人心的赞美诗——这些全都成了他辩论时的武器。夏多布里昂力主《圣经》是一部比《奥德赛》更能让人精神焕发的作品。对他和他的许多仰慕者而言，基督教不是因为真而美，而是因为美而真。

半个世纪之后，也就是1857年，福楼拜在《包法利夫人》里通过易受感染、注定走向悲剧的女主角爱玛的高翔的想象力，鲜明地刻画出宗教可以带给人怎样的感官陶醉。寄宿在一家女修道院的时候，爱玛被教堂里的气氛深深吸引："圣坛发出的芳香，圣水吐出的清芬，蜡烛射出的光辉"，以及"圣书的蓝边插图"，处处让她感受到一种令人消沉的神秘力量。做弥撒的时候，她没有仔细聆听讲道的内容，而是沉湎于受到刺激的感官，在脑子里幻想着一些有性暗示的画面。"一些在讲道中会反复出现的比喻——'许配''配偶''属天的恋人''神秘婚配'等——以一种悸动的新方式让她兴奋不已。"[15]以情绪为诉求并不是天主教的专利，而这种诉求也不是非降低到半遮面的性欲层次不可的。例如，卫理公会的信徒就乐于享受魅力型传道者的带领。英国记者库珀（Thomas Cooper）在 1837年写道："我们时代的真正精神，乃是对宗教新奇变化的普遍的如饥似渴。"这是那种由布道明星所能激起的兴奋，有这样的宗教明星站台，往往可以让参加星期天礼拜的信众增加两到三倍。

福楼拜没有提及音乐，但对英国的分离派①、德国的路德派和其他地方的新教徒而言，教会里的诗歌和管风琴可以升华会众的宗教心灵，加强会众间的和谐感。写成于维多利亚时代的赞美诗见证了审美感情可以为宗教情操带来实质性的支持，尽管也有人怀疑，忘情于诗歌的咏唱是不是一种真正的宗教感情。海涅等19世纪反教权主义作家反复斥责基督教的苦行主义，谴责它对肉体和自由性爱的敌意。这些批判不无道理。另一方面，宗教信仰又有它潜意识的一面，但对那

---

① Dissenters，指不隶属英国国教的英国新教徒。

些认为诗歌所激起的澎湃感情已足以让他们对自己的虔诚深信不疑的信徒来说，神学的问题用不着操心，最好还是把它留给神学家去管。

简言之，就如我们将会看到的，并不是所有信徒都同样虔诚，也不是所有非信徒都同样不敬。法国作家法朗士（Anatole France）就以三分玩笑七分认真的态度说过，天主教乃是最可以接受的宗教冷漠形式。另外，虔诚也是有选择性的，会因宗派、阶级、居住地的不同而有所不同。真诚的信仰可以与大相径庭的政治立场并存：大部分虔诚的路德派教徒都因顺服于政治权威而闻名，而许多虔诚的上帝一位论派[①]教徒则以拿公共事务寻开心而闻名。通常，男性和女性对宗教的感应也会有所不同。1897年，在成千上万患病信徒寻求医治的圣地卢尔德[②]，一群朝圣男女奇迹般地不药而愈，其中117名是女性，只有10名是男性。[16]这种惊人的不平衡也有其政治因素的影响。19世纪晚期，随着女性主义者对争取妇女投票权的愈发活跃，我们会理所当然地认为，在法国或意大利这些具有强大天主教政党的国家，左翼政治家照理说是应该支持女性主义者的诉求的；但事实却不然：他们强

---

① Unitarianism，上帝一位论派认为上帝是一位而非三位一体，耶稣只是人而不是神，该教派又称"自由基督教派"。
② 卢尔德是法国西南部城镇，1858年，一名14岁女孩声称她在城镇附近一处洞穴目睹圣母多次显灵。1862年，教皇宣布这种异象真实可信，后建立了卢尔德圣母的神龛。

烈反对给予女性投票权，理由是女性较容易受教士左右而投出错误的票——也就是投保守派的票。

　　尽管问题有如上种种复杂性，但各方面的论辩文献都反映出，绝大多数的布尔乔亚都怀疑，他们所目击的，是一场一竹竿打翻一船人的斗争。而这种怀疑也成了一个会自我实现的预言。例如，施托尔茨（Alban Stolz）———位多产的德国天主教好辩之士——就曾经把他的所有敌人扣在一顶方便好用的"大帽子"下面，即"新教犹太人"。同样的，在德国，一个自由派的新教作者也笼统地把那些严守正统的信徒称为"新教的耶稣会士"。在好战分子眼中，只要非我族类的都是敌人，而且对方大多长相相似。但并不是所有人都这样笼统：19世纪末，威斯特伐利亚的圣公会会议（Evangelical Consistory）指出，在该地区，反新教的情绪要比反犹太主义更明显。[17]研究现代仇犹心态的学者常常忘记的一点是，基督徒对基督徒的恨意有时比他们对犹太人的恨意更专注、更享受。

　　因此，维多利亚时代最不受约束的宗教敌对，看来是发生在新教徒与天主教徒之间。它点燃了一些关系重大的历史事件，其中之一是俾斯麦在1871年对罗马天主教发起的"文化斗争"（Kulturkampf）①。普鲁士主要用其来打压在德国西部和南部占大多数的天主教徒。俾斯麦的用意不难了解，他是

────────────

① 指俾斯麦打压德国天主教的一系列举动，其中最重要的一项是把包括私立天主教学校在内的所有学校置于国家的监督下。

想通过此举来排挤那些自称对教皇与德皇同样忠心的人，以凝聚统一未久的德意志帝国的向心力。在这起事件里，宗教议题与政治议题完全交织在一起。在日常生活里，主流的宗教多数族群也实行同样的政治排斥手段，比如歧视异己而偏袒自己人。在德国，受压迫的是天主教徒，在法国却刚好倒过来。1863年，曾在法国布列塔尼大区居住多年的英国新教徒布罗姆菲尔德（James Bromfield）撰文，愤怒地抗议地方政府人员的狭隘心态和加诸新教徒的诸多限制。他指出，在其中一个县，《圣经》完全禁止流通；而在其他县，《圣经》的流通也受到严格控制。大部分鼓吹新教教义的书籍和小册子都未获准出版。任何开办新教学校的尝试都注定失败。"只有罗马主义①'一家独大'，它的教授个个洋洋得意，面露微笑。"〔18〕这等于是把发生在前几个世纪的宗教战争以不流血的方式持续了下去。

因此，维多利亚时代是一个世俗化时期之说——一种当时人普遍相信的说法——需要历史学家谨慎以对。通往大马士革的道路②并不是直线的，而且不可能一直以等速前进。英国评论家和历史学家戈斯（Edmund Gosse）出版于1907年的著名传记《父与子》（*Father and Son*），清晰而感人地见证了一个人想要走出父母所信仰的宗教是多么困难——

---

① Romanism，对天主教的贬称。
② 指通向世俗化的道路。

戈斯本人的父母信奉的是严峻的新教派别：普利茅斯弟兄会（Plymouth Brethren）。19世纪是一个逆流充斥的时代，这一切反映出，以复兴基督教的精神作为内在使命而为上帝写祭文基本上只是出于一厢情愿。

有许多善感和坦诚的维多利亚时代人都饱受内心挣扎之苦，他们摇摆于信仰和无神论之间，认为不管是信还是不信都有同样中肯的理由。美国作家梅尔维尔（Herman Melville）就是其中之一。1857年秋天，他在好友霍桑（Nathaniel Hawthorne）的家里住了几天，两人一起走了很长的路，抽雪茄，谈一些难有结论的话题（包括灵魂是否可以不朽）。霍桑在日记里记下了他对梅尔维尔的观察："要是不能攀住一种固定的信仰，他的心将永不安宁。他坚持要在荒漠之间——这些荒漠就像我们坐过的那些沙丘一样幽暗和单调——来回流浪，而且执着得要命——我认识他的时候就如此了，而且历史还可以上溯至更早。他既不信，又无法安于他的不信。他太诚实，太有勇气，以至于不愿意在两者中择一而安顿下来。"[19]

总之，并不是所有非信徒都像马克思那么自信，认为反信仰的战争已基本平定。1879年，法国的世俗主义者罗西埃（Raoul Rosières）还呼吁学者，他们既然已经把教会的历史**去帝王化**（deroyalize）了，那就应该更进一步，把**它去教士化**（declericalize）。[20] 不过，既然他会这样呼吁，就表示宗教对一般人的内心仍然有相当大的支配力。事实上，虽然尼采那么声嘶力竭地呐喊"上帝已死"，但显然他并不是那么相信这一点，因为如果上帝真的已死，他也用不着那么拼命和频繁地去抨击基督教了。除了基督教远没有死亡以外，各种神秘信仰也再一次蔚为时尚。19世纪90年代，荷兰正统的加尔文派领袖克伊波（Abraham Kuyper）不悦地指出："距理性主义像纸老虎一样耀武扬威还不到一个世纪，唯物主义就从科学的位阶上退下来了，一种空洞的虔诚再一次发挥它的媚功。每多一天，跳入神秘主义暖流中的行为就愈时髦一分。"[21] 1899年的荷兰宗教人口普查结果印证了这番话有多精准：承认自己是无神论者或不可知论者的男女共115 179人，只占总人口的2.25%。无信仰者的实际数字当然还要高一些，而且在20年后，数字也确实增加了十倍。尽管如此，他们的总数仍然少得可怜。而这正是涂尔干在1895年嘀咕"这些神秘主义复生的时代"[22]时心里想到的事——他也把自己的国家包括在了这一黯淡的观察中。

涂尔干的这一判断并不是随口说的。从19世纪80年代开始，就有众多的诗人和小说家皈依天主教，不然就是与天主教保持密切关系。其中之一是布尔热（Paul Bourget），他最初以论现代心理学的锐利论文而闻名（施尼茨勒读他的作品读得津津有味），但到头来却抛弃早年相信的实证论，并在1889年把自己皈依天主教的心路历程写成了知名小说《门徒》（Le disciple）。克洛岱尔（Paul Claudel）很年轻就成了信徒，而宗教激情也成了他日后剧作的一大主题。小说家兼新闻记者的布卢瓦（Léon Bloy）是另一个年轻的皈依者，他把他的宗教经历尽情倾泻到小说里。在这些人之中，于斯曼（Joris-Karl Huysmans）大概是读者最多的一个，他最初是大自然的崇拜者，后来先后转向唯美主义（aestheticism）、恶魔崇拜（diabolism）和唯灵论（spiritualism），最后投入了天主教的怀抱。诗人贝玑（Charles Péguy）也跻身这份名单之列：就像其他许多人一样，他也是从无神论转向天主教的。

这些法国作家的个人信仰史并不是彼此孤立的现象。许多保守主义者、保皇派（往往是反犹太主义者）都有同一种倾向。但这种向右倾的举动也招来了世俗主义（至少是反教权主义）更强烈的反击。尽管有诗人、小说家和政治记者为天主教摇旗呐喊，但激进的政治家却慢慢把法国引向与梵蒂冈的决裂。总的来说，无神论的力量（至少是反教权的力量）在19世纪最后几十年看来是略占上风的。但就像谈恋爱一样，韦伯（他与涂尔干被并尊为"现代社会学的奠基人"）所说的"世界的祛魅"（disenchantment of the world）从来不是一条坦途。

3

最先对祛魅口诛笔伐的是19世纪初的德国浪漫主义者。在他们看来，伏尔泰、休谟、吉本、狄德罗这些不虔敬的启蒙哲学家因为宣扬道德中立的科学和异教徒的德行观念，背地里对教会的历史、圣徒和上帝的羞辱，业已扼杀了诗的生命。浪漫主义者指出，启蒙运动对宗教的诋毁是极不公道的，需要为世界后来所发生的全部罪恶负责。最可怕的结果业已发生：法国大革命和真正的信仰自人们生活的中心退却到了边缘。

浪漫主义者对启蒙心灵的这种敌意解读是有政治目的的。用深具影响力的德国文学史家与文学理论家施莱格尔（August Wilhelm Schlegel）来说，"去诗化（depoeticization）的过程已持续得够久了；把地、火、气、水再一次诗化，此其时矣"[23]。文笔和画技同样娴熟的德国浪漫主义画家龙格（Philipp Otto Runge）也慨叹说："有那么多优秀的心灵屈从于所谓的启蒙与哲学的心灵架构，真是可惜。"[24]这些忿忿之词说出了数以百万计想在变动不居的世界里寻求确定性的人们的心声。但显然，这些追求世界再次魅化（re-enchant）的斗士在各方面都是世俗主义运动的一大障碍。

就像任何运动的旗手一样，浪漫主义者言过其实了，他们除了夸大了对手的不虔敬，也夸大了自己的原创性。很多具有颠覆性的启蒙哲学家都是自然神论者，伏尔泰和卢梭只是其中最著名的两位。换言之，他们虽然反教权，却不是无神论者。在其他阵营，像蒲柏（Alexander Pope）和斯威夫特（Jonathan Swift）这些重要的18世纪作家也没有放弃基督信仰，他们所做的事与启蒙思想家如出一辙：只攻击宗教"狂热"，批评基督徒的不羁激情。而评论家和剧作家莱辛（Gotthold Ephraim Lessing）——康德之前德国最重要的启蒙思想家——甚至企图建立自己的合乎理性的宗教。同样的历史健忘症也让德国浪漫主义者忘了浪漫主义的根源是在18世纪：把人类的感性与想象力视为高级的人类禀赋——更不要说对诗的崇拜——就是从启蒙运动开始的。就连反教权最著名的伏尔泰，也曾经公开表示过他对诗性直观能力的景仰。另外，上帝一位论派的信徒（最强的在英国）都是启蒙分子，也是标准的基督徒——至少就他们自己的标准来说是如此。

这些更细碎的事实在19世纪的文化争吵中被淹没了。一次又一次，反宗教的作品和政府的世俗化措施都会激起信仰者本能的回应。正是在这些时候，基督徒因为处于守势，不同派别才会愿意暂时摒弃宗派龃龉，携手合作。另一方面，宗教激情的复苏也会带来相近宗派间的激烈摩擦。他们印证了弗洛伊德所说的"对细微差异的自恋"（narcissism of minor differences）：对于严格的宗派主义者而言特别容易互相仇视与猜疑的，往往是神学上的近邻（those closest to their own treasured commitments）。正统派犹太人与自由派犹太人之间，加尔文派新教徒和路德派新教徒之间，英国的高教会派（High Church）与低教会派（Low Church）之间①的仇视十分强烈，其程度是外在威胁程度较温和的时期所未见的。简言之，敌对行为在大小舞台上都激起了敌意的回应。尽管"爱

---

① 高教会派与低教会派皆为英国圣公会的派别，前者要求维持教会较高的权威地位，主张在教义、礼仪和规章上大量保存天主教的传统；后者则主张简化仪式，反对过分强调教会的权威地位，较倾向于清教主义。

你的邻人"（即爱所有人，包括敌人）是耶稣本人所揭示的基督教最高守则，但"恨你的邻人"却是19世纪宗教生活中一个屡见不鲜的事实。

非正统的阵营也是一样拥挤且好争吵。随着怀疑主义的传播，维多利亚时代成为有想象力者自创信仰品牌的天堂。1868年5月，法国最著名的文化评论家圣伯夫（Charles Augustin Sainte-Beuve）在参议院演讲时指出，除基督教以外，还存在着"另一个大教区"，这个教区"没有固定的边界，其范围涵盖整个法国与全世界"。它的人数和力量都在稳定扩张中，其成员"处于解放的不同阶段，但所有人都同意一点：他们的首要之务是从绝对的权威和盲目的服从中解放出来。这一阵营包含了数以千计的自然神论者、唯灵论哲学家、自然宗教的信仰者、泛神论者、实证论者、现实主义者、怀疑论者和各式各样的寻求者，还有常识的崇奉者和纯科学的追随者。"〔25〕就像它的对手基督教一样，这一阵营内部分裂成无数互不信任的小阵营，只有在生存受到威胁时才会携手合作。

因此，正如圣伯夫指出的，"另一个大教区"乃是最多样化的思想与狂想的大杂烩，充满内部争议性和不稳定性。但研究维多利亚时代布尔乔亚的宗教立场时，这个"大教区"却值得我们特别注意，因为它的每一个派别几乎都有中产阶级参与，而且中产阶级往往是领导者，但他们并未成群结队地抛弃主流的传统信仰。另一方面，无神论者在中产阶级之中又争取到不少支持者，尽管许多无信仰者就像施尼茨勒一样，宁可采取那种不那么教条主义的、中庸的立场，即不可知论。"不可知论"一词由达尔文最得力的支持者赫胥黎创造，他本身也是生物学家，而他之所以会创造该立场，一方面出于对经验和实验的敬重，另一方面出于对一些未解与解不开的神秘谜团的尊重。"我所熟悉的所有较年轻的科学人本质上想法都与我相同，而这是很好理解的。"赫胥黎在1869年写给金斯利（Charles Kingsley）的一封信上这样说，当时金斯利企图用基督教的灵魂不朽说来安慰正在经受丧子之痛的赫胥黎，希望可以争取让他皈信基督教——然而却白费心机。"坐下来像个小孩一样面对事实吧"[26]，赫胥黎回答说。他不能接受基督教的慰藉，但他也不是无神论者。

在圣伯夫所说的"另一个大教区"里，其中一个著名教派是圣西门主义者（Saint-Simonian）。不管他们的一些观点（有关爱情的、妇女的或宗教领导权的）有多么离经叛道，他们仍然是布尔乔亚里性格最激烈的一群，也因此最有影响力。但他们也是最吊诡的一群。其创立者和主要灵感来源是圣西门（comte de Saint-Simon），他一生冒险犯难，多彩多姿，参加过法国大革命，后在1825年过世。他的主张在一系列出版物中得以阐述，这些出版物在其死后又经过后继者一再修订，以满足他们极为多样化的目标，包括宗教现代化、推进激进的女性主义，以及与卡莱尔所说的"工业化舰长"结盟等。圣西门的代表作《新基督教》（*The New Christianity*）出版于他逝世那一年，书名虽然包含"基督教"三个字，但内容却与基督教毫无关系。就连圣西门的继承者昂方坦（Bathélemy Prosper Enfantin）所鼓吹的"爱的福音"，也是一种彻头彻尾的异教主张——这一点，从它高扬肉体的地位就可见一二。昂方坦是一位活力过人的改革家，他慢慢认定自己身负弥赛亚般的神圣使命，有责任把老师开创的"教会"加以改造和发扬光大。不管生前或死后，圣西门都吸引了大批的信徒，其中包括前述的评论家圣伯夫、热情洋溢的政治诗人海涅、哲学家和政治思想家约翰·穆勒和社会学家孔德（Auguste Comte）——孔德一直是圣西门的秘书。这些人在圣西门主义下度过一段学徒生涯后就分道扬镳，走上各自不同的道路。

然而，圣西门所鼓吹的科学资本主义也在一些务实的人身上留下了烙印，其中包括与权力核心走得很近的银行家与金融家（如佩雷尔兄弟）。雷赛布（Ferdinand de Lesseps）所开凿的苏伊士运河也是圣西门主义的一处遗产：圣西门早在几十年前就很有先见之明，他主张应该开凿一条连接大西洋与太平洋的运河。不管这有多么夸张和荒诞不经，圣西门主义者的方案——把经济和工业的进步与它鼓吹的福音相结合——乃是一种理性的宗教，一种没有基督的资本主义：布尔乔亚基督教。

随着种种现代性的力量——科学、政治、学术、哲学、技术——给传统教会带来愈来愈大的压力，19世纪成了各种新的救赎道路的繁衍地。它们之中固然有一些紧密依附于世俗的工业化社会（如圣西门主义），但为数不多；与之相反，大多数新的信仰都极大胆地向信徒承诺，人不但有可能获得此生的快乐，还可以在死后获得永恒的福乐。由此可见，基督教的损失并不总意味着无神论者的进账。各种奇怪的信仰都找得到一些热切的支持者，像瓦格纳所促成的"北欧人崇拜"（Nordic cult）就有张伯伦（Houston Stewart Chamberlain）为之大力宣传。张伯伦是个移居德国的英国人，后来成为瓦格纳的女婿，不遗余力地鼓吹耶稣是雅利安人。另一种新的信仰是神智论，其创立者布拉瓦茨基夫人（Madame Blavatsky）独裁、无所不知且具有感染力（至少对那些易被感染的人来说如此），爱尔兰诗人叶芝是其最知名的弟子。布拉瓦茨基夫人宣称，神智论不过是科学、宗教与哲学的综合。值得注意的是她把科学包括了进来，这对物理学家与生物学家来说可是实打实的礼赞。至于埃迪太太（Mary Baker Eddy）会把她建立的新信仰称为基督教科学派（Christian Science），则反映出她的脑筋就像布拉瓦茨基夫人一样清楚，知道时代的大趋势是趋向科学这边的。

在弗洛伊德这一类好斗的无神论者看来，"基督教科学派"显然是个矛盾的词。但不是所有维多利亚时代人都像他们一样自信。例如，马克·吐温虽然也撰文反对埃迪太太的主张，却不得不佩服她经营有术。1909年，也就是去世前一年，马克·吐温在写给一个苏格兰人（显然是埃迪太太的信徒）的信中这样说："你说你们在格拉斯哥有五百人。但五十年后，你们的后人将不是以百为单位，而是以千为单位。我对此深信不疑。"[27]他的预测比他所知道的还要准确：尽管受到无信仰者的鄙夷，受到来自教皇、加尔文派和圣公会大主教的隆隆挞伐，基督教科学派的人数在五十年后仍发展至好几千人。

这些另类的宗教之所以会茁壮发展，理由是不言而喻的，并且在当时受到了广泛的讨论。其中扩散得最快的一支叫做"唯灵论"，单单这个名字就能反映出其血统有多古老。为数庞大的维多利亚时代人已无法继续相信他们教会宣称的那一套，认为那不管是在逻辑、历史还是道德上都是站不住脚的。另一方面，他们又不愿意接受科学的教条。对他们来说，唯物主义（难免被他们视为"无神论"的同义词）无法在人承受压力或失去亲人时提供慰藉，无法解释宇宙的奥秘，无法解决道德的两难困境，也不能像历史悠久的仪式、祷告和赞美诗歌那样，带给人情绪上的满足感。

他们指控说，唯物主义把宇宙和人类简化为一堆无生命的原子的集合，没有给灵魂和精神的向度以空间，少了这个向度，人就不会是人。唯物主义也未能提供人以共同体的自在感。天主教徒、新教徒和犹太教徒在遇到快乐或悲伤的事时会聚在一起庆祝或哀悼；但唯物主义者顶多只能谛视无边的空虚——而且是独自一人谛视。因此，在任何公允对待人类需要与渴盼的思想系统里，灵的向度都是不可缺少的。

1884年，一个叫S.霍尔（S. C. Hall）的狂热爱尔兰唯灵论者（他太太同样狂热）在家里举行降灵会时这样宣示他的追求："我相信它**现在**就存在，而且主要是为了一个目的而存在：通过提供确定和**可触的**证据，证明上帝赐给了每一个人不会随肉身腐朽的灵魂，从而**推翻和摧毁唯物主义**。"〔28〕

在唯灵论的家里，有许多的宅第①，而信徒之间的口角有时会升级为家庭冲突。欧洲的唯灵论者甚至拥抱时髦的反美主义（anti-Americanism），把他们"高一等"的信仰与"历史短暂的美国"区分开。例如，德国的"神秘学家"基塞韦特（Carl Kiesewetter）就认为〔对他来说"神秘学"（occultism）基本上是"唯灵论"的同义词〕，新世界的唯灵论者所依赖的是"最愚昧的反省、解释与哲学"。因为美国人"既不拥有科学的或任何种类的保守主义，所以他们总是对一切新的东西敞开胸怀。"基塞韦特认为，这种漫不经心的其中一个好处是让美国人比德国人务实得多，尽管后者"在知识和谨慎态度上更胜一等"。〔29〕基塞韦特想必也认为，美国的唯灵论者（很多活跃于纽约州的北部）需要为那些愚蠢得让人发窘的小册子负责。他的其中一个箭靶是出生在纽约州布卢明格罗夫的戴维斯（Andrew Jack Davis），后者是一位催眠师、梦游者和神视者，自称拥有许多特异功能，其中包括不用读书就可以

---

① 指唯灵论分为许多派别。这是仿《新约·约翰福音》的话："在我父的家里，有许多宅第。"

知道其内容。基塞韦特还挖苦美国的唯灵论者把时间浪费在听一栋又一栋房子发出来的怪声上，还把它们当成是超自然之声的证明。不过面对这种批评，美国人也大可以反驳说，英国、法国、德国、意大利的唯灵论者何尝不是轻易就相信一些灵媒捎来的阴间讯息和桌子自己会动之说，可见他们并没有比他们受鄙夷的美国同伴高明到哪里去。

但不管唯灵论的大家庭有多么不和睦和小心眼，有一点却是他们一致相信的：灵魂是不朽的，活人可以想方法与已逝者取得联系。由灵媒主持的降灵会乃是唯灵论者的正字标记（signature）。就像非自愿地戏仿科学家对事实的高度依赖那样，唯灵论者喜欢不断卖弄事实。在玛丽（Marie Niethammer）回忆兄长克纳（Justinus Kerner，德国医师、诗人和唯灵论者）的书中，她指出，那些以为她哥哥喜欢探索灵魂是因为想象力太丰富的人是错的。"他只不过是把纯粹的事实记录下来罢了，而这些事实都是他亲眼所见——不独是他，也是社会里每个阶层和年龄层的人亲眼看过的。"[30]唯灵论者记录"事实"的出版物愈堆愈高，而他们都指天誓日其内容是值得信赖的。他们尤其偏爱那些本来持怀疑态度但参加过降灵会后改变想法的人的记录。

值得重申的是，不管传统基督徒觉得会说话的桌子或凭空发出的声音有多么稀奇古怪，科学与宗教的战争从来不像反教权主义作家所以为的那样阵线分明。只有施尼茨勒那样的死硬派无信仰者才认为科学与宗教的界线是十分清楚的，这条界线反复被信徒（或非信徒）高度个人化的选择所颠覆。有些信仰上帝的自由派人士甚至主张"科学"和"宗教"这两个被认为是死敌的范畴事实上是相同的。"宗教与科学之间并无冲突可言"，罗伯茨博士（Dr.J.E.Roberts）于1895年在密苏里州的堪萨斯城向万灵派（All Souls）的教众宣称，"宗教与理性之间也没有冲突可言，但在独断的正统教义和科学与理性间却存在着不可抑制与无休止的冲突。"他主张："历史将有一天会将耶稣和伏尔泰的名字并列，视他们为人类的拯救者，把人类从最糟的奴役（即宗教的奴役）中释放出来。"[31]在另一次以"耶稣与伏尔泰"为题的讲道中，他又宣称："如果说耶稣来是为了拯救世界，那么伏尔泰来就是为了拯救**基督教**。"[32]

有些唯灵论者把自己的信仰完全融入现代科学。对基塞韦特而言，"科学"乃是对其神秘学最恰当的形容。因此，"每一个自然科学家和哲学家，只要他不是唯物论者，只要他承认演化的法则是涵盖万物的，只要他是不可抗拒地被天文学和达尔文主义揭示的事实吸引的，都必然会成为一个神秘论者，不管他自己喜欢与否。"基塞韦特指出，神秘学既不是基督教或佛教，也不是任何的宗教教义，而是"人类学的一部分，隶属于自然科学，没有任何教派之分。"[33]相传，意大利统一运动的著名领袖加里波第（Giuseppe Garibaldi）也说过"理性与科学的宗教被称为唯灵论"——唯灵论者喜欢把一些名言伪托给名人。

另一方面，也有一些唯灵论者视自己的信仰为对基督教教义的合理延伸。1871年前后，S.霍尔表示，唯灵论"除去了我的所有怀疑，如今我可以相信《圣经》所说的一切了：相信祷告可以带来无法形容的快乐，相信人会因信得救，相信救主，相信神意在持续不断地照管着我们，相信救主的牺牲为我们带来了救赎，相信基督是人与上帝的调解者。一句话：我是个**基督徒**了。"〔34〕一个人很难再多求了。但S.霍尔所提供的这种信仰和解之道却是少有主流基督教派——不管天主教还是新教——乐于接受的。

4

在这一股股逃离正统的风潮中，中产阶级的唯灵论者、神智论者和其他死后生命的探索者创作了汗牛充栋的文献，为灵魂的可信性辩护——尽管在无信仰者的眼中，这些文献是荒谬的，甚至只是骗局。另类信仰的信徒包括许多商贾、专业人士、公职人员和法官。唯灵论的活跃分子喜欢举一些显赫信徒的名字，以证明他们的信仰是值得尊敬的，比如物理学家、伯明翰大学的教授与校长洛奇爵士（Sir Oliver Lodge）；大侦探福尔摩斯的创造者柯南·道尔爵士（Sir Arthur Conan Doyle）；克纳——他的诗读者众多，他也身兼医生和小说家二职。①

这场运动中的专业人士比比皆是。19世纪中叶，一个名叫万特拉（Eugène Vintras）的法国灵媒以魔术把戏（包括让空玻璃杯突然注满美酒或让接受过祝圣的圣体流血）激起了很大的热潮。基塞韦特报告过这一个案，但他认为这些惊人之举有些是人为操纵的，不过他又指出，包括"名流、医生、律师"[35]、贵族和教士在内，很多原先反对万特拉的人在看过他的表演后，都一改初衷，由疑转信。还有一些法国的变戏法的高手——不管是外省的还是巴黎的——也同样吸引到了上千名布尔乔亚支持者。

俄国的情况也一样：第一次世界大战爆发前的几十年，一股现代神秘主义的浪潮席卷了中产阶级。据统计，在这些年间，俄国的大城市有超过35个唯灵论的社团繁荣发展，有30多种报纸和期刊为其提供传播媒介。它们的信徒包括小说家、哲学家、诗人、评论家、神学家、慈善家、翻译家和其他知识分子，但显然没有深入到无产阶级与农民群众。也有些布尔乔亚看出这是个有利可图的机会，纷纷在一些朝圣地点开店（如旅馆、客栈），大赚那些寻求神迹的朝圣者的钱——哪怕这些所谓的神迹最初只是由穷兮兮的村民编出来的。例如，当1858年贝娜多特·苏比鲁（Bernadette Soubirous）宣称她在卢尔德目睹过圣母显灵后，卢尔德就成

---

① 柯南·道尔也同时是医生和小说家。

了一个商机蓬勃之地。

　　同样的情形也见于英国，唯一不同的是英国的工匠以及受过点教育的工人也对来自另一个世界的资讯感兴趣。《1871年唯灵论年鉴》（ *The Year-Book of Spiritualism for 1871* ）高兴地指出："在我们的学校里，有志于从事探索的人包括牧师、逻辑学家、教师，还有医生与律师；此外还有艺术、科学和文学界的闻人，以及政治家。"[36]——受过教育的妇女就更不用说了。唯灵论者的主导人物不乏报纸和期刊的主编、国会议员及教授，他们全都乐于接受和散播这种古代智慧，总是认为他们读到的报告是可信的。换言之，那些无法再留在传统教会里的布尔乔亚并不准备跳到理性的冰水里，而是宁可寻找一些妥协的方法来寻求心灵的满足。但这些人当然不认为他们的信仰是一种妥协：对他们而言，他们会相信，纯粹因为那是真的。他们所展示的并不是威廉·詹姆斯在一篇著名的文章里所说的"信仰的意志"（The Will to Believe），而是一种信仰的**需要**（need to believe）———一种对维多利亚时代人来说很迫切的需要。

5

　　威廉·詹姆斯是这种需要的最高贵的范例。这位19世纪末20世纪初，有众多读者和备受尊崇的美国哲学家和心理学家并不是妥协者，远远不是。他锲而不舍地探索自己与别人的心灵，动用全部的勇气来对抗自身的抑郁症发作；面对令他困扰的自然与人类命运的不确定性，他正视自身的平庸而不计后果。他是一位最为个人化、最具自传性色彩的思想家，容许将自己的最高需要融进哲学思考中，比他的任何同侪都更坦率。因为深信没有神的世界是没有前景的，所以他相信有上帝——一个非常具有个人性、非常不正统的上帝，需要人类的帮忙来实现其意旨。在其代表作《宗教经验之种种》(*The Varieties of Religious Experience*) 的结论里，威廉·詹姆斯表示他相信"有一个能量的神圣来源"这种"额外信仰"(over-belief)，因为，"依我的浅见，借着对这个额外信仰的相信，我们仿佛变得更清醒，也更真实"。[37] 有一则旧笑话说，威廉·詹姆斯的文字像个小说家，而他哥哥亨利·詹姆斯的文字反而像个典型的哲学家（指其文字晦涩难懂）。这句玩笑话对于亨利·詹姆斯这样一个敏感、细致的天才固然不公平，但我们也许可以明白其缘起。

作为一个具有开创性的心理学家，威廉·詹姆斯既不藐视事实也不轻视客观性。基于科学的理由，他反对化约主义者 (reductionist) 的主张，不认为怪异出格的心理可以用生理的理由来解释，不管是胃痛、消化不良还是性变态。不过，一旦涉及更高级的领域，他却成了赌徒，把"帕斯卡的赌注" (Pascal's wager) 带进了科学时代。帕斯卡曾经主张，在有关上帝是否存在一事的争论上，相信上帝存在是比较划算的：因为信对了，一个人就可以获得救赎；如果信错了，他也没有什么好损失的。这种态度对詹姆斯极具吸引力，因为在他看来，赫胥黎的不可知论是一种置身事外的稳妥立场。对詹姆斯而言，没有可信证据的只能是迷信，但在事情有可能为真的情况下去相信却是有建设性的：**"在有些情况下，信仰会创造出其自身的验证。"**[38]他所呼吁的，只是给可能性一次机会。

这种对信仰的积极态度让詹姆斯不可避免地走向神秘主义。1884年，他参加了西奇威克（Henry Sidgwick）两年前在剑桥大学创立的心灵研究协会。西奇威克是道德理论家和女权主义者，大概也是当时最出色的英国哲学家。身为圣三一学院的院士，西奇威克当然有义务要签名表示认同"三十九条信纲"①。然而，兼收并蓄的阅读和痛苦的反思却让他相信，基督教的核心教义——神迹以及童贞女生子——是站不住脚的。他发现自己并不孤独：相继有物理学家、天文学家、诗人、政治家加入他的协会，从事审查一些声称目睹超自然事件的报告的相关工作。

就像威廉·詹姆斯一样，西奇威克并没有屈从于科学理性主义，部分原因是他觉得找寻世界之外的世界确实引人入胜，部分原因是不服气——一些自然科学家说他的探索只是浪费时间。1888年，他用和威廉·詹姆斯一样的语气告诉协

① Thirty-nine Articles，英国圣公会的教义纲要。

会的成员:"我们毫无保留地相信现代科学的方法,准备好要顺服于它理性的结论。但我们不准备以同样恭顺的态度向科学人单纯的偏见卑躬屈膝。在我们看来,有一组重要的证据已经初步证明了灵魂或精神是存在的,但它们却被现代科学以鄙夷的态度搁置在一旁。"〔39〕在他看来,自然科学家这种独断的态度和唯灵论者的作假一样要不得。

后来有些唯灵论者无视这种差别,加入了协会。但他们很快就与其他思想较开放的成员产生了摩擦。当然,这两者都宣称他们是站在科学的一边的。因此,当西奇威克及其同志致力于判别真伪的同时,那些笃信唯灵论的成员却深信**他们**的探索将会印证自己本已相信的事。在这样的紧张关系中,心灵研究协会揭发了几个作假的灵媒,又发表了一份对布拉瓦茨基夫人相当有毁灭性的报告,指出她的特异功能只是依靠道具、手法敏捷的技巧和串通者的协助而获得的结果。

然而,心灵研究协会与其说是一个可以提供有用知识的组织,不如说是宗教衰退不可逆转的时代的征候。协会的成员大多有大学背景,所以不能算是中产阶级的典型代表;然而,这些如此有社会地位的人也对唯灵论疑中有信,足以反映出传统宗教主张在维多利亚时代有多么岌岌可危。在那些继续对上帝深信不疑或全心拥抱世俗主义的人身上,自然不存在什么心理张力;但在那个由变迁支配一切以及怀疑广为弥漫的时代,中间立场乃是一个充满困惑的泥淖。相当有说明性的一点是,唯灵论者几乎来自宗教圆周上的每一个点:

天主教、加尔文派、路德派、正统犹太教、无神论、自然神论。1906年，也就是西奇威克逝世六年后，凯恩斯评论说："他除了好奇基督教是否为真以外，并没有做过什么；他希望它是真的，却证明了它不是。"[40]这一评论虽不算友善，却相当中肯。

6

还有另一个与宗教有关的棘手问题是维多利亚时代各方的布尔乔亚都需要面对的，那就是农民和工人阶级信仰的式微。不过，中产阶级真正担心的并不是低下阶层信仰的低落，而是由此可能会衍生的政治后果。对绝大多数城市中产阶级而言，农民（不管是住在农村的还是已迁入城市的）乃是一种未知数。很多城市工人都来自乡村地区，而他们也把农村的生活习惯和迷信带在身边。布尔乔亚到处可以碰到农民：家里的仆人、市场里的蔬果摊贩等，不一而足。其结果就是，布尔乔亚觉得有必要创造他们自己的传奇故事，不管那是建基于虚构的故事、传闻轶事，还是一种把农村美化了的意识形态。德国和瑞士的作家都投身于创作农村文学，高度赞许农民的健康单纯和与土地的密切关系，更不用说拿他们对上帝发自内心的信仰，来与城市居民的不真诚与物质主义做对比了。这方面最成功的例子大概要算德国讽刺小说家伊默曼（Karl Immermann）极为畅销的《奥伯霍夫》（*Der Oberhof*），这也是他《蒙豪森》(*Münchhausen*, 1838—1839)四部曲中独立的、受欢迎的一本。《奥伯霍夫》里的乡下人都勤奋、忠实而虔诚，反观书中的布尔乔亚角色则不是言不由衷就是歇斯底里。

反宗教的一边当然也少不了小说家坐镇，其中最著名的一位是左拉。他出版于1887年的《土地》(*La Terre*)会让那些最习惯自然主义批判笔锋的法国读者也为之蹙眉。左拉笔下那些粗鄙不文的农民对土壤固然拥有强大的激情，但这种激情又带有淫秽的成分，因为那是彻头彻尾动物性的。这些人不惜一切代价追求性满足，但也可以说他们是不用付出代价的，因为它们对女性的痛苦视若无睹。强奸、乱伦、谋杀是左拉笔下农民会诉诸的手段，只要他们觉得那是于己有利的。早在大约四十年前，法国医生德拜(Auguste Debay)就主张过，"在那些想象力很弱或没有完全培养出来的地区"——也就是农村地区——"男人做爱的时候都像野兽，只是为了满足生理需要。"[41]《土地》以让人震惊的想象力把这种论断具象地表现了出来。

几乎所有这些作家在描绘他们的农村肖像画时，面前都没有坐着模特儿。同时代人中，掌握真正的农民社会与宗教生活的第一手信息的，只有传教士。他们或是想要争取到农民的皈依，或是想设法把农民留在基督教里。他们的报告当然都是碎片化的，但几乎所有这些报告都会让那些相信农民虔诚的人大吃一惊。这些报告披露出，愿意去教堂或庆祝节日的农民并不必然表明他们是虔诚的。大盛于天主教地区的朝圣和出巡活动让传教士们忧心忡忡，因为它们被世俗化了，常常会沦为一些不道德的娱乐活动：纵酒、歌舞，还有其他不堪启齿的余兴节目。

教士对这些行为的忧虑可以理解，但这些世俗表现的确切意义却是难以断定的。虔诚和贪婪常常会在同一个人身上并存，无法分离。这与品位有关。1902年冬天，颓废小说家、由不信归于信的唯美主义者于斯曼游访了卢尔德。自从梵蒂冈正式承认圣母显灵的报告真实可信之后，卢尔德顿时成为国际朝圣活动的焦点：原来单纯的小镇被改造得面目全非，以容纳成千上万来此寻求医治的朝圣客。他们有些得的是歇斯底里，有些得的是不治之症。到了19世纪末，整个市镇笼罩在一股浓浓的买卖气息中，几乎令朝圣客窒息。于斯曼感到厌腻欲呕。"让人魂飞魄散的大杂烩。"他说。身为一个新皈信的教徒和品位高级的文化人，他感到自己不能不对这个世界闻名的医治圣地提出抗议。它"过剩的俗气""排山倒海的坏品位"[42]，处处让于斯曼怀疑这一切是不是在被魔鬼操纵着。在他看来，农民已不再是教会可堪信赖的孩子。这是真的：布尔乔亚在谨守或回归到祖先宗教的同时，也让基督教庸俗的一面变得更壮观了。

如果说是魔鬼把很多农民从真正的信仰中引走，那它在工人阶级之中找到的友伴肯定要更多。这对中产阶级来说必然是个更需要关切的问题。要怎样才能让城市里的穷人安于工厂与矿场的生活，接受有损健康的工作环境和无保障的雇用，并支持（或至少是忍耐）既存的社会秩序呢？这是维多利亚社会一个让人焦虑的、议论纷纭的议题。

这个问题毫不新鲜，因为在古代，上层阶级同样觉得有必要设计一些方法去安抚躁动不安的庶民。以面包和马戏团来让群众保持快乐这一主张，最早可以上溯到古罗马诗人尤维纳利斯（Juvenal）。在启蒙时代，要怎样才能让穷人遵守那份他们没有机会签订的社会契约，也让启蒙哲学家们煞费思量。伏尔泰曾以俏皮话的方式警告过（被归到他名下的俏皮话很多，但不全是他说过的），要是低下阶层也采纳了自然神论或无神论的观点，他们就不会再对地狱的惩罚感到害怕，而会放胆抢劫和割断他们主人的喉咙了。由此可见，自古代起，宗教就一直被视为一个心灵内在的警察，一个有效和相对便宜的秩序巩固者。

在维多利亚时代，特别是自其中期以后，随着工厂和大规模产业的兴起，这一议题有了新的紧迫性。维多利亚时代资本主义的批判者一贯主张，向下层阶级灌输宗教信仰，本质上是一种资本家的阴谋——毕竟，一个相信上帝的工人是不太可能去参加罢工的，更不要说组织工会了。根据这种观点，布尔乔亚之所以那么喜欢教导工人读《圣经》，或开办主日学让他们的子女接触福音，就是为了让他们安于本分。

这就是社会控制的理论，它最先是由维多利亚时代人想出来用以抹黑布尔乔亚的。这个认为有财势者把宗教用于非宗教用途的观点后来是那么大行其道，以至于连小说家也乐于采用。这并非一个没有什么说服性的理论。我们先前已大略指出过，有些官员和雇主会采取这种策略，而有时，他们使用的伎俩是世俗的而非宗教的方法。马克思早在1847年就已谈到所谓的"基督教社会原理"，称这种原理乃是为了满足一个统治和压迫阶级的需要而"宣扬怯懦、自轻、自贱、顺服、谦卑的素质——也就是宣扬所有属于贱民的素质"。[43]可以部分佐证这项分析的一则事例是，英国的一个议会委员会曾经建议应该让工人多踢球，因为工人如果有球可踢，就不会去踢警察。在法国城镇维埃纳，当当地工厂主为工人组织了一支球队时，地方的观察家挖苦地指出："只要工人有橄榄球可玩，他们就会安安静静的。"社会控制理论的支持者们指出，这些做法都是意在捻熄工人阶级拿起武器反对不公平与剥削的意图。

但这种论点抹杀了人类动机的复杂性。那些创办《圣经》研读班、主日学、堕落妇女收容所和散发免费宗教读物的慈善家并不一定不是虔诚无私的基督徒。而他们之所以会想要拯救不信教的下层民众，其中一个原因是他们认为把部分财富分享给较不幸的人是理所当然的，另一个原因是他们害怕不行善就会被打入地狱。19世纪的讽刺家动辄喜欢挖苦那些整天忙着分发救济品给穷人的名媛贵妇，说她们是爱出风头的游手好闲者，说她们表面仁慈，骨子里冷酷无情。狄更斯不是唯一一个无情嘲讽这些讽刺家的维多利亚时代人。但事实上，这些讽刺家的动机——显意识或潜意识的——要简单许多。要是你问这些富裕的布尔乔亚，他们向穷人敞开天国的憧憬到底是为了让穷人得到永生还是只是为了让自己得到永生，他们不见得会明白你在问些什么。不管怎样，即便19世纪有钱人对穷人的善行真的只是社会控制的伎俩，那种种证据也都显示了这些伎俩大多是失败的。

它们的失败并不只存在于这一个方面。除了若干显著的例外，欧洲的工人群众大多与教会疏远。这方面的证据不计其数，我们只举两个扼要的例子。在法国，每隔十年都会出现一些哀叹信仰陷入危机的神父。"在巴黎——他们所说的信仰中心——有3/4的民众对宗教漠不关心。"当时是1836年。"漠不关心是我们时代基督徒的重大疾病。"当时是1845年。"如果走进我们多不胜数的工厂，问问工人对上帝的想法、对耶稣基督宗教的想法，你就会知道，对他们来说，福音里的上帝乃是**不知名的上帝**。"当时是1853。晚至1906年，还有神职人员慨叹："不必到东方去找异教徒和野蛮人了。他们就集聚在巴黎和各大城市的外缘。"[44] 至于英格兰和威尔士，1851年的宗教人口普查就是个有力的说明，它带给去教堂的布尔乔亚的失望不亚于带给英国国教或非国教教士的失望。普查结果显示，在英格兰和威尔士近1800万的总人口中，只有略多于700万的民众会参加礼拜。即使把小孩、病人和残障者排除在外，仍有525万人是本来可以去教堂但没有去的。

这一统计数据让布尔乔亚大为恐慌，因为主要的缺席者显然是低下阶层，特别是劳工阶级。

对维多利亚时代人来说，工人与教会为什么会疏远，理由显而易见。牧师、神父的短缺让教会无法照顾好所有的教众，劝导他们远离邪恶的娱乐活动。这一点也使得许多穷人子女无法获得宗教教育的机会（慈善家在这方面是做了一些事，但补救程度有限），以致对年轻的中产阶级来说，这第二天性的东西①在他们身上是连影子都没有的。穷人也对自己破烂的衣服感到尴尬，不好意思走进教堂；此外，如果成为教徒，那么婚礼和丧葬都是需要花钱的。一些有力的新思潮抢走了传统信仰不少的市场占有率，这一现象尤其在社会达尔文主义者把《物种起源》通俗化和庸俗化以后变得更加明显。有些工人则是因为忌恨教士高高在上的社会与政治地位而对教堂敬而远之。换言之，工人不上教堂的理由和农民一样错综复杂。

然后，到了19世纪的下半叶，工人阶级的反教权主义者变得有组织化了。无神论的社会主义政党成长茁壮，壮大得甚至被称为"反教会"（counter-church）；反观相互竞争的基督教社会主义政党，则充其量只有有限的追随者。而历经一段痛苦的起伏后，罗伯特·欧文②的那些反教权和反宗教的

---

① 指宗教。
② Robert Owen，19世纪初英国的空想社会主义者。

观念就被其他国家的社会主义政党接受了，他比马克思更早地主张，宗教只会让无产阶级的奴役无限期延长。在19世纪70年代晚期的德国，社会民主党为了与保守的基督教社会党运动抗衡，正式宣布不计较党员属于何种信仰。

简言之，布尔乔亚与工人阶级起初是各走各路的。然而时间的推移却让两者开始了友好的交流（这一情况在某些国家更常见）。随着社会主义政党进入政治的主流，他们愈来愈像布尔乔亚政党（他们自己当然是强烈否认存在这种事的），一点都不觉得和自由派的左翼政党结盟有什么难的。另一方面，布尔乔亚自由派也乐于投票给社会民主党、工党和意大利的劳动党。即使是有信仰的人也不觉得这样做有何不妥。

经过这番探索后，还留下了些什么呢？显然，在维多利亚时代人中，并不存在代表性的宗教态度这回事。要为他们画一幅集体肖像的话，我们得到的会是一个穿着五颜六色衣服的小丑。不过，在一片分歧声中，我们也许可以这样变通地概括：布尔乔亚要比工人阶级有信仰，布尔乔亚妻子要比丈夫有信仰，而19世纪的布尔乔亚要比他们18世纪的先祖有信仰。但这类概括无一例外都不能涵盖所有。其余的就是地方史了。

注 释

〔1〕近年来，许多历史学家都对19世纪的宗教研究做出了杰出贡献，以下我只列举让我印象最深刻和获益良多的文献：Janet

Oppenheim, *The Other World: Spiritualism and Psychical Research in England, 1850–1914*（1985）; Ruth Harris, *Lourdes: Body and Spirit in the Secular Age*（1999），它研究的是教会热烈鼓吹的圣母显灵现象; David Blackbourne, *Marpingen: Apparitions of the Virgin Mary in Bismarckian Germany*（1993），这部绝不可错过; Helmut Walser Smith, *German Nationalism and Religious Conflict: Culture, Ideology, Politics, 1870–1914*（1995），这部出色的专论扩展了我对19世纪晚期宗教与政治的了解。另外请参考Thomas A. Kselman, *Death and the Afterlife in Modern France*（1993）; Pierre Pierrard, *L'Eglise et les ouvriers en France (1840–1940)*（1984），它提供了大量有关法国劳工"去教权化"的资料; Michael J. Wintle, *Pillars of Piety: Religion in the Netherlands in the Nineteenth Century, 1813–1901*（1987）。

〔2〕 A.S., March 23, 1902, *Tagebuch*, I, 366.

〔3〕 A.S., *Jugend in Wien*, 94.

〔4〕 A.S., October 25, 1908, *Tagebuch*, III, 362.

〔5〕 A.S., *Jugend in Wien*, 18.

〔6〕 A.S., Editors' notes to A.S, *Briefe*, 717.

〔7〕 Denis Diderot, article "Encyclopédie," *Oeuvres complétes*, ed. Jules Assézat and Maurice Tourneux, 20 vols, (1875–1877), XIV, 474.

〔8〕 Robert Ingersoll, *Some Mistakes of Moses* (1879), 14.

〔9〕 John Morley, *Voltaire* (1872), 1.

〔10〕 Thomas Nipperdey, *Deutsche Geschichte 1800–1866. Bürgerwelt und starker Staat* (1983), 430.

〔11〕 Mark Twain, "Stirring Times in Austria," *Harper's New Monthly Magazine*(March 1898). In Mark Twain, *Concerning the Jews* (1985), 4.

〔12〕 Karl Marx, "Contribution to the Critique of Hegel's Philosophy of Right" (1844), in *Early Writings*, ed. and trans. T. B. Bottomore (1964), 43.

〔13〕 Emile Faguet, *L'Anticléricalisme* (1906), 2.

〔14〕 Sir James Frazer, "William Robertson Smith" (1894), in *The Gorgon's Head* (1927), 284.

〔15〕 Gustave Flaubert, *Madame Bovary. Moeurs de province* (1857; trans. Francis Steegmuller, 1957), 40 [part I, ch. 6].

〔16〕 见 Harris, *Lourdes*, 306.

〔17〕 见 Smith, *German Nationalism and Religious Conflict*, 99n.

〔18〕 James Bromfield, *Lower Brittany and the Bible There. Its Priests and People. Also Notes on Religion and Civil Liberty in France* (1863), 1–2.

〔19〕 Nathaniel Hawthorne, *English Notebooks. James R. Mellow, Nathaniel Hawthorne in His Times* (1980), 358.

〔20〕 Raoul Rosières, *Recherches critiques sur l'histoire religieuse de la France* (1879), 12.

〔21〕 Abraham Kuyper. Wintle, *Pillars of Piety*, 43.

〔22〕 Emile Durkheim, Author's Preface to the First Edition, *The Rules of Sociological Method* (1895; trans. Sarah A. Solovay and John H. Mueller, ed. George E. G. Catlin, 1938), xl.

〔23〕 August Wilhelm Schlegel. Eckart Klessmann, *Die deutsche Romantik* (1979), 79.

〔24〕 Philipp Otto Runge (undated letter, ca. 1801 or 1802), *Hinterlassene Schriften*, ed. by his older brother, 2 vols. (1804–1841), II, 179.

〔25〕 Charles Augustin Sainte-Beuve. John McManners, *Church and State in France, 1870–1914* (1972; ed., 1973), 18.

〔26〕 T. H. Huxley to Charles Kingsley, September 23, 1860. Leonard Huxley, *Life and Letters of Thomas Henry Huxley*, 2 vols. (1900), I, 218–221.

〔27〕 Mark Twain to J. Wylie Smith, August 7, 1909. *Mark Twain's Letters,* ed. Albert Bigelow Paine, 2 vols.(1917), II, 832–833.

〔28〕 S. C. Hall, *The Uses of Spiritualism?* (1884), 6. Janet Oppenheim, *The Other World*, 63.

〔29〕 Carl Kiesewetter, *Geschichte des neueren Occultismus. Geheimwissenschaftliche Systeme von Agrippa von Nettesheym bis zu Carl du Prel* (1891), 455.

〔30〕 Marie Niethammer, *Kerner's Jugendliebe.* Kiesewetter, ibid., 138.

〔31〕 J. E. Roberts, *The Inevitable Surrender of Orthodoxy* (1895), 8.

〔32〕 Ibid., 57.

〔33〕 Kiesewetter, *Geschichte des neueren Occultismus*, xi–xii.

〔34〕 S. C. Hall. Oppenheim, *The Other World*, 67–68.

〔35〕 Kiesewetter, *Geschichte des neueren Occaltismus*, 145.

〔36〕 Hudson Tuttle and J. M. Peebles, *The Year-Book of Spiritualism for 1871* (1871). Oppenheim, *The Other World*, 29.

〔37〕 William James, *The Varieties of Religious Experience* (1902), 509.

〔38〕 William James, "The Sentiment of Rationality" (1879), in *The Will to Believe and Other Essays in Popular Philosophy* (1899), 97.

〔39〕 "Presidential Address, July 16, 1888," *Presidential Addresses to the Society for Psychical Research*, in Frank Miller Turner, *Between Science and Religion: The Reaction to Scientific Naturalism in Late Victorian England* (1974), 55.

〔40〕 John Maynard Keynes. Oppenheim, *The Other World*, 111.

〔41〕 Auguste Debay, *Hygiène et physiologie du mariage* (1848), 102.

〔42〕 Joris-Karl Huysmans. Robert Baldick, *The Life of J.-K. Huysmans* (1955), 319.

〔43〕 Marx, "The Communism of the Paper *Rheinischer Beobachter*" (1847), *Basic Writings on Politics and Philosophy, Marx and Engels*, ed. Lewis S. Feuer (1959), 268–269.

〔44〕 Pierre Pierrard, L'Eglise et les ouvriers en France (1840–1940) (1984), 16.

第七章
"工作的福音"问题重重 [1]

The Problematic Gospel of Work

工作的福音
几乎完全是一种布尔乔亚专属的理想。
成功是有它自己的失败的，
而工作的福音也有它的种种局限性。
在布尔乔亚的世纪，
工作的理念逐渐被休闲的理想补充。

1

如果说有哪种委屈要比其他委屈更容易引发施尼茨勒与父母的口角的话，那就是他被认定是个无可救药的懒骨头。这项指控又与父母对他到处拈花惹草的担心相汇合，他们认为，施尼茨勒与其把时间和精力用在追逐女色上，不如用在功课上——之后则是用在当个尽责的医生上。他们认为，施尼茨勒夜夜与他那些同样不检点的光棍朋友泡在咖啡馆里，是一种不务正业。1879年11月，就在他父亲偷看他的日记后不久，施尼茨勒写道："家里人在抱怨我的社交、马虎、懒散。"[2]我们提到过，在十多年后，也就是在1892年，他仍然在日记里提到"家中不愉快的讨论"。他当时已30岁，还没有自己开业看诊，他的文学实验也没有什么明显的前景可言。换言之，他一直都在触犯布尔乔亚十诫中的一诫——工作的福音。

用宗教语言来形容布尔乔亚对工作的态度并无不当，因为在中产阶级理论家看来，工作的理念所要求的并不只是努力工作。它同时也是一个道德律令，包含相当多维多利亚时代布尔乔亚所珍视的价值观，是任何良好市民都不得不奉行的。它意味着人们要对雇主、顾客和竞争对手忠实，矢志于"自律"，对家庭全心奉献，以及随时保持一种义务感。工作也可以净化灵魂。在这一点上，甚至连虔诚的布尔乔亚都敢于修正上帝的话语。《圣经》记载，亚当和夏娃犯下忤逆上帝的大罪后，受到的严厉惩罚就是自己和后代子孙都得终身劳苦工作。但19世纪的中产阶级理论家的看法却恰恰相反，他们认为，工作是犯罪的预防剂，勤勉工作预防犯罪的效果不亚于祈祷。

自古以来，工作的益处就被概括在一些扼要的名言警句里，而19世纪的中产阶级家庭父母也乐于用它们来教育（也可以说是折磨）子女。那些在学校学过一点拉丁文的人都应该背得出维吉尔诗中的名句，"坚毅劳动可以征服一切"（Labor omnia vincit improbus）。如果是德国人，大概会喜欢引用名曲《劳动》（Arbeit）开头的歌词，"劳动使人生甜如蜜"（Arbeit macht das Leben süss）。但对中产阶级来说，对工作更中肯的赞语来自他们钟爱的作家席勒，在他所写的说教民歌《大钟歌》（The Song of the Bell）里，有一句经常被引用和戏仿的名句，"劳动为中产阶级增添光彩"（Arbeit ist des

Bürgers Zierde)。当然，这么多对工作的讴歌难免会招来一些嘲讽，像英国幽默作家杰罗姆（Jerome K. Jerome）在1889年就写道："我喜欢工作，它让我着迷。我可以一坐就是几个小时，看着别人工作。"[3] 不过，这种温和的取笑也反映出工作福音在维多利亚时代是个多么强有力的观念。

对工作的庄严意义论说得最多的人大概要首推卡莱尔。从他写过的作品中，我们可以轻易编出一本谈论工作的小文选。1843年，他在《过去与现在》（*Past and Present*）一书里说："找到工作的人有福了，他不应该再祈求其他福分。"[4] 而在那之前七年，他就在《衣裳哲学》（*Sartor Resartus*）中把自己对工作的膜拜发挥到了极致："有某种不明朗的自我意识朦胧地住在我们里面，只有通过工作，我们才能让它明朗且清晰可辨。工作是一面镜子，可以让灵魂第一次看见自己天生的轮廓。因此，应该把'认识你自己'这句愚蠢而无法实现的格言改写为'认识你胜任什么工作'。"[5] 他向读者大声疾呼："生产吧！生产吧！"[6] 对卡莱尔而言，尽心尽力工作几乎就是好人的定义。19世纪的布尔乔亚基本上是同意这个见解的，而且会通过实践把它变成家常便饭。

"家常便饭"表示它们随处可见（虽然爱挑剔的人会对这种粗糙的概括皱眉头），也因此可以作为我们了解一种通行的文化风格的线索。一个最能说明这种风格的例子是柏林富商赫什孔（August Friedrich Hirsekorn）在退休时（他经营的是一家生意红火的男士服饰店）写给儿子的一封信。信件的日期是1833年3月31日。"爱儿：我该退下来而你该独当一面的时候到了。然而，离开前，我必须遵循内心，对你说几句话。首先我必须为你在店里忠诚和审慎的表现谢谢你，满怀感动地谢谢你。同时，我还要预祝你在若干年后，也会像我今天一样，带着喜乐和满足感退休。然而，要做到这一点，你必须坚守最严格的开支守则（但不能流于吝惜），而且要以最大的勤奋来经营事业，哪怕这意味着你得牺牲掉一些最喜爱的嗜好。另外，在完全履行自己职责的同时，你也必须严格要求下属效法。所以，从一开始就严格要求他们是最上策，但同时又应该宽容他们的一些小错误，因为人非圣贤，孰能无过。"

"再来"，老赫什孔继续说，他显然很乐于扮演爱说教的波洛尼厄斯[①]，"我发现，人如果想要强化和巩固尽职的决心，或想在人生低谷和忧郁时得到慰藉和振奋，信仰宗教、不时参加礼拜是个可靠的方法。我不是假装虔诚，而是真的心有戚戚，因为我自己就曾在痛苦和忧郁时从信仰中获得过慰藉和振奋。因此，你也应该不时参加礼拜。碰到这种时候，如果你需要帮忙的话，我会乐意回店里帮你照看几个小时。你也应该鼓励下属效法，给他们上教堂做礼拜的几个小时的时间。相信我，这不会让你有什么损失，因为去过教堂之后，他们会更加恪尽职守。你可以把每天结账后收进皮包里的钱

---

① Polonius，莎剧《哈姆雷特》中的人物。

袋看作一天努力的纪念品。愿你能谨慎支出，把每一分钱用在刀刃上，同时又能拿出钱来济寒赈贫。"[7]

呆板的措辞，重复出现的词句和笨拙、尴尬的表达柔情的方式处处反映出老赫什孔的智慧并非得之于书本，而是来自人生经验。他在信中流露的种种矛盾，让他可以作为典型布尔乔亚的代表。首先，他是个精打细算的雇主，懂得用鼓励员工去教堂的方法让他们缓解忧郁情绪而安于本分（老赫什孔自己也会把参加礼拜当作抗忧郁药）。但他有关虔诚的说教并不只是说给员工听的，也是说给自己听的。对他而言，社会控制（他写给儿子的信本身就是这方面一个生动的例子）不过是个人困境的公开展现。此外，他也显示出自己是个理性的财产管理者，相信中庸的消费态度是最合理的：节俭而不沦于吝啬，慷慨而又节省用度。最后，在倡导勤奋工作的同时，他又拒绝把工作抬高为一个吸去一切的神明。

但不管有多少体贴的保留，老赫什孔这篇布尔乔亚说教词本质上要宣扬的是一件事——工作的福音。这也是卢贝克富商约翰·曼（Thomas Johann Mann）——大文豪托马斯·曼的父亲——在遗嘱里留给继承人的教诲。1891年，约翰·曼在其预立的遗嘱里说："（我知道）汤姆①会因我之逝而痛哭。他务必不可忘记祈祷，尊敬母亲，勤奋工作。"[8]相当有趣的是，托马斯·曼把父亲的这帖人生处方写进了他发表于

----

① 即托马斯·曼。

1901年的第一本小说《布登勃洛克一家》（*Buddenbrooks*）。在书中描写两兄弟大吵一架的一幕中，哥哥托马斯·布登勃洛克——一位受人尊敬的商人——对着神经兮兮、终日游手好闲的弟弟大吼道："工作去！"[9]这等于是在说：去做点有用的事吧，不要整天沉湎在疑病症里了！我们谈过，弗洛伊德相信，对工作的不同态度正是其中一个可以把中产阶级与"民众"区分开来的准绳。①我们也谈过，瓦西里伯爵曾经对"不懈的勤奋"大加赞扬，认为那是维也纳的布尔乔亚最与众不同的特色之一。②

正如布尔乔亚批判者不会忘记指出的，赞扬工作的美德还包括宣扬赚钱是美德，而后者无疑是一种庸俗的理想。不过，布尔乔亚也大可以反驳说，他们歌颂赚钱并不是因为钱本身。没错，法国历史学家基佐（François Guizot）固然曾经以首相身份在下议院提出"致富去"这一著名口号，但我们不能把它解释为鼓励法国人不择手段发家致富，因为这个口号是有下文的"致富——靠努力工作和省吃俭用致富。"[10]基佐呼吁国人的，是通过工作和储蓄而致富。而储蓄所体现的是另一个布尔乔亚的理念——律己。

极为讽刺的是，在对布尔乔亚最恨之入骨的批评者之中，有一些自身恰恰是布尔乔亚工作观的"奴隶"。但他们讳谈

① 见第一章第四节。
② 见第一章第三节。

这一点，有时甚至不自知。包括萨克雷、左拉、易卜生、霍夫曼斯塔尔在内的许多知名作家，都把大量的时间投入到文艺创作上，犹如交货准时的"文学制造商"。施尼茨勒也不例外。尽管他把许多时间花在女色上（白天的调情尤其耗时间），也尽管他老是在日记里自怨自艾又虚耗了一天光阴，但他的作品产出量依旧惊人：源源不绝的故事、小说、剧本和诗集，更不必说他那些大量的通信及数不尽的日记。

　　既然把工作奉为理念，维多利亚时代人自然也会去鞭挞工作的反面——懒散。就像施尼茨勒的父母那样，很多人都把懒散视为十恶不赦的大罪。富家子弟被认为特别容易感染这种恶德，所以需要特别严厉的告诫。在这一点上，道德家自是乐于追随大众意见的。他们其中一位是芒格（Theodore H. Munger），其《在成败门槛的边缘》（*On the Threshold*）于1880年在美国初版，五年内就印了15版。芒格在书中指出："一旦年轻人感到老爸有钱，用不着自己去奋斗时，他就毁了。只有拥有最罕见的禀赋和接受最严格的磨炼，这类富家子弟才可望不致错失实践人生真正目的的机会。"[11]但人们不只深信懒散是一种道德上的恶，也相信它会带来身体上的衰弱。1873年，一位法国校长梅根第（A. Magendi）说出了一番很多人都会同意的话："不活动的小孩长大后会成为邪恶之徒。"就像长歪了的小树枝一样，如果不矫正过来，小孩在长大成人后会有折断之虞："因为身体缺乏活动，有强健体格却习于懒散的年轻人很快就会丧失他们的肌力。尽管看起来还健健壮壮的，但每做一件最不费吹灰之力的事，都会让他羸弱一分。"[12]在这些人看来，懒骨头最可能的下场是短命。

换句话说，工作与品格是不可分的（良好品格是维多利亚时代的另一理想）。工作是通向良好品格的康庄大道。像罗斯福这类不遗余力地鼓吹男子气概的斗士都对19世纪晚期人心糜烂的现象忧心忡忡。罗斯福虽然没有用"去势"（一个将被精神分析学家炒热的字眼）一词，但他基本上认为懒散就像去势一样，会对男子气概构成严重威胁。唯一能治疗这种时代病的药方是勤奋工作。"文明的首要危害之一，"1910年他在柏林大学演讲时指出，"在于它总是会让男性的战斗美德、战斗锐气日渐衰微。一旦人们过惯了太舒服和太奢侈的生活，文弱就会像酸一样，侵蚀到他们男子气概的肌理中去。"[13]这位美国总统一向乐于谴责那些"文化品位十足和过着悠闲生活的人"[14]，显然，在他看来，收集油画和写诗都算不上工作。

罗斯福的这种责难并无新意。长久以来，人们对工作的歌颂就一向伴随着对懒骨头的讽刺或苛评。1850年，美国著名教育家贺拉斯·曼以"给年轻人的一些想法"为题，在波士顿商业图书馆协会演说时指出："不管一个年轻人有多么富有，前途有多么光明，他都没权利过懒散的生活。在这个充满奋斗诱因与成就奖赏的世界，懒散乃是荒唐之最，可耻之尤。"[15]几年后，也就是1863年，意大利画家卡马拉诺

（Michele Cammarano）展出了油画《闲散与劳动》（*Idleness and Work*），画上是一位头戴高礼帽、身穿燕尾服的布尔乔亚，手插在口袋里，走过一片田野，田野中的农民们正在辛勤地收割麦子。此画想要传达的信息再清楚不过：不事播种的懒虫最后一定不会收割到有价值的东西。[16] 1883 年，大为畅销的《盖氏标准百科全书及自我教育指南》（*Gay's Standard Encyclopedia and Self Educator*）——一部针对渴盼自我提升的下层中产阶级而写的美国作品——在其中一篇题为《善用时间》的文章中这样恐吓读者：“人一旦染上无精打采的懒散习惯，懒散就会用铆钉把人的心灵牢牢钉死，非尽最大的努力不足以挣脱其桎梏。财富散去可以通过耐心工作而恢复，知识忘了可以通过再次学习而复得，但光阴逝去就一去不返了。”[17]

这种不祥语调在那个时代劝世家的作品中是典型的。他们会告诉你，灾难的脚步近了；告诉你要是不听他们的话，美好的东西就会注定衰败；告诉你罪恶对灵魂的钳制是很顽强的。在那个所有生活领域都有长足进步的年代，这些专门贩售建议的人希望为其听众接种抵抗安逸疾病的疫苗。在他们看来，唯一可以充当预防大灾难的防洪坝的，是专心致志把所有被分配的工作做好。

我们说过，那些贩卖建议的宣传家觉得工作的美德是不可抗拒的话题。他们复述自己的话就像复述别人的话一样起劲。1850年，当时38岁的斯迈尔斯（Samuel Smiles）把工作作为其教诲的核心，称之为他的哲学。斯迈尔斯是维多利亚时代英语世界中读者最多和作品内容最常被引用的良好品格鼓吹家，在美国受欢迎的程度不亚于在其故乡英国。他原先并不是干这个的，但在换过几个职业后，他发现自由职业会更有搞头，便开始用他无人能否认的才智来散播他的教诲。他的方法相当简单：用一些名人的传闻轶事来佐证自己的主张。他在1859年的《自助》（Self-Help）一书中应用了这种技巧，结果一炮而红，从此大发利市，一帆风顺。1904年以92岁高龄故世前，他写过许多极为畅销的小书，包括1872年的《品格》（Character）、1875年的《节俭》（Thrift）和1880年的《义务》（Duty）等，它们全都是对勤奋工作者的礼赞。

他为杰出工程师写的传记集轶闻野史之大成。他希望这些传记可以激起读者见贤思齐之心。当然不是每个人都有望成为斯蒂芬森（George Stephenson）这样的铁路机车大发明家，但至少人人都可以在岗位上恪尽职守。斯迈尔斯在《品格》一书中说："（工作）是我们存在的法则——是可以引领人和国家向前进的活的原则。"在某方面，他要比其他资本主义职业啦啦队长更坦率，因为他承认，工作"也许是一种负担和一种惩罚"，不过马上又说："但它也是一种荣誉和光彩。没有它，将无一事可成。人类所有了不起的事物都是靠工作成就出来的，而文明则是其产物。"[18]总之，工作不只可以带来有形的成果，也可以让人远离不诚实、挥霍无度、不虔敬、色欲和不负责任。要是老赫什孔读过斯迈尔斯的著作，一定会竖起大拇指。

2

工作的福音几乎完全是一种布尔乔亚专属的理想。基本上，贵族是不会以工作为贵的，而贫穷的工人更是厌恶工作。但为了防止被过于简单地概括，"几乎"和"大体而言"这两个限定语是不可少的。因为，有些贵族也会像许多布尔乔亚那样做生意，即便是在法国这个认为贵族经商有失身份的国家亦复如此。另一方面，有些工人（特别是拥有专门技术的工匠）因为希望受人尊敬，也把工作的理念视为理所当然。他们本身不是布尔乔亚，也无意成为布尔乔亚的翻版，但至少对工作的态度与中产阶级并无二致。1854年，一位英国记者在纽卡斯尔走访过一些铁厂后报道说："工作的严峻理念——勤勤恳恳、汗流浃背、积极劳作——在这儿笼罩着一切。"〔19〕这些工匠以及其他数以千计像他们一样的人，都以把分内事做好为荣。在他们看来，受人尊敬的生活指的是过得清醒、正派和尽责——不管在家里还是工作岗位上都是如此。他们也希望借此获得上司的尊重。这方面证据的数量在各国都是压倒性的，很多行业的工匠都希望过一种有尊严的生活，对他们的生存来说，尊严的意义一点都不亚于一份可以过活的薪水。

不过，既然19世纪充满创新和不确定性，工作的福音并没有得到全体的一致支持自然也就不足为奇了。当时，暴发户在全欧洲比比皆是，他们在享受金钱之乐的同时，也千方百计，甚至恬不知耻地想进入上流社会或跻身贵族之列。在他们看来，只有最大程度和最让人侧目的懒散，才可以洗掉身上的铜臭味。辛苦工作了大半辈子，他们希望可以逃离工商界，进入（至少是让下一代进入）最显赫的圈子———一个以闲散，或昂贵的娱乐消遣为标榜的圈子。

19世纪末，特立独行的经济学家凡勃伦（Thorstein Veblen）在其经典之作《有闲阶级论》（*Theory of the Leisure Class*）里追溯了这种鄙夷工作的态度的源头，认为那是封建时代的残余，因为在封建时代，劳动基本上是普通大众的事。凡勃伦创造了两个日后被广泛使用的新词来说明19世纪权贵表现自己财富的方法："炫耀式消费"（conspicuous consumption）和"炫耀式浪费"（conspicuous waste）。他们把钱花在豪宅、华服、珠宝、昂贵的消遣、挥霍的太太和其他无用、无生产力的事物上，一掷千金而面不改色。而他们之所以这样做，是因为这些惹人厌的活动和选择可以让他们把别人比下去。凡勃伦指出："远离劳动是证明自己有钱的最方便的证据，因此也是显示社会地位最方便的标记。而这种对炫耀财富的坚持也让他们更奋勇地坚持休闲。"[20] 正是这种对工作的鄙夷态度让维多利亚时代的罗斯福之辈深感不安。

这种种例外的情形指向同一个问题：工作的福音在维多利亚时代人中的适用范围有多广呢？要是例外太多，会不会

正表示它是一个多少有问题的理念？很显然的一点是，对于
中产阶级下层和城乡中的劳动贫民来说，大声歌颂工作是不
必要的，是与他们的处境不相干的，甚至是一种侮辱。少有
证据可以显示，这些收入微薄的人曾经读过斯迈尔斯或其同
道的书。要是他们读过，那反应如果不是愤怒，大概就是觉
得好笑。他们用不着别人建议他们去工作，也用不着告诉他
们工作对良好品格的养成有多么重要。他们不能不工作，因
为这是他们唯一可以活下去的方法。

3

　　工作福音鼓吹者的严厉信息表面当然是针对男性（男童、
年轻小伙和成年男人）而发，不过，他们也心照不宣地把女
性纳为听众。我在前文已颇为详细地陈述过女性的法律地位
和公共参与程度在19世纪经历了怎样的激烈演进，此处不
再复述。上述两项变化对紧张的守旧人士而言太快了些，但
对于无耐心的女权主义者而言却太慢了。尽管如此，双方都
不怀疑的一点是，女性也是有工作要做的：毕竟，亚当犯下
违背神命的大罪时，夏娃不也是全程参与的共犯吗？所以她
理当像亚当一样，注定终身劳苦工作。固然，自从"教会父
老"①的时代开始，许多善良和有学问的基督教著作家都把夏

---

① Church Father，指的是基督教早期的著作家，于公元2世纪开始出现。

娃视为人类失落伊甸园的真正祸首；然而，即便是那些认为亚当要为原罪负一半责任的人，都仍然相信男女天生注定分管生活的不同领域。19世纪的理论家除了重提这个历史上反复出现的论调以外，也把工作的领域彻底切割开来，明确界定出中产阶级女性的专属工作领域——家庭。

家务管理对中产阶级家庭主妇意味着采购日用品、督导仆人、慎用预算、抚养小孩（她们花在小孩身上的时间通常远比丈夫多），以及在接待客人时当个优雅雍容的女主人。维多利亚时代的丈夫多少也意识到家务事的繁重，不过从我们这个电气化、机械化的时代回顾，历史学家还是会发现，维多利亚时代家务事的繁重程度要比当时人所愿意承认的还要惊人。

在没有吸尘器的帮助下保持家里一尘不染、在没有洗衣机的帮助下把所有衣服洗干净、在没有冰箱的帮助下保持食物新鲜、在没有电炉的帮助下烹饪三餐、在没有搅拌器的帮助下把揉制面粉、在没有电风扇（更别说空调）的帮助下保持空气清新——这全都是一个家庭主妇需要做到的。虽然有一些日后将会减轻主妇工作量的设备已经被发明出来，但在面世头几十年，它们不是太贵就是太大、太笨重，在家里派不上用场。洗衣机最初都只装设在洗衣店里；搅拌器要在服务了面包厂数十年之后才转为家用；电灯也是在戏院和歌剧院使用了很长一段时间后，才演变发展为家庭和私人照明的一个选项。

维多利亚时代的主妇都被教导，污垢是家里的头号敌人，必须不懈地加以消灭，不管这样做需要的体力劳动有多么令人吃不消。床单、煤油灯、厨房炉灶、壁炉和厕所都务必要保持干净，而这些工作，大部分又是得每天重复做的。出版于1912年而大受德国主妇欢迎的袖珍指南《基利食谱》（*Kiehnle-Kochbuch*）一书中，作者基利（Hermine Kiehnle）以一个篇幅不短的附录谈论了两个问题：怎样折餐巾和保持家里一尘不染。基利对两者的讨论都极为详尽，不过，与后一主题的篇幅相比，前一主题显得小巫见大巫了。"整齐和干净，"她告诫读者，"是家里随时随地都必须要保持的，这是有资格被称为能干的家庭主妇的最起码条件。"[21]一言以蔽之，家庭主妇的工作种类繁多、费心费力，是做不完的。

不管德国主妇对于洁净的追求看起来多么狂热，但其他国家出版的家务管理书籍可以反映出，这种心态其实到处都一样。自细菌致病理论被广泛接受之后，家庭主妇们看起来就像是医生派驻在各个家庭里的副手。但一个家庭主妇要担负多繁重的家务事，更多时候不是取决于个人的气质性情，而是取决于国情风尚。在19世纪，常常会有一些外国人对他们游访国家的主妇之忙（或闲）感到吃惊。英国女性对德国主妇的担子之重和任劳任怨深表钦佩；德国的妻子则认为法国主妇要比她们好过太多了。当然，几乎所有维多利亚时代的中产阶级家庭（包括小布尔乔亚家庭）都至少会有一名仆人（一名以上更多见），以负责最脏的家务事。在我们先前引用过那本著名的《家政之书》里，比顿女士明明白白地指出了这种分工的重要性。如果一个中产阶级家庭里只有一名男仆或女仆，那么他或她的工作铁定不会轻松愉快。"他的生活，"比顿女士写道，"肯定不是什么闲差。"[22] 如果这名仆人是女性，那她"大概会是同一阶级里唯一值得我们同情的人，她过的是一种孤单的生活。"[23] 这种女仆人（男仆人）一大早就得起床，开始没完没了的清洁工作，包括擦男主人的靴子、清洁起居室的壁炉、抹拭厨房的炉灶等等。

　　不过，也有些主妇是独立操持家务的。从一位不知名美国主妇（33岁，住在康涅狄格州的哈勒姆）的一本日记的残篇中，我们可以得知，在1880年的美国，有些家事几乎得中产阶级主妇一肩挑——顶多偶尔有亲戚自愿前来帮忙。单是家里的清洁工作就占去了我们这位日记作者的全部时间。她感到乏味和怨恨，一次又一次在日记里抱怨：有时认命，有时则接近造反的边缘。"一座接一座，"她在4月27日写道，"大山缩为小丘了。"第二天打量过厨房之后，她写道："至少'最要命的部分摆平了'。"有两次（9月12日和那之后的一个星期），她在日记上只简单地说："单调的一天。"这种单调感显然没有因为阿姨在9月10日过来帮她洗衣服而有所消减。"可真是十足浪漫的生活"，她自我挖苦说。她先生没有帮半点儿忙。"团聚日，"她于6月18日记道，"奴隶们忙得不可开交，人偶元首①

---

① 指她先生，挖苦他这个"元首"什么都不会做，形同人偶。

只是袖手旁观"。她在8月10日形容自己像是被铁链锁在"小囚室"里,又说有一个访客来看她这个"白痴伙伴"。这就难怪她在6月12日会说,这种一成不变的生活"让人期望永恒的安息"。[24]从字里行间看得出来,她是个聪慧而有幽默感的女性,但生气却被日复一日的家务杂事蚕食掉了——大概也是被那个"人偶元首"蚕食掉的。在维多利亚时代中产阶级妇女的画廊里,她是属于那种工作复工作的类型。

还有另外一种工作是19世纪中产阶级妇女被分派去做的:充当丈夫坚强、可靠的助手。这是一项维多利亚时代人鲜少公开谈论的义务,却是中产阶级主妇的家务事日程表中的要项。她们被要求抚慰带着疲惫身躯或失意心灵从外面世界(政界、商界、工厂、大学或艺术界)回来的丈夫,在他们意气风发时摇旗呐喊,在他们灰心丧志时加油打气。我在前文提过,即使最有活力的枕边谈话也几乎无力修正法律带给妇女的不平等地位。不过,枕边谈话可以提升丈夫的士气,使他们纷乱的心思沉静下来,甚至或许能挽救他的事业或婚姻。维多利亚时代的男人(哪怕是相信女性有秘密力量的那些男人)都会愿意谈论妻子带给自己的助力——但又不会谈论全部,而且会想尽办法不让完全的男女平等走进家里。

一个很好的例子见于休斯(Thomas Hughes)1861年的小说《汤姆·布朗在牛津》(*Tom Brown at Oxford*)。此书主人公汤姆在休斯的前一本书《汤姆·布朗的学生时代》(*Tom*

Brown's Schooldays）中早已名闻整个英国，而现在，他已长大成人并成了家，婚姻美满幸福。不过有一件事却是他深深忧虑的：他看不出自己会有赚大钱的前景，生怕委屈太太玛丽过一辈子不体面的生活（请不起仆人，仅能维持温饱）。在向太太表白自己的羞愧和害怕时，他说，她这样一位"美丽、宽厚、有同情心的天使"[25]，是不应该过有亏缺的生活的。"这是丈夫的分内事，"他说，"他怎么能让太太过苦日子？"但大大出乎他意料的是，玛丽居然对他的传统想法根本不以为然。"为什么不把我视为你的伙伴呢？"她抗议道，又说女人不是天生就要静静坐着、打扮漂亮和花钱的，"为什么不让我与你并肩奋斗呢？"她这番热情的小演说无疑是女性解放史上光荣灿烂的一刻。不过作者休斯的前卫性到此打住了，因为接着他就让玛丽下了这样的结论："就算一个女人成就不了什么大事，热爱丈夫和为他增光总是她做得到的。"休斯是个心胸广阔的自由派作家，对女性的看法算是走在时代的尖端。尽管如此，他还是不敢去碰触大部分旧有格局。"就算一个女人成就不了什么大事"一语清晰道破了，休斯就像大多数维多利亚时代男人一样，对前卫女性是深感不安的。

我们知道，与休斯类似的丈夫不在少数。当一批大胆的女权主义者起而提出扩大投票权和职场上的平权等一些闻所未闻的要求时，很多男性都觉得自己面对的是吹起战号的亚马逊人①，而他们的焦虑反应不一而足：咆哮、贬低、讽刺或指控她们违反种种人性法则。感到恐惧的报纸主笔和政治家把女权主义者比喻为一支嗜血的泼妇大军，穷凶极恶，横冲直撞。龚古尔兄弟先后都做过有关男性去势的焦虑的梦：弟弟朱尔（Jules）梦见一个鼻子掉到地上的男人，哥哥埃德蒙（Edmond）梦见一个有"带齿阴道"的女人。

这类焦虑一直残存到本书所涵盖的时间范围②的最后，甚至更久。19世纪（特别是中叶以后），很多以吞噬一切的女人为主角的古代传说复兴，成为一个相当令人瞩目的现象：夏娃、大利拉③、克里奥帕特拉（Cleopatra）、梅萨利纳④、犹滴⑤、莎乐美（Salome）。这些"女妖"足以提醒我们，致命的女人并不是维多利亚时代的发明，不过这一次，她们却以更凶猛的势头和更狠毒的形象卷土重来。斯芬克斯（Sphinx）本来早早就被俄狄浦斯消灭了，但19世纪的作者和画家却觉得有必要把这个故事改写，让斯芬克斯成为胜利者。1839年，海涅在《歌集》（Book of Songs）的诗集序言中描绘了这样的情景：他在一片神秘的地貌中漫游，于一座荒废城堡前碰到一尊斯芬克斯的大理石像。他探身去吻她的漂亮脸庞，斯芬

---

① Amazons，古希腊传说中住在黑海边的一族女战士。
② 即1814—1915年。
③ Delilah，《旧约》中的人物，犹太士师参孙的非利士情妇，后把参孙出卖给非利士人。
④ Messalina，古罗马皇后，以淫乱和阴险出名。
⑤ Judith，古犹太寡妇，相传杀亚述大将而救全城。

克斯因这一吻而醒了过来。她回亲海涅，带给他极大的快乐，但接着又以狮爪把海涅抓得差点死掉。这是一种典型的经验（对海涅而言是典型的）——性狂喜与性创痛交织在一起。但不管海涅有多么享受这种滋味，他受的伤仍是痛彻心扉、无法忘怀的。19世纪60年代早期，画家莫罗（Gustave Moreau）画了一幅场景相似的图画，画中那个男子气概十足的俄狄浦斯不但未能收服斯芬克斯，反而被她的爪子抓伤。

这种凶猛的女性形象激发起许多作家的想象力，比如济慈的诗歌《无情的妖女》（*La belle dame sans merci*）中的妖女；海涅笔下的罗蕾莱；梅里美（Prosper Mérimée）的吉普赛女子卡门——她的邪恶狠毒较比才（Georges Bizet）同名歌剧的女主角犹有过之；以及斯温伯恩的"痛苦女神"多洛雷丝。在这些艺术家的笔下，现代女性被描绘成以阉割男人为务的族类。而现实是，这些妖精当然与那些要求念大学和拥有独立银行账户的女权主义者毫无相似之处。不过，上述作家的目的并不是描绘社会的真实，而只是以直观方式展现社会所患的精神官能症。不过一些自以为是在如实描述社会现象的评论家很快就取而代之。日记作者、诗人、小品文作家都纷纷以最紧迫的口吻呼吁大众要慎防现代女性致命的"胃口"。对于这些恐怖的文本，我们只举一个例子。英国小品文女作家伊莉莎·林顿（Eliza Lynn Linton）——她可能是当时读者最多的反女权主义作家——在详尽分析过"现代妇女"的现象之后宣称："男人都害怕她，而且是有道理的。"[26] 只有少数戏仿者以为这种神经兮兮的恐女症用一点幽默就治疗得了。

不过，如果一个女人懂得韬光养晦，懂得当个默默启迪丈夫而不居功的缪斯，那她丈夫就不会觉得她的神秘力量有什么好怕的。这样的女人会是丈夫的军师（尽管她丈夫不一定知道），当丈夫在外面的大舞台表演时坐镇家中。她可以唤醒丈夫的所有潜能，能争取到所有对丈夫前途有影响力的人的欢心，并会默默地帮助丈夫提高礼仪修养，改好文章。她是真正的一家之主，而且（正如许多低能的反女权主义者津津乐道的）不需要投票权，因为先生和儿子都会照她的意思投票。

对女性怎样才能做好缪斯角色最清楚的说明，是巴里（James M. Barrie）首演于1908年的风行喜剧《每个女人都知道》（*What Every Woman Knows*）。女主人公梅姬·魏里25岁，相貌平庸却讨人喜爱，慧黠无比却潜敛锋芒，嫁的是一个比她小而渴望在政界有一番大作为的丈夫。但丈夫欠缺才华，写的演讲稿都相当笨拙，每次都是靠太太偷偷修改才不致贻笑大方，得以在政坛上一帆风顺。直到最后一刻，他才知道一直是那个他的仰慕者和谦逊的倾听者在帮他的忙。但梅姬不只挽救了丈夫的事业，也挽救了他的尊严和婚姻：因为知道丈夫忍受不了别人的帮忙，梅姬安慰他说，她所做的不过是每个妻子的分内事，是"每个女人都知道"的责任。值得注意的是，巴里也是名剧《彼得·潘》的作者。此剧的主角彼得·潘是个永远不会长大的男孩，一生中接触过的唯一成年女性就是母亲。所有现代"女强人神话"的源头都不用去别处找了。

　　不管维多利亚时代的主流意识形态是什么，分隔男女领域的理念从来没有完全落实。没错，随着中产阶级的财富在拿破仑战争以后的与日俱增，把女性排除在职场外的主张变得愈来愈有道理，被愈来愈多家庭所奉行。到了维多利亚女王主政的末期，哪怕收入不是很稳定的那些布尔乔亚男人，都已经能信心百倍地去鼓吹这种主张了。1883年，还是个穷医生的弗洛伊德在写给未婚妻玛尔塔·贝内斯的信中，对约翰·穆勒刚译成德文的《论女性的屈从地位》一书表示异议。他说，穆勒为被压迫的女性请命、认为应该让她们自食其力的主张也许有道理；但他却忘了，女性在家里的工作已经够多的了。另外，约翰·穆勒也忘记了骑士精神。"任何女孩，即便她们没有拥有投票权或法律地位，但只要是有一个男性亲吻过她的手以及勇于去争取她全部的爱，她都一定会告诉穆勒先生，他想错了。"毕竟，"上天已经透过赋予女性美丽、迷人和温柔这些特质而决定了她们的命运。"[27] 在这方面，施尼茨勒的思想也不比弗洛伊德进步。当玛丽·莱因哈德向施尼茨勒表示想重回职场时（当时两人住在一起），他的反应是威胁说要跟她分手。因此，这两个男人固然都有非传统的一面，但也有着布尔乔亚的一面。没有证据显示他们为此感到困扰。

在此同时，医学等专业的发展和大量生产产业的出现，也让一行又一行的女性从业者人数锐减。以接生这种历来都是由女性所垄断的行业为例，早在18世纪，随着男性进入这一行（只因为他们是男性就更受青睐），女性不得不有所妥协。但到了维多利亚时代，名声早已摇摇欲坠的接生妇更是受到了来自医学界更激烈的竞争与反对。在法国和普鲁士，接生妇都处于国家的监督之下，而自19世纪中叶一些接生训练学校建立后，她们的日子只有在英国才好过一些——经过几十年的激烈辩论后，英国终于在1902年把接生工作置于官方监督之下。

同样的，大型百货公司在19世纪中叶之后的兴起也让小商店变得难以为继。这些小店通常都由夫妻共同经营，他们原指望可以靠老街坊和老客户的光顾维持下去，却常以失望告终。关门大吉后，这些小商店的老板娘别无选择，只能投入广大的佣人劳力市场。在大企业里，可望晋升到管理阶层的女性当然是屈指可数的。体面的妇女想就业的话只有三个选择（至少19世纪60年代以前是如此）：当老师、家庭女教师和作家，后者有时可以带来可观的收入。

1893年，德高望重的意大利犯罪学家隆布罗索（Cesare Lombroso）在巴黎的《期刊导览》（*Revue des Revues*）上撰文谈论女性与天才和才智的关系，因为连如此大名鼎鼎的人物（不完全是浪得虚名）也认为女人低男人一截，我们就可以知道那些渴盼进入职场的女性要面对多大的困难。隆布罗索首先否认，女性无法在绘画、音乐、文学和哲学领域大放异彩纯粹是因为受到男人的歧视。"一个无可辩驳的事实就是，在所有脊椎动物中，雌性的能力都要低雄性一截。"[28]他认为这个道理不只适用于昆虫或鸟类，也适用于人类。女性体重比男性轻，智力也不如男性；她对性欲和痛苦较为麻木，因此不可能成为大诗人或艺术家；她天性保守，所以期望女性会有任何类型的创新乃是缘木求鱼。

隆布罗索也承认，有一些女人天赋很高，像乔治·桑、罗莎·博纳尔①和乔治·艾略特就是例子，但她们无一可达到米开朗基罗或牛顿的高度，而且，以上三位女性比很多男性都要男性化——看看她们的长相，听听她们的声音就可以知道！尽管如此，在一些不那么需要气力的领域，她们还是可以表现得很不错：她们可以成为优秀的老师，甚至医生。隆布罗索指出，在俄国有600名女医师，在美国有大约3000名。换言之，受过教育而又想外出工作的女性是不需要绝望的——只要她们不要奢望成为天才。这不能说是个很大的让步，但隆布罗索至少没动用那个传统的论证：女人之所以不适合接受高等教育，是因为每月一次的生理周期会让她们完全瘫痪好几天。

尽管有这类出于男性焦虑的理论，但把妇女排除在职场之外的各种经济和社会力量也会反过来为她们提供就业的机

---

① Rosa Bonheur，19世纪法国女画家和雕塑家。

会，尽管受益者主要是中产阶级下层的女性。新的行业、新的工业、新的银行、新的政府机关都需要前所未有之多的雇员，但不是什么随随便便的雇员，而是需要识字和能算数、外貌和仪态都端正的雇员。最能符合这种条件的是小布尔乔亚女性。电话与打字机等19世纪的新发明都需要操作员，这进一步把女性推向劳动市场。19世纪中叶的英国人口普查所显示的女性就业人口还可以忽略不计，但在1911年的普查中，739 000名的总就业人口中却有157 000名是女性，占了21%。在这场小型革命里，美国的数字更加抢眼。1859年，华盛顿联邦政府的行政部门一共雇用了1268人，清一色是男性；到1903年，这个数字增加了20倍，也就是25 675人，其中1/4（6882人）是女性。[29]任何诚实的上司（当然清一色是男人）都必然会承认，这些女性雇员常常异常能干，而且不只胜任程序化的工作。换言之，男性终于发现女性是有头脑的。

但在一个又一个国家，对中产阶级下层妇女开放的机会并不是没有杂质的。她们会受到歧视，而这种歧视是内建在由男性制定的薪资结构里的：女性的薪水一定比男同事低，甚至比职位不及她们的男性少。这一现象，连公正的上司也改变不了。在美国，政府女雇员几乎一律是被任用为低等的抄写员，年薪900美元，哪怕她们实际负责的是年薪1600美元的文员工作。[30]各国女教师的薪资反映出同样的男女不平等，这一点会引起女权主义者的抗议很自然，但抗议却总是徒劳的。唯一罕见的例外是在巴黎百货公司的女售货员，她们的薪水连红利加起来有时可达每年3000法郎——一笔勉强可以维持独立生活的收入。早在19世纪中叶，一些有见地的女权运动支持者就已指出，女性想要提升地位，更好的办法是争取接受高等教育的机会，而不是争取投票权。这是想要当教师，行医，甚至获得管理阶层低阶职位的不二法门。

4

从19世纪初开始，对工作的理想化让许多良善的布尔乔亚在面对贫穷劳工的处境时感到不自在。工作的理念只为社会中少数人秉持的事实就够让他们困扰的了。对众多在工厂或办公室里工作的人来说，这种理念只带来了强加的新习惯和新压力：雇主要求他们接受更严格的工作纪律，要求他们准时和固定出勤，更专心工作，接受一些陌生的常规程序，而这一切都是和历史悠久的传统习惯相冲突的。在小型的作坊（这种作坊是整个19世纪法国生产的主要形式，在高度工业化的英国，作坊也有几十年时间是主流），雇主和雇员因为彼此熟悉，所以还能保持一种有人情味的人际关系。但在大型工厂，工人却被简单看成是一双双"手"，基本上是匿名的，是几乎可以彼此取代的单位。工业秩序的严格还侵入到了工人的居所（破败的郊区或都市的贫民区），因为在家里工作的工人（如女缝纫工和刺绣工，后者让人想起施尼茨勒的情妇珍奈特）都必须绷紧神经，拼命工作，才可望把接到的订单给做完。

同样让那些没有被追求利润或传统偏见蒙蔽眼睛的布尔乔亚感到困扰的是，工厂里的环境绝不是田园牧歌式的。没有错，要经过许多年，一般的布尔乔亚才多少能了解到工人阶级的家里是什么样子的，以及他们的工作环境有多么糟糕。其中一个让他们这般无知的原因是那些偏袒工厂主的宣传家的生花妙笔。晚至19世纪70年代，被认为无所不知的德意志帝国宰相俾斯麦还觉得，有必要在这方面展开调查，因为除了一些实业家的片面之词以外，他对工人阶级的情况所知无几。普通大众就更不用说了，在混杂着内疚感、防卫心理、屈尊感和凭空猜想的气氛中，他们自然容易被一些夸大工作机械化好处的宣传语打动：这些宣传语歌颂的不只是工厂工作带来的经济利益，也歌颂它带来的快乐。

这类文献在今天读起来会让人觉得不可思议，但在当时，它们却是关于工厂系统的五花八门的观点的一个基本部分。忽视这种种不确定性会使人无法公平看待当时各种遍见的心理状态——有些人摇摆不定，有些人独断，有些人无知。随着大规模生产而来的是一箩筐的棘手问题（如工人的健康、住房、工资问题等），而它们都不是传统的补救机制（主要是地方性的慈善团体）可以解决于万一的。无疑，自利心理和阶级偏见都是冲突的源头。但它们绝不是实业家、传教士或议会议员的唯一动机。宗教和哲学的信仰——有时它们固然只是一种托辞，但不一定总是如此无情——同样也可以左右一个议员或报纸主编的立场。

还有不少社会运动困扰着这个时代（如反奴隶制度运动），它们带给改革者的除了精神上的利益以外别无其他。尽管如此（或者说正因如此），一些热情充沛的理论家把它们置于他们政治议程中的显著位置。不过，当问题涉及现代资本主义的利弊时，最主要的观察者（如果他们是诚实的话）都会承认，他们对于自己的理念是否切合实际毫无把握。对改革家而言相当不幸的一点是，19世纪之初在政治经济学家之间最具影响力的那些理论，似乎认为政府对自由市场的任何干预都会适得其反。比方说，如果政府立法调高薪资，支持扶病济老，这只会导致物价升高，适得其反。面对这种两难，具有人道心灵的人要怎么办呢？

由于英国是建立工业秩序的先锋，也是四邻竞相仿效的对象，因此，看看它怎样回应这个经济的美丽新世界，应该很有说明作用。在英国，对工业新秩序最热情的辩护者非尤尔（Andrew Ure）莫属。他是研究英国棉纺织工业的历史学家，这方面的知识相当渊博。1835年，他出版了一本雄心勃勃的著作《工厂哲学》（*The Philosophy of Manufactures*）。他在书的扉页上写上了他的医学学位、皇家学会的会员资格以及各种其他头衔。这本书详细考察了工业体系的每一个部分，其中有一个部分还论及了所谓的工厂的"道德经济学"（moral economy）。尤尔是个超级乐天派，不遗余力地宣传"生物机械学赐给社会的福祉"[31]。

他声称自己曾突击走访过"很多工厂",结果让他相当满意:"我从来没有看到过一个孩子受虐待或者受体罚,也没有发现孩子心情不好。他们看上去都很快活,很机灵,因为肌肉的轻微活动感到愉快,充分享受着适合他们年龄的活动。"他也发现观看童工工作是件愉快的事:"看一看走车退回的时候,他们怎样灵巧地接上断头。看一看他们在用自己纤巧的手指活动了几秒钟后,怎样在空闲的几秒钟内采取各种姿势玩耍着,直到把棉线抽出来又绕上为止。"他说这些"活泼的小鬼"视工作为"一种游戏",而且他们也"意识到自己的灵巧,很愿意把它表现给每一个参观者看"。他们也没有因为一天的工作而筋疲力竭,"因为他们一走出工厂,就到最近的一个游乐场里跳跳蹦蹦地玩起来,和刚从学校里出来的孩子没两样"。[32]这么说工厂简直就是游乐场嘛!奇怪的是那些"小鬼"怎么会没有一大早就在工厂大门外排队,哀求让他们早点进去?

十年后,恩格斯在《英国工人阶级状况》(*Conditions of the Working Class in England in 1844*)一书中,以不亚于尤尔讴歌工厂生活的热情揭露了那是一个多么荒凉的地方。他引用了我们上面引述的每一句话,把尤尔的无知、断章取义和"恬不知耻"[33]狠狠讽刺了一番。但这种否证并未让后来与尤尔持相同观点的宣传家闭嘴。不管是否读过《工厂哲学》,他们的言论读起来就像是尤尔的回声。晚至1904年,法国医生费雷(Charles Féré)也在他的《工作与快乐》(*Work and*

Pleasure）一书中，取笑那些想要限制工时的极端分子："社会主义者的理想是把一天的工时一减再减，有鼓吹减为8个小时的，有鼓吹6个小时的〔瓦利恩特（Vaillant）〕，有鼓吹4个小时的〔海因德曼（Hyndman）〕，还有3个小时的〔拉法尔格（Lafargue）〕，2个小时的〔拜因施多夫（Beinsdorf）〕，和一个半小时的〔茹瓦尔（Joire）〕。他们企图向我们显示，工作乃是罪恶之尤。"他呼吁读者要谨记，没有任何机器是可以让人类完全免于工作的。费雷医生又为托尔斯泰的"工作是快乐生活源头"之说做了肯定的诠释，坚称人"只有通过工作才会获得快乐"；而因为工作代表快乐，所以"不工作代表不快乐"。[34] 费雷医生相当传统地认定，工作与否或是从事何种工作，是一个人可以完全自主决定的。布尔乔亚与劳工阶级对工作的看法，很难找到与此相比更大的差距了。

这种差距几乎没有因为工作与节奏的专门技术研究的出现而告减（这类研究在费雷医生出版《工作与快乐》时达到饱和）。尽管这些研究的口吻是专业、冷静的，却掩盖不住一个事实：工厂工作总是单调乏味的，对人的个性极具杀伤力。亚当·斯密早在一个世纪以前就提出过类似的警告。但在1897年，却有一位德国医生比歇尔（Karl Bücher）反过来主张"正是工作的单调可以为人带来最大的裨益"——这是一句让人目瞪口呆的话，不过他马上就补充说："只要他可以自己决定身体动作的韵律，并可以随时喊停。"[35] 这一补充，固然挽救了他上一句的胡说八道，却也摧毁了它可能产生的任何实质意义。

　　既然有这种自鸣得意的作品，那么美国作家甘尼特（William Gannett）会在1890年写出《颂赞归于苦工》（*Blessed be drudgery*）这么轻松的文章，就没有什么好奇怪的了。文中，他宣称一切工作，哪怕是最单调、无聊的苦差事，都是让人愉快的。难道工作不是最好的施教者吗？"**我每天的分内事**，不管内容是什么，**就是对我最主要的教育。**与它所能给予我的相比，其他所有的教养都只是奢侈。"他宣称，要当伟人不难，只要做到"有序、勤奋、耐心、忠实——而这一切，都是你和我本来一直在做的。把钱存到银行，做好学校里的算术题，保持农田兴旺，房子干净，桌子整洁。"相比之下，特殊的才能和知识并没有那么重要，更重要的是"我做了多少我懂得做的事"。因此，他轻快地下结论说："对苦工唱句哈利路亚吧：**颂赞归于苦工，那是我们唯一少不了的！**"[36]他当然是对的，但理由和他所想的不同：有数以百万计的人之所以少不了苦工，是因为不想饿肚子。

　　即使不知道作者的名字，我们也可以确定只有一个人能说出这样的话。不过，在一个严肃许多的脉络下，从19世纪晚期起，资方开始对所谓的"科学化管理"（scientific management）产生兴趣。发明这个新词的人是泰勒（Frederick W. Taylor）。19世纪80年代初，泰勒在宾夕法尼亚州的米德瓦尔钢铁公司（Midvale Steel Company）当工长，在此期间，他对怎样才能提高工人操作机器的效率做了科学的分析。接下来的二十年，泰勒和他的追随者对时间与运动的研究洋洋大观，而工厂主也根据他们的结论重新设计器材与安排工序。在某些方面，工人确实从这类对追求更高产能的研究中受惠，因为对注重照明、清洁的研究，让工人的工作环境有所改善。另一方面，工会人士对这种改善却抱着狐疑的眼光，认为这只是资方想要提高产量而又不愿提高薪资的伎俩。换言之，尽管口吻和精准度有所不同，但19世纪晚期工厂工人的处境，与尤尔笔下那些欢快的"小鬼"所面对的并无多大不同。

5

尤尔会拿着笔记本一家一家工厂逛，并不是为了在低下阶层中间寻开心，而是为了推进他的一个政治观点（严格来说是两个）。用现在的说法，他是通过投入到"打击工会"的工作中，来反击他所谓的"反对工厂的议会十字军"的。[37]他对大政府的憎恶不亚于对工会的痛恨，认为两者都是全然的恶，但相较之下，后者是个更大的威胁。特别惹恼尤尔的是"十小时法案"（Ten Hour Bill），他认为那是忘恩负义之徒与不满分子的阴谋。

但这些忘恩负义之徒与不满分子却在议会里找到了支持者。上帝一位论派的信徒与圣公会新教徒结成了联盟，与其他有人道心灵的议员携手一道，致力于消除贫民窟、童工和过长工时这些社会之瘤。1831年，圣公会议员塞德勒（Michael Sadler）在下议院提出"十小时法案"的提案。翌年，一个由他主持的专案委员会向下议院提交了一份有关童工的报告，里面引用了大量传闻轶事来说明童工生活的阴暗悲惨。这份报告被报纸大幅报道，引起人们议论纷纷。但随后成立的一个皇家调查委员会——它较偏袒资方——却认为塞德勒的调查方法问题多多，结论偏颇。就连恩格斯在十二年后回顾这份报告时，也认为那是"工厂制度公开的敌人为了党派利益而做的十分不公正的报告。"[38]最后，在1833年，经过连番斡旋和多次修改，议会以238票对93票的比例通过了一项限制童工工时的法案，但成年工人的工时却维持不变。尽管如此，这项《工厂法》（Factory Act）还是有着深刻的意义，因为诚如恩格斯指出的，此法实施后，"几种最惊人的祸害几乎完全绝迹了。"[39]这是英国第一个严肃正视工业资本主义后遗症的表现。法国在1841年跟进，立法禁止工厂雇用八岁以下的童工，对八岁以上的童工工时亦有所限制。虽然事后证明法国这项立法很容易规避，但它至少反映出，人们已经意识到吃苦、不识字和不信神的小孩愈来愈多的事实。有"我们必须为此做些什么"的想法的人也愈来愈多，尽管这种想法不一定会带来具体的结果。

1833年《工厂法》的通过，事实上是以牺牲十小时工时的理想取得的，后者要到1847年才被写进法典里。但尤尔不但没有为这一胜利感到高兴，反而对投票结果深感失望。"所有冷静的人都会对这一结果感到惊讶,"他抱怨说,"因为下议院竟然有93位议员投票,说什么已经是成年人的工匠一天不应该工作超过十个小时——这种对子民自由的干涉,没有任何基督教世界的立法者敢给予片刻的支持。"[40]他又嘀咕道,工人不但对稳定的工作和优厚的工资不思感激,反而因为无知和善妒,轻易被"高明的煽动家"[41]欺骗。工人在议会里的捍卫者也没有好到哪里去,他们对工业世界所揭开的美丽前景一无所知。

恩格斯也对投票结果感到失望,理由却刚好相反。在评论成为立法基础的第二份报告时,恩格斯指控说,它反映出"工业布尔乔亚对待工人的态度是如何令人愤怒且冷酷无情,表明了整个卑鄙的工业剥削制度有多么毫无人性。"[42]他又指出,尽管《工厂法》第一次建立了工厂检察官的制度,本质上它乃是一种手腕高明的骗术:"人们所关心的只是使布尔乔亚野蛮的利欲蒙上一种伪善的文明的形式,使工厂主由于这项法律的限制,不再干出太露骨的卑鄙勾当,以便使他们有更多的骗人理由来吹嘘他们虚伪的人道主义——事情不过如此而已。"[43]这就怪不得对马克思的这个"他我"①而言,所有布尔乔亚都是一模一样的坏蛋,而"工作的福音"作为典型暴露了他们的本质——表面虔诚,骨子里是个奴隶监工。

但这种看法会引起一个疑问:减少贫苦大众的原动力从

---

① 指恩格斯。

何而来？由于通晓1844年为止的英国立法史，恩格斯知道，主张的所有改革都只是出于一些不可解释的偶然原因是站不住脚的。另一方面，因为深信"作为一个阶级的布尔乔亚"注定灭亡，所以他只愿把改革的功劳归功于一些个人：一小批有慈善心肠的布尔乔亚，特别是"半德国人半英国人的卡莱尔"——恩格斯认为他"比所有英国资产阶级都更深刻地了解社会混乱的原因"。对恩格斯而言，"布尔乔亚内部形形色色的部门、分支和派系"——复数一直是我这本书的核心主题——"仅仅具有历史和理论的重要性。"[44]

恩格斯把事情打发得太轻松了，而任何把本书从头一路读下来的读者应该都已经知道，很多时候，用复数来谈论中产阶级，要比把他们视为几乎同质化的一个群体更有说服力。此外，把所有改革的反对者一律斥为贪婪、邪恶、心怀鬼胎的人也不公平。事实上，支持和反对"十小时法案"的两派内部的差异是很大的，这反映出，当时人们在对资本主义的内在含义进行辩论时——这种辩论稍后会在德国、比利时、法国和美国再次上演——正被一种深深的惶惑感所笼罩。

"惶惑"形容得很贴切。维多利亚时代人不懂且有待学习的事情太多了：投资的风险、公司的法律责任、政府干预市场的后果等等。不是每一条铁路线、每一个新产品或每一家百货公司都能保证盈利。失败的事例比比皆是，而一项事业或一家银行的破产往往会带来哀鸿遍野。经济学家的预测有时会错得离谱，智者有时不智，政治家也身处一片漆黑之中。机械、运输和金融领域的创新不可避免地会为投机和不法行为大开方便之门。不过诚如我在本书里一再强调的，19世纪是一个一切都在快速变迁的时代，要求人们做出中庸或明智的判断着实太苛求了。那些决策者在带领大众通过未经探索的地域时，大多数时候手上都是没有地图可供参考的。大部分尤尔的保守派同道都觉得他为自由英国子民权利的辩护合情合理。旧体系把大部分经济决策权留给了这个国家超过15 000个的教区（parish），这样混乱的结构迟早会垮塌自不必说。然而，它看来却是一道可以防止中央集权的防护堤——这种主张，让人道的立法在好几十年的时间里屡遭挫败，而且不单是英国一地如此。

谈论资本主义的时候，我们常常把注意力过于集中在阶级冲突上，以至于忽略了一个事实：资本主义的“伤者”中，不少是资本家。我这里所说的“伤”，并不是指金钱或社会地位上的“伤”，而是心理上的“伤”。这些还能走路的“伤者”包括闲不下来的金融家、企业主、经理人、店主，他们像是得了强迫症似的不停地工作，没有所谓的假期或退休。老赫什孔在19世纪30年代就提醒过儿子不要犯这种毛病。容我再一次引用韦伯的话：现代的资本家被困在一个铁牢笼里。这是他在20世纪初说过的话。赚钱本来只是手段，但对这些人来说，手段却变成了目的。他们这种“不守安息日的财富追求”（约翰·穆勒语）乃是心理扭曲的某种反映。

在其一本不那么出名的小说《工作：一个经验的故事》（*Work: A Story of Experience*）中，路易莎·梅·奥尔科特①以简洁有力的笔触描述了一个年轻女子怎样下定决心，要逃离她杂活缠身的生活，逃离单调乏味的美国新英格兰地区农村家乡："我禁不住觉得，一定有一种生活胜过我现在的生活，我的生活枯燥无味，只有无穷无尽的工作，除赚钱糊口以外别无目的可言。我不能为了喂饱肉体而让灵魂挨饿。"[45]这是一个年轻理想主义者的心声，她想要寻找可以让她逃出铁牢笼的职业。值得一提的是，斯迈尔斯也是盲目物质主义的热情批判者。他在《自助》一书中曾经警告："聪明人最应该戒慎的是积聚的习惯。这种行为对打拼的年轻人来说是必要的，但晚年会演变为贪婪。它对前者来说是责任，对后者来说却有可能成为恶习。"他认为，"经商的人太易犯的一种毛病就是不知不觉中养成一种机械化的性格。商人往往会墨守成规，眼光看不远。"这类人很容易辨认："撕去他们一页记事簿，就好像要了他们的命似的。"斯迈尔斯承认，这类人虽然缺乏崇高的思想和良好的品格，却未尝不能过得好好的，但他还是认为那不是值得效仿的榜样："没有错，金钱是一种力量，但学识、公共精神和道德操守同样是力量，而且是高贵得多的力量。"[46]

如果连这位鼓吹自助的先知都认为有必要提醒读者"不

---

① Louisa May Alcott，英国女作家，以小说《小妇人》闻名于世。

是每一种成功都是好事", 那这个问题就不可等闲视之了。简单来说, 成功是有它自己的失败的, 而工作的福音也有它的种种局限性。随着愈来愈多维多利亚布尔乔亚拥有愈来愈多可支配的闲钱和余暇, 他们也愈在意斯迈尔斯的告诫。在布尔乔亚的世纪, 休闲的理想逐渐成为工作的理念的补充。19世纪中产阶级花在参加音乐会、参观画展和上剧院的金钱和时间都是多得前所未有的。

注　释

〔1〕布尔乔亚的工作观是个无比重要的历史课题, 但这方面的研究并不多。*The Oxford Book of Work*, ed. Keith Thomas（1999）是一本令人印象深刻的文选; *The Historical Meaning of Work*, ed. Patrick Joyce（1987）是一本精致、扎实的辅助读物。有关中产阶级的职业妇女, Priscilla Robertson 所著的 *An Experience of Women: Pattern and Change in Nineteenth-Century Europe*（1982）提供了一份内容丰富的比较清单。更专业的是 Lee Holcombe 的 *Victorian Ladies at Work: Middle-Class Working Women in England and Wales, 1850–1914*（1973）。Cindy Sondik Aron 的 *Ladies and Gentlemen of the Civil Service: Middle-Class Workers in Victorian America*（1987）揭示了妇女在职场所受的持续歧视。关于工业社会中的工作社会学, Everett C. Hughes 的 *Men and Their Work*（1958）有许多实质的内容。对于现代各种专业的研究, 可参见 *Professions and the French State, 1700–1900*, ed. Gerald L. Geison（1984）这本有价值的论文集。Rudolf Braun 的 *Sozialer und kultureller Wandel in einem ländlichen Industriegebiet. (Zürcher Oberland) unter Einwirkung des Maschinen-und Fabrikwesens im 19. und 20. Jahrhundert*（1965）是一部经典之作, 虽然它的论述集中于工厂工人, 但仍是我们了解19世纪的工作世界（包括布

尔乔亚的工作世界）不可缺少的资料。

〔2〕A.S., November 17, 1879, *Tagebuch*, I, 13.

〔3〕Jerome K. Jerome, *Three Men in a Boat (To Say Nothing of the Dog)* (1889; American ed., n.d.), 220.

〔4〕Thomas Carlyle, *Past and Present* (1843). *Chartism and Sartor Resartus* (1848), 198 [book III, ch.11].

〔5〕Carlyle, *Sartor Resartus* (1836; ed. Kerry McSweeney and Peter Sabor, 1987), 126 [book, II, ch. 7].

〔6〕Ibid., 149 [book II, ch. 9].

〔7〕August Friedrich Hirsekorn to Carl August Hirsekorn, March 31, 1833, "Meine Lebenserinnerungen," typescript of handwritten memoirs, Landesarchiv Berlin, E Rep. 300–320, no. 51.

〔8〕Thomas Johann Heinrich Mann, last will. Donald Prater, *Thomas Mann: A Life* (1995), 11.

〔9〕Thomas Mann, *Buddenbrooks* (1901), part 9, ch.2.

〔10〕François Guizot, to the Chamber of Deputies, March 1, 1843. A. Jardin and A. J. Tudesq, *La France des notables. L'Evolution générale, 1815–1848* (1973), 161.

〔11〕Theodore H. Munger, *On the Threshold* (1880; 15th printing, 1885), 4.

〔12〕A. Magendi, *Les effets moraux de l'exercice physique* (1873), 209, 211.

〔13〕Theodore Roosevelt, "The World Movement" (1910), in *The Works of Theodore Roosevelt*, ed. Hermann Hagedorn, 20 vols. (1926), XIV, 275.

〔14〕Theodore Roosevelt, *An Autobiography* (1913), 57.

〔15〕Horace Mann, *A Few Thoughts for a Young Man. A Lecture, Delivered Before the Boston Mercantile Library Association, on Its 29th Anniversary* (1850), 48–49.

〔16〕Michele Cammarano, *Idleness and Work*, illustrated in Robert J. M. Olson et al., *Ottocento: Romanticism and Revolution in 19th-Century Italian Painting* (1992), 174.

〔17〕 "A Proper Use of Time," *Gay's Standard Encyclopaedia and Self Educator Forming a Household Library*, vol. I (1883), 39.

〔18〕 Samuel Smiles, *Character* (1872), 97.

〔19〕 Keith McClelland, "Time to Work, Time to Live: Some Aspects of Work and the Re-formation of Class in Britain, 1850–1880," in *The Historical Meaning of Work*, ed. Patrick Joyce (1987), 184.

〔20〕 Thorstein Veblen, *The Theory of the Leisure Class* (1899; Modern Library ed., 1934), 40.

〔21〕 Hermine Kiehnle, *Kiehnle-Kochbuch* (1912; ed., 1951), 637.

〔22〕 Beeton, *Book of Household Management*, 964.

〔23〕 Ibid., 1001.

〔24〕 Anon., fragment of a diary (1880), Vol. 12, box 1, Diaries, Miscellaneous, Yale-Manuscripts and Archives.

〔25〕 Thomas Hughes, *Tom Brown at Oxford* (1861; ed., 1889), 478.

〔26〕 E. Lynn Linton, "The Girl of the Period" (1868), in Linton, *Modern Women* (1888), 30.

〔27〕 Freud to Martha Bernays, November 3, 1883. Ernest Jones, *The Life and Work of Sigmund Freud*. vol. I, *1856–1900: The Formative Years and the Great Discoveries* (1953), 176.

〔28〕 Cesare Lombroso, "Le Génie et le Talent chez les Femmes," *Revue des Revues*, Ⅷ (1893), 561.

〔29〕 Aron, *Ladies and Gentlemen of the Civil Service*, 5.

〔30〕 Ibid., 74–75.

〔31〕 Andrew Ure, *The Philosophy of Manufactures: or, An Exposition of the Scientific, Moral, and Commercial Economy of the Factory System of Great Britain* (1835), 7.

〔32〕 Ibid., 301.

〔33〕 Engels, *Condition of the Working Class in England in 1844*, 169.

〔34〕 Charles Féré, *Travail et plaisir, Nouvelles etudes expérimentales a psychoméchaniques* (1904), 2, 3, 15.

〔35〕 Karl Bücher, *Arbeit und Rhythmus* (1897; 2d ed., 1899), 366.

〔36〕 William C. Gannett, "Blessed be Drudgery," *Blessed be Drudgery; and other Papers* (1890), 8, 11, 12.

〔37〕 Ure, *Philosophy of Manufactures*, 305.

〔38〕 Engels, *Condition of the Working Class in England in 1844*, 172.

〔39〕 Ibid., 173.

〔40〕 Ure, *Philosophy of Manufactures*, 297.

〔41〕 Ibid., 279.

〔42〕 Engels, *Condition of the Working Class in England in 1844*, 172.

〔43〕 Ibid., 173.

〔44〕 Ibid., 293–294n.

〔45〕 Louisa May Alcott, *Work: A Story of Experience* (1873), 10.

〔46〕 Samuel Smiles, Self-Help (1859; 1860), 289.

第八章

品味方面的事物 [1]

Matters of Taste

维多利亚时代的文化生活
最让人惊讶的事实在于品味的分歧多样性，
它们基于艺术市场的需要
而紧张、不稳定地共存着。
原地踏步的布尔乔亚
与大胆创新的探索者之间的界线
是千疮百孔的。

1

1908年12月，施尼茨勒跑去听罗莎四重奏乐团（Rosé Quartet）所演奏的《作品十号》（*opus 10*），那是勋伯格的第二首也是最新一首四重奏，是他对无调性音乐的一次革命性实验。该年稍早时候，勋伯格在为《空中花园》（*Book of the Hanging Gardens*）——改编自格奥尔格（Stefan George）同名诗集的乐曲——所写的演奏说明中曾宣称，他已经"打破了过去审美观念的全部局限性"，而他的《作品十号》对调性的颠覆也不遑多让。施尼茨勒在日记里写道，在演奏的过程中，听众曾出现过一阵"骚动"，有听众评论说："我不相信勋伯格。我一下子就听懂了布鲁克纳（Anton Bruckner）和马勒——难道这一次我听走耳了吗？"[2]因为对前卫艺术持开放态度，所以施尼茨勒愿意再思考一下问题是不是出在自身。

不过，他很快就把自己无法欣赏无调性音乐的原因归咎于作曲家本人。1912年，他设晚宴款待罗莎四重奏乐团和瓦尔特夫妇，席间进行了"有关音乐问题的热烈谈话，（谈了）勋伯格和欺诈"。[3] 施尼茨勒认定，勋伯格不是现代主义作曲家，只是赝品。

他对前卫性绘画的反应同样明确，同样具有代表性。1913年1月，他在日记里记录了一次与他人关于"现代艺术的使命"[4] 的两小时的谈话。一个月后，他到慕尼黑短暂一游，有机会亲身作出判断。他参观了现代书廊（Modern Gallery）为毕加索举办的个展。"早期的画作不同凡响，"他写道，不过接着马上补充，"（但我）强烈抗拒他当前的立体主义。"[5] 不过，施尼茨勒的抗拒显然不够坚决，因为两年后毕加索的作品在维也纳展出时，他又去观展了。奥地利和德国的现代主义画家带给他的观感同样是矛盾的。1913年圣诞节期间，他参观了一个画展，找到了一些"赏心悦目的东西：克里姆特（Gustav Klimt）、李卜曼（Max Liebermann）（的画）"。但画展里也有些"自命不凡的骗子"[6]（施尼茨勒显然很喜欢指控他所不能理解的艺术家为骗子），其中一个是席勒（Egon Schiele）——一位杰出的画者和无情的人体研究者。施尼茨勒固然随时准备好扩大自己的审美眼界，但并没有打算将其扩大到无限。

我们很容易会想要把施尼茨勒对勋伯格、毕加索或席勒的怀疑解释为时代性对抗的一种反映，即19世纪对20世纪的抗拒。不管是在绘画、雕刻、诗歌、戏剧、小说、音乐还是建筑领域，所有艺术都处在一片闹嚷嚷的气氛之中。只有一小批狂热分子是全心拥抱现代主义的，因此，施尼茨勒无法吸收毕加索的最新作品不足为奇。自19世纪中叶以后，厌倦了恪守成规的传统学院派油画的收藏家也许会对巴比松画派（Barbizon School）的画感兴趣，却嫌印象派太漫不经心，甚至邋遢；而印象派的钟爱者则会嫌后印象派作品过于原始和混乱；换成凡·高的仰慕者，则会否定康定斯基的抽象画，认为那只是一种哄骗普通大众的投机取巧——一如施尼茨勒觉得勋伯格的新音乐对一个严肃的音乐爱好者来说是一种欺诈。只有在需要痛击他们共同痛恨的布尔乔亚时，各个前卫的艺术家才会联合起来，形成同一阵线。在这些可以向俗人"开火"的机会以外，他们还是会热切地强调自己的个体性。比如高更就指责印象派画家仍然束手束脚，没有把全部的视觉可能性开发出来，而蒙德里安①则批评毕加索未能"进步"到完全抽象的高度。一个画家的艺术想象力在另一个画家看来只是无骨气的表现。

因为低估了如上所述的复杂性，历史学家常常过于简单地把维多利亚时代人的品味纷争概括为传统绘画与现代主义

① Piet Mondrian，荷兰画家，风格派运动幕后的主要艺术家之一，也是非具象绘画风格的创始者之一。

绘画两个阵营的对决。但事实上，维多利亚时代文化战争的前沿从来不是这样一刀切的。很多时候，对于某种新兴绘画或音乐风格的争论，往往发生在三派，甚至更多派之间。也有些前卫的艺术家私心窃愿成为体面的布尔乔亚的一员。以马奈这位现代主义绘画的伟大先锋为例，他的最大心愿是获得一枚法国荣誉军团勋章①。反观德国最著名的印象派画家李卜曼，他虽然是"柏林分离派"（Berlin Secession）的领导者，但却是彻头彻尾的布尔乔亚，过的是最循规蹈矩的生活。到头来，维多利亚时代文化生活最让人惊讶的事实在于品味的分歧多样性，它们基于艺术市场的需要而紧张、不稳定地共存着。

简言之，原地踏步的布尔乔亚与大胆创新的探索者之间的界线是千疮百孔的。维多利亚时代中产阶级艺术收藏家的名字要列成清单的话将会是一长串。这些"梅塞纳斯②"的现代继承人大多是富翁、富婆——但只是大部分，不是全部。第一批收藏塞尚画作的人绝对谈不上富有，而且都是非传统（各有各的非传统特点）的布尔乔亚。第一个在店里展出塞尚画作的人是唐吉（Julien François Tanguy），他是个好心肠的巴黎艺术用品供应商，本身不富有，却愿意让印象派画家和

① 法国荣誉军团勋章于1802年由拿破仑设立，目的在于褒扬对法兰西共和国及社会有卓越贡献的民间或军方人士。
② Gaius Maecenas，古罗马外交家，诗人与艺术家的保护人，其名字被认为是文学与艺术赞助人的代名词。

后印象派画家用画来抵货价，有时允许他们欠钱多年不还。他给塞尚画作的标价相当保守：大张的100法郎，小张的40法郎，尽管如此，他前后卖出过的塞尚的油画只有一幅。

那个唯一的买家看来就是肖凯（Victor Chocquet）。身为巴黎的海关人员，肖凯的收入很有限，对收藏的热忱却远超其经济能力，他对塞尚的崇拜也是众所周知的：不管是朋友、画评家还是收藏家，只要被他碰到，都会被他拉住，听他大谈塞尚。他常常流连在拍卖场，但因为财力有限，每次喊价超过300法郎时他就会打退堂鼓，只能等待下一次机会，看看是不是可以碰到他买得起的画。就像所有收藏家一样，肖凯多少是个偏执狂，但他却不是单恋狂：除了塞尚的画以外，他也会买德拉克洛瓦（Eugène Delacroix）、毕沙罗（Camille Pissarro）、莫奈和雷诺阿（Pierre-Auguste Renoir）的画。到1891年过世时，他总共拥有32幅塞尚的作品。

另一位同样搜集了三十多幅塞尚作品的塞尚迷是嘉舍医生（Dr. Paul Gachet），他是精神障碍和女性疾病的专家，在巴黎开诊，除了与画家为友外，本身也是个有天分的业余画手。身为政治左派又有慈善心肠，嘉舍医生会为穷人免费看诊。为嘉舍画过肖像的凡·高称他是个怪胎，而此语大概不假。举个例子，在各种流行的疗法中，嘉舍医生唯独钟情于水疗法和顺势疗法（homeopathy），但他真正古怪的是对塞尚的狂热。唐吉、肖凯、嘉舍这三位收藏家，都是维多利亚时代那些财富不多但又具有强烈艺术热忱的布尔乔亚的典型。

然而，基于事情的本质，最重要的收藏家还是那些有大笔余钱可供开销的布尔乔亚。有钱的德国和俄国商人，以及曼彻斯特、巴黎、阿姆斯特丹、纽约和芝加哥的富翁都支持画家，而且是用最实际的方式。"当你有那个物质条件的时候，只有一个方法可以证明你喜欢一个画家的作品：买下它们"[7]，剧作家小仲马在19世纪80年代打趣说。而富商巨贾也真的这样做了。1853年，一个有钱有闲而又热衷找人给自己画肖像的银行家之子布吕亚（Alexandre Bruyas）在巴黎沙龙①上看到了库尔贝（Gustave Courbet）的作品，惊为天人，委托库尔贝为自己画了三幅肖像画，又买了好些他的其他作品，两人后来还成了莫逆之交。大约在19世纪末，莫斯科富商休金（Sergei Shchukin）以一些近代俄国画家的平凡作品展开收藏，却在巴黎找到他的真爱：凡·高、高更、塞尚。回到莫斯科以后，他开始收藏马蒂斯（Henri Matisse）的作品，成果丰硕。后来他甚至从顾客转变为赞助人，并争取到马蒂斯的友谊，委托他为自己的豪宅绘制大型油画。

　　再举一个现代"梅塞纳斯"的例子：1910年，柏林工业家克勒（Bernhard Koehler）以每月200马克的生活津贴资助青年画家马尔克（Franz Marc），让他可以安心作画——这位重要的画家后来在1916年命丧沙场，绘画事业戛然而止。以上只是大批布尔乔亚艺术赞助人的几例，但也许已足以让我

---

① Paris Salon，即一年一度的巴黎艺术展览会。

们心中资本家俗不可耐的刻板印象发生转变。在审美这件事上，有些布尔乔亚是敢于违逆潮流的，而资本家在品味上的进取心有时也不输于他们在商场上的进取心。

了解这些富有的收藏家与艺术赞助者的动机，可能会进一步推翻人们对他们已有的刻板印象。他们的动机是复杂和有分歧的。一个人想要成为歌剧院包厢的长期预订人或博物馆董事会的成员，其动机之一当然是争取社会声望——但只是其中之一。剧作家和小说家，从小仲马到亨利·詹姆斯，都创造过一些试图以接触艺术来证明自己有教养的暴发户角色。莫泊桑1885年的小说《漂亮朋友》（*Bel-Ami*）里那个投机者和腐败的出版商瓦尔特就是典型例子。他是个一心想打入上层圈子的犹太人，真正感兴趣的是有性暗示或谑虐的油画，但在听说了一个名流家里应该挂些什么画之后，就购买了一些出自诸如布格罗（Adolphe-William Bouguereau）手笔的学院派精品。

就像许多讽刺漫画一样，这种把中产阶级收藏家刻画为裹着文明外衣的野蛮人的讽刺作品也是有真理内核的，但其中蕴含的真理也就这么多。19世纪的最后25年间，一小批富有的德国犹太人——西蒙（James Simon）和阿诺德（Eduard Arnhold）是其中的佼佼者——因为乐善好施和收藏丰硕而闻名遐迩。由于与威廉二世（Wilhelm II）交好，人们会有些不怀好意地称他们为"御前犹太人"（Kaiserjuden）。毫无疑问，他们之所以会大力赞助艺术家并为博物馆慷慨捐赠艺术品，其中一个动机说不定是希望借此在柏林的上流社会站稳脚跟。生活在一个犹太人才刚刚获得政治和法律平等却仍被上流社会拒绝的国家，他们会有这种想法不足为奇。然而就我们对他们的认识而言，追求地位的动机顶多是其次的：他们搜集艺术品是因为他们真的爱艺术。不管反犹太主义者怎么说，并不是所有千方百计往上爬的人都是犹太人，也不是所有犹太人都想千方百计往上爬。

要而言之，西蒙和阿诺德都是收藏家，而收藏家就像我说过的，多少都是疯子一族，都是一些对他们渴望拥有的东西如痴如醉的人。他们听从内心的驱使，上穷碧落下黄泉地去搜寻令他们着迷的东西——不一定是画作，也可以是珍本或手稿，或者某个时期的家具、邮票。1868年，一位匿名作者在伦敦《音乐时报》（*Musical Times*）谈到了"时下流行的'收藏狂'"。[8]他没说错，因为在维多利亚时代，人们因兴趣而搜集的东西种类增加了好几倍——这在另一方面也反映了布尔乔亚余暇和余钱的增加。

用"狂"这个字眼也许夸张了一点，但其搜集行为所表现出的强迫性人格却是再明显不过的。1846年，知名美术评论家托雷（Théophile Thoré）——被遗忘的大画家维米尔（Johannes Vermeer）就是靠他闻名世界的——在巴黎沙龙的一幅法国东方主义画家德康（Alexandre Decamps）所画的油画前沉思："一个人不能没有一幅德康的作品就开始收藏，而任何拥有一幅德康作品的人都会沉迷其中，他会爱上绘画，会不由自主地去搜集油画。换言之，他会成为收藏家。"〔9〕半个世纪后的1898年，美国人博尔斯（Edwin C. Bolles）在剖析收藏癖时（他自己就是个病人），中肯地指出收藏家的困境同时也是一种快乐："在希望、获得、回忆等各种最强烈的愉悦中，很少有一种可以胜过收藏家的愉悦。他的领地是全世界，渴望收藏的东西可以是发黑的邮票，可以是古希腊的花瓶，也可以是钻石，不胜枚举。"〔10〕因此，不管报上那些伟大的简化者是怎样说的，在施尼茨勒的世纪，中产阶级的品味都不只是未来与过去的对抗，而是有着惊人的分歧性和不可测的深度，视社会地位、国家、个人取向的不同而各有差异。

　　1900年，巴黎举行了"十年展"（Exposition Décennale），它展出的五花八门的惊人的油画与雕塑作品见证了维多利亚时代晚期中产阶级的品味是多么漫无边际和不可预测。作为巴黎世界博览会的一部分，"十年展"展示的都是由各参展国自行挑选的过去十年完成的艺术作品，而由于没有统一的评选标准，结果就成了一场杂然纷陈的视觉飨宴。但总的来说，这些展品都被认为是近期最好的作品，至少是受到高度赞赏的。几乎每一种风格的绘画和雕塑都琳琅满目：风景画、静物画、肖像画、自画像、裸体画、人物半胸像、正在收割的农人雕像、骑在马背上的阿玛宗人雕像、出浴妇人的小雕像等，包罗万象，一应俱全。

其中，相当多的展品无疑是暗含说教目的的，比如用美丽的乡村风景来对比都市的冷漠幽暗，用《圣经》中的庄严场面来唤醒观画者的信仰，或是描绘工人被剥削与被践踏的画面以激起观众的同情心。有些展品是纯装饰性的，或以不同姿态的裸体来公然挑逗观赏者的感官。另外一些画家则用自画像来推销自己，向人们展示自己肃穆的样子或漂亮的髭须。不过，还有一些画家〔塞尚、马蒂斯、德加（Edgar Degas）、毕加索、蒙克（Edvard Munch）等〕明显是用作品来为现代绘画的表现力欢呼喝彩。总的来说，"十年展"的艺术层次相当高；但反过来看，参观者的品味就没那么高了。如果以参观者对哪一类风格的作品反应最热烈来作为19世纪晚期最受布尔乔亚青睐的艺术风格的指标，那答案会是：全部。他们对艺术的品味就如他们对政治的意见一样充满分歧。[11]

2

"十年展"附属于维多利亚时代人的一项多姿多彩的发明——万国工业博览会。这些规模庞大、人山人海的展会展示了机械、小器具、家具和艺术方面的最新创造，它们就像音乐厅与博物馆一样，主要为布尔乔亚设立——但不一定由他们斥资举办。我们说过，在巴伐利亚，这类文化活动或机构大多是由王室出主意和出钱，第一个世界博览会——1851

年伦敦万国工业博览会——的主要发起人就是英国的阿尔伯特亲王。其他国家也一样，它们的首脑都想把他们最雄心勃勃的文化企图心——不管是否暗含展示国力或争取经济霸权的动机——转化为辉煌而昂贵的有形之物。但随着时间的推移，那些以支持艺术为己任的王侯愈来愈乐于在中产阶级的富商巨贾中寻找助力，让他们帮忙出钱建造新的博物馆，或让他们捐赠部分珍藏去充实旧的博物馆。但不管主导建设这些高级文化新殿堂的人是谁，受惠的都是观众和听众，而在法国大革命以前，这类场所寥寥无几。

当然，剧院和歌剧院这类大众聚会场所并不是维多利亚时代首创的，但它们的规模和数量在19世纪都是空前的。高级文化的民主化要比政治的民主化来得更早。前一个世纪只由贵族和巨贾所独享的文化活动，在维多利亚时代变成了家的公共替身，为布尔乔亚家庭提供了一些他们买不起却参观得起的东西。这些家外之家的主要服务对象是社会的中间阶层和富裕阶层，不过我们将会看到，小布尔乔亚也常常跻身听众和观众之列。

1870年，英国伦敦国家艺术馆馆长伊斯特莱克爵士（Sir Charles Eastlake）的夫人——她本身也是能力相当的近代艺术评论家——在回顾前30年时指出，社会力量已经重塑了英国艺术品的生产与消费："从前，艺术赞助者几乎完全是贵族与上流人士，但现在，这种身份已被一个富有和聪慧的阶级所共享（甚至将来会独占），他们的财富主要来自商业和贸易。"她又说，这种转变让在世的艺术家大大受惠，因为"新富"良好的财富判断力让他们意识到自己"对鉴赏力的无知"[12]，而这一点，又会让他们更乐于购买当时的艺术品而不是老画作，因为他们对后者知之甚少。在其他国家，这种转变的速度要更慢，但大趋势是哪里都抗拒不了的。

在维也纳和阿姆斯特丹这些音乐之都，贵族在家里举行私人音乐会或巨贾邀请几个朋友到豪宅赏画的风尚仍然没有绝迹，但音乐厅和画廊却愈来愈成为富有的中产阶级喜欢碰面的场所。在音乐大师辈出的时代（其高潮在19世纪30年代到19世纪60年代之间），帕格尼尼（Niccolò Paganini）、李斯特（Franz Liszt）、林德（Jenny Lind）的那些轰动一时的巡回演出是旧时代人难以想象的，因为从前的音乐演奏只见于贵族的宅邸、教堂和喧闹的庶民节日。新创立的管弦乐团也用季票制度吸引到了大批听众。随着时代的迈进，连一些中型城市，如美国的哈特福德和法国的鲁昂，也分别在1844年和1880年拥有了自己的艺术博物馆。免费的公共图书馆和收费的私人图书馆也满足了人们与日俱增的阅读需要。就连那些需要门票的文化场所也有相当多的布尔乔亚负担得起了，那些热爱艺术、戏剧、音乐和小说的庶民拥有那么多扩大其享受生活中美好事物的机会，这在历史上还是第一次。

但扩大并不必然代表提升。如果一家博物馆是由思想守旧的董事会或同样老派的馆长主持的话，它就会形同一座陵墓，展示的尽是些了无新意的画作或雕塑品，原创性天才的新鲜微风无法吹入。在19世纪，通常每年举行一次的巴黎沙龙有好长一段时间都是由一些守旧的官僚主导的，他们不愿意给那些没有在传统画室或学院里待过的艺术家机会。这当然不是说所有学院派作品都是平庸的，像欧内斯特·梅索尼尔（Jean-Louis Ernest Meissonier）和卡巴内尔（Alexandre Cabanel）这些无疵可寻的画家，其细密的技法就让观展者惊叹不已。尽管如此，通往未来的道路仍是在别处的。

因为不甘忍受这种毫无前景的待遇，前卫艺术家们开始反击，时而以嘲讽，时而以怒斥。1849年，法国最伟大、最受尊敬的新古典主义画家安格尔（Jean-Auguste-Dominique Ingres）发言指责巴黎沙龙"平庸四溢"，说它们的"陈腐老套"已蔚为"公众的不幸"，带来了坏品味，徒然浪费国家的资源。"无疑，这些展览已成为我们生活的一部分，压制它们是不可能的，但也没有必要加以鼓励。它们扼杀了艺术，让它成为不再受艺术家尊敬的行当。"[13] 这些已是很有力的措辞，但其他人发表的不满言论更加尖锐。印象派画家毕沙罗——他的作品在19世纪80年代显露头角——不是第一个，也不是最后一个认为应该放把火将所有博物馆烧掉的人。他深信，被那些博物馆馆长不加批判就奉为经典的作品都是些石质土，会窒息新艺术的生机。[14]

因为知道口舌之争的徒劳，那些自觉他们比他们所说的"官方平庸"更高一筹的艺术家开始组建反官方团体。画商在推广新品味一事上也居功匪浅，他们会故意在巴黎沙龙举行期间搞些个展，与国家资助的画展争锋，有时甚至会超越后者。1874年，印象派画家们在巴黎举办了他们的第一次"独立沙龙"（Independent Salon）画展。1886年的独立沙龙是第八届也是最后一届，而当时的几个要角——莫奈、雷诺阿、莫里索、毕沙罗、古斯塔夫·卡耶博特（Gustave Caillebotte）——皆已相当有名（尽管不是人人收入丰厚）。在伦敦，于1877—1890年经营的宽敞气派却短命的格罗夫纳画廊（Grosvenor Gallery），通过展出惠斯勒（James McNeill Whistler）、瓦茨（George Frederi Watts）、蒂索（James Tissot）的作品而为艺术氛围增添了生气，同时会将前卫作品与保守作品并展，让两者的高下在无形中产生对照。这座"艺术宫殿"也喜欢展出一些不太受皇家学院美展青睐的画家的作品，而且尤其同情女性艺术家的困境。在19世纪90年代的德国和奥地利，不满帝国或王室艺术品味的画家组成了一个个所谓的"分离派"。然而，在一个变动不居的时代，这些叛逆团体不可避免地又会衍生出新的分离派，因为他们在同代人眼中虽然是颠覆者，但在下一代眼中却是既得利益者。

3

19世纪的布尔乔亚会去歌剧院、音乐厅、剧院，或参加各种公共或私人展览，其目的形形色色，不一而足。有些人以之作为放松或调情的地方，有些人是为了与生意上的熟人交际。准画家到博物馆去是为了临摹大师的作品，学习独奏的学徒到歌剧院是为了观摩大师的表演。而有些人到歌剧院则是为了追求肉体的快乐，比精神享受更令其感兴趣，他们会不时瞄楼座一眼，寻找坐在阴影里的妓女。不过，在最宽泛的意义下，这些公共场所——不管是由国家还是企业家兴建的——都是教育机构。正如休谟（David Hume）早在18世纪就指出的，品味是培养出来的，不是天生的。人需要透过反复和长时间的接触，才可能提炼出那个粗糙、轻率、无知的想法："我知道我喜欢什么。"但这样的接触又需要投入大量的时间——除去工作赚钱或管理家务的时间。简言之，在摄取高级文化一事上，时间就是金钱。

值得重申的是，随着时间的推移，工作的理念不再垄断中产阶级的注意力。对其中的许多人来说，培养高级文化品味的机会要到维多利亚女王的世纪才出现。没错，自印刷术在16世纪普及以后，阅读（不管是诗歌、小说或宗教方面的小册子）就是一般中产阶级可以负担得起的嗜好，而剧院到了莎士比亚的时代已开始能满足大众的需要。但其他需要更高鉴赏力的艺术或文学活动则要等到19世纪，那时人们才有那个时间和金钱去培养品味和欣赏情趣。除免费日以外，大部分博物馆和艺术展都需要门票。而如果全家一起参加音乐会或看歌剧的话，将会是一笔不小的开支；书籍和乐谱则是另一种开销。对维多利亚时代人而言，金钱可以买到超越时间的东西。

需要多少钱？需要多少时间？我曾经把维多利亚时代的布尔乔亚比喻为经济的金字塔，其顶部极小，底部非常宽，斜边非常陡。这一生活的事实是罗斯金（John Ruskin）所说的"艺术的政治经济学"无法规避的。显然，一个人能买得起、看得起或听得起什么样的文化产品，乃是决定其品味的关键元素。同样明显的是，如果一般的英国文员年薪60或70英镑（比如特罗洛普①在邮局找到的第一份工作收入相对优厚，年薪90英镑），又已婚，那他享受文化产品的机会肯定比年收入300英镑的家庭要小得多。同样，一个年收入1800马克的德国小布尔乔亚店主所过的生活，也是一个年收入5000到6000马克的公仆不能想象的，教授、银行家和贸易商的收入就更不在话下了。此外，一个年收入600到1200克朗的奥地利人享受文化产品的机会也是无法与施尼茨勒相比的——他的戏剧和小说的版税加起来，粗估一年有3000克朗之多。尽管如此，施尼茨勒仍然老是喊穷，他信誓旦旦要过得节俭一点的决心，也不会获得维也纳大多数中产阶级的赞同。

文化商人和负责文化事宜的公仆很快就学会了怎样去适应布尔乔亚的金字塔。一个由狄克逊父子公司（James Dixon&Sons）生产、由雷德格雷夫（Richard Redgrave）彩绘的谢菲尔德茶壶如果是纯银制的话，可以叫价到20基尼②，但

---

① Anthony Trollope，19世纪英国小说家。
② guinea，旧时英国的金币，1几尼等于21先令，即1.05英镑。

镀银的只需要2英镑，用锡合金制的更便宜，只卖16先令。曼彻斯特的哈莱乐团也微调了它的票价。1860年1月，该乐团演奏了门德尔松的《仲夏夜之梦》（号称以"由70名演奏家组成的管弦乐队和完整的合唱队"为特色），保留座的票价是3先令，正厅是1先令6便士，后排站票是1先令。一个月后，该乐团将演奏格鲁克（Christoph Willibald Gluck）的《伊菲姬妮在陶里德》（*Iphigenia in Tauris*），自豪地承诺"演奏家与合唱队员共250人"，其保留座票价增加到4先令，正厅增加到2先令，后排站票仍然保持在便宜的1先令。保留座的价格很快又上涨了，1864年是7先令6便士，但后排站票仍然停留在1先令，这个价钱是即使带太太一起的低收入文员也负担得起的——那大约是他三个小时的工作收入。

富有得可以出游的德国布尔乔亚想要买一本贝德克尔出版社（Baedeker）出版的旅游指南的话，有几种选择：介绍柏林和周遭地区的售价3马克，介绍德国南部的5马克，介绍更有异国风情的地点（西班牙、埃及或巴勒斯坦）的12马克。1880年，小品文作家和编辑莱克斯纳（Otto von Leixner）出版了一本研究美学的书，卷首插图是考夫曼（Angelica Kauffmann）画的维斯太贞女①。莱克斯纳表示，他可以用25到150马克不等的价钱，将这幅画的复制品卖给读者，虽然售价差别较大，但他声称每件复制品都是"一幅在各方面都

---

① Vestal virgin，一位女祭司，曾于古罗马时期主持对女灶神维斯太的国祭。

不辱原作的杰作"[15]。这些例子以及其他无数的事例都反映出，高级文化已经开始可以滴落到穷兮兮的中产阶级下层，甚至滴落到工人阶级的最上层。

在歌剧院和戏院这些地方，票价的区分特别细，揭露出中产阶级内部从富裕到贫穷之间的分层。施尼茨勒自己的戏剧就是一个鲜明的例子。1895年10月9日，维也纳的霍夫贝格剧院（Hofburgtheater）上演了施尼茨勒的《调情》（Liebelei），故事描述了女主角克丽丝汀与男主角弗里茨的一段情爱。克丽丝汀是年轻漂亮的小布尔乔亚女性，弗里茨则是上层阶级的大学生，但他在与克丽丝汀交往的同时却与另一个有夫之妇有染，最后在一场决斗中命丧对方丈夫之手。没多久，克丽丝汀就发现弗里茨的不忠，让她感觉自己形同守了两次寡。这出辛辣戏剧的票价分为多种：剧场后段的站票是0.4克朗，正厅后座的站票是1克朗，剧场前段的包厢是25克朗，包厢座位的票价为3.5克朗到6克朗不等，正厅前排的票价为3克朗到4.5克朗不等。这种细分法足够让施尼茨勒写出一出机智俏皮的独幕剧了。

然而，这种细分法并不能保证所有或大多数的布尔乔亚会利用空闲时间去提升他们的艺术品味。另一方面，前卫艺术家、作家和文化评论家对布尔乔亚的猛烈攻击——说他们没有鉴赏力、说他们庸俗——是大大地夸张了。史蒂文森（Robert Louis Stevenson）一度称布尔乔亚为"追逐财富的俗人"[16]，但这类无所不包的断言罔顾了复杂的历史真实，因为如果他们的鄙夷真有坚实根据的话，那我们就不明白，施皮茨韦格（Carl Spitzweg）的那幅最知名的画作中的恐怖画面——一个艺术家饿死在自家的顶楼里——为什么在真实生活中罕见其例。

不过有一点倒是真的：在19世纪末以前，进步的艺术和文学品味在体面的圈子里较少受到青睐，而得到的回报也较少。例如，在19世纪中叶以后，梅索尼尔的生动的行军图可以卖到20 000法郎，甚至更多；反观毕沙罗在19世纪80年代初卖出的一幅艳阳下的乡间画，则仅仅售价200法郎。然而，对布尔乔亚品味漫无边际的声讨就像对其品味漫无边际的辩护一样，都无法全面捕捉维多利亚时代中产阶级偏好的分歧性和全部历史。不过以下说法也是不可否认的：有很长一段时间，大部分布尔乔亚所追求的都是他们儿时就有的那种审美快感，而不思寻求更成熟的满足。

几乎可以说，一般布尔乔亚喜欢或不喜欢什么，是相当孩子气的。小孩的选择通常毫不犹豫，直截了当，而许多维多利亚时代中产阶级的成年人在追求高级文化的时候，也并不抛弃这种童稚的独断。伍尔夫（Virginia Woolf）说过，乔治·艾略特的《米德尔马契》（*Middlemarch*）是维多利亚时代唯一写给大人看的小说。这一毫不留情的评语虽不公正但却精彩，因为它点出了19世纪文化生活的一个重要事实：大部分维多利亚时代的布尔乔亚，就像他们前后的同类一样，看戏或读故事的时候喜欢知道他们是站在哪一边的，而听交响乐或观画时喜欢感受到他们预期会有的那些感受。在小说方面，他们喜欢福斯特（E. M. Forster）所说的"扁形人物"，也就是那种一眼就可以分辨善恶忠奸的角色。

想要欣赏19世纪那些大师级小说里的"圆形人物"，品味的培养是少不了的，而这需要时间和努力，甚至往往还需要导师。一个单纯的读者会把《安娜·卡列尼娜》里的卡列宁——女主角安娜的丈夫——理解成一个僵化的、面目可憎的官僚；同样的，对《玩偶之家》的肤浅解读，也会让他们觉得女主角娜拉的丈夫海尔茂是个麻木不仁的暴君。但如果读得更深入些，我们就会发现托尔斯泰和易卜生笔下的两个丈夫要远比乍看起来复杂得多：他们是加害者，也是受害者；除了要承受来自社会陈规的世俗压力外，也要承受来自妻子不顺从自己的压力。这就难怪亨利·詹姆斯晚期的小说——他把一些复杂角色写得鞭辟入里——过了许多年后才获得读者的青睐。

同样的复杂性也见于那些宁可倾听内心的悸动也不愿接受尊贵赞助人劝告的画家。正如"十年展"所反映的那样，大部分艺术爱好者都对高明的技法赞扬有加，而技法几乎是所有学院派油画都具备的。在19世纪的大部分时间里，收藏家和政府都乐于用钱和政府勋章去肯定那些能感动他们的作品（比如狗为主人而哀恸的画）、让他们微笑的作品（比如英俊的意大利小伙子害羞地邀请美女共舞的画）、让他们目不转睛的作品（比如正在忏悔但衣着暴露的抹大拉的玛利亚），以及会让他们产生虔敬美感的作品（比如年轻裸体女子在罗马澡堂里嬉闹的画作）。

19世纪参观画展的群众大多数看来都不自觉秉持着某些欣赏规则：一幅画必须彻底完成，而不能像草稿一样留在画布上——这一标准将印象派排除在外。画布上的形状和颜色必须尽可能忠实地展现真实——这一标准让高更、凡·高、蒙克，甚至毕加索都超出了可接受的范围。而如果是裸体画（这种画在大众那里从未失过宠，而且在任何画展中都是显眼的大宗展品），那画家就必须遵守我所称的"距离原则"：裸体必须被理想化，绝不可以如实地描绘一个普通的女体，而且要放在一个遥远的国度、时代或宗教的背景里。把她带到古代或神话里就像给性感的裸体模特戴上面纱一样，可以为她带来尊严。这一原则解释了为什么马奈在1865年巴黎沙龙上展出的《奥林匹亚》（Olympia）会招来如此大的非议。他画的可是一个风尘女子，而且是个巴黎女人，这简直是对观画者的一种挑衅。更安全的做法是把一个罗衣褪尽的诱人女体取名为"春天"或"特洛伊的海伦"——再不然"电"也行！

4

如果艺术场所对维多利亚时代的布尔乔亚具有艺术教化功能的话，那么那些有涵养的文学评论者和见多识广的乐评家亦复如此。在一些罕见的时刻，一个策略高明的人可以对品味的历史产生惊人的影响力。法国印象派绘画最成功的宣传者是玛丽·卡萨特（Mary Cassatt）。她出生于匹兹堡一个富有的上层中产阶级家庭，后来在西欧广泛游历，结识了不少画家，自己也作画。1874年起，她定居巴黎，受到印象派画家的欢迎，并被邀请与他们一起举行画展。她与德加的关系密切（密切到德加这个无可救药的人类憎恨者所能忍受的最大程度），这一点，从她的油画和彩色蜡笔画中就可以看出。不过，真正让她成为一股历史力量的，是她对法国反学院派画家不懈的捍卫。她让她从美国来的朋友（都是富婆）开了眼界，认识了库尔贝、马奈和其他具有颠覆性的艺术家，并在回美国后开始收藏他们的作品。卡萨特其中的一个朋友是路易丝·埃尔德（Louisine Elder），很快就嫁给了富有的哈夫迈耶（Henry O. Havemeyer）。路易丝·埃尔德的收藏从一幅德加的油画开始，继而转向其他颠覆者，尤其是库尔贝、马奈、莫奈，甚至塞尚（大部分19世纪末的观画者都认为塞尚是个连桌子都画不好的蹩脚画匠）。她的辉煌收藏后来让大都会艺术博物馆大为生色。

卡萨特和哈夫迈耶的名字在提醒我们，19世纪的美国尽管是个在许多方面都很年轻的国家，但至少有些美国公民是热爱艺术，且对高级文化有促进之功的。美国人要比欧洲人所以为的更有教养，更不那么庸俗。与维多利亚时代一般人的观感（一种至今仍然没有全部消除的观感）相反，并不是所有的美国人都品味低俗。资助或创办交响乐团、公共图书馆或地方性博物馆的富有美国人大有人在。他们其中一小批还是前卫艺术的赞助者。譬如，哈特福德的沃兹沃思（Daniel Wadsworth）在1844年创建了沃兹沃斯艺术学院博物馆，他也是美国画家科尔（Thomas Cole）和丘奇（Frederic Church）的资助者；来自巴尔的摩的沃尔特斯（William T. Walters）是多产的法国动物雕塑家巴里（Louis Barye）的赞助者；弗里克（Henry Clay Frick）买下自己能找到的弗兰斯·哈尔斯（Frans Hals）和庚斯博罗（Thomas Gainsborough）的每一幅画；哈夫迈耶买下大量伦勃朗的作品，其中颇有一些是真迹。这两位收藏家后来都把他们的收藏公之于众，前者是在自己的豪宅里，后者放到了大都会博物馆。

这份名单还可以任意加长：弗里尔（Charles L. Freer），他收藏了数量可观的亚洲艺术品，而在与惠斯勒为友后，又搜集了比谁都多的惠斯勒作品；加德纳夫人（Isabella Stewart Gardner）——一位品味多元、高度个性化的女性收藏家——收藏的画作包括提香与马奈的作品。这两位收藏家都留下了展出场地，供公众分享他们的收藏。值得注意的是，这些美国高级文化的赞助者当中，有些不无道理地被谴责为垄断者和土匪头子：哈夫迈耶几乎垄断了美国的制糖业，弗里尔几乎独占了铁路机车的制造，弗里克则是钢铁大王卡内基手下不留情的事业伙伴。不过，在联邦政府或州政府并不资助音乐厅、戏院和画廊的国家，这些文化事业除了靠私人的资助以外（不管他们的钱是从哪里得来的），也没有别的办法。

品味的分歧现象也见于大西洋的彼岸。就像他们的欧洲伙伴一样，美国的百万富翁高度赞扬17世纪的画作，美国的音乐爱好者则对新音乐持怀疑态度。在世纪之交，纽约人对勃拉姆斯（Johannes Brahms，生前被认为是个难懂的作曲家）的害怕并不亚于柏林人。有一则传说是，在波士顿交响乐厅和维也纳爱乐协会都曾有人见过写着"演奏的如果是勃拉姆斯的曲子，出口在此"的标识。不过，也有一些努力致力于架接起两大洲品味的，其中之一是1913年2月在纽约举行的"军械库艺术展"（Armory Show），组织者是一小批个人主义者，包括摄影师施蒂格利茨（Alfred Stieglitz）和收藏家奎因（John Quinn）。抱着给大众上一课的目的，这个展览展出的都是欧洲现代主义艺术家最新和最离经叛道的作品。

大约有13万名艺术爱好者参观了"军械库艺术展"，很多人大为震惊——他们理所当然感到震惊。画展中，毕加索的立体主义作品、马蒂斯的野兽派油画以及立体主义雕塑家布朗库西（Constantin Brâncuși）的《吻》（The Kiss）虽然招来了报纸社论的愤怒鞭挞和讽刺漫画的揶揄，不过也有一些人认为大大开了眼界。最受欢迎的画作是杜尚（Marcel Duchamp）的《下楼的裸女》（Nude Descending a Staircase），但它也让大部分观赏者一头雾水，因为不管怎么找，他们就是找不着画题中所允诺的裸女。"军械库艺术展"是对维多利亚时代的意外告别，因为才一年半以后，标志着19世纪终结的第一次世界大战突然爆发。不过凭着它造成的轰动，"军械库艺术展"还是让美国人——不管是赞助者、收藏家还是一般的观众和听众——进一步强化了国际性的布尔乔亚品味。

　　作为连接美国人和欧洲人品味的先锋,卡萨特是深受爱戴并颇具权威的推广者,她不知倦怠的热忱为她换来的只有感激。但文艺评论家的处境就没有那么好了,因为每当他们对庸俗品味加以嘲笑时,换来的不是冷漠就是坚决的反对。1840年,英格兰杂志《音乐世界》(*Musical World*)指责去歌剧院的人对歌者能引起的情绪刺激的重视程度要多于表演的品质:"从广义上说,他们都是感官主义者(Sensualist)——追求的只是眼和耳的满足。"[17]晚至1889年,《音乐时报》还这样申斥这种堕落的布尔乔亚:"有相当一部分读者,他们具有强烈的依赖性,要么不愿意,要么就是没有那个能力自己做出判断。对他们来说,任何来自权威的评论都是不刊之论。"[18]这段话不经意地透露出,那些教导读者如何思考或欣赏些什么的权威在维多利亚时代是深受信赖的。文艺评论家固然有时高高在上,但不管怎样,对艺术的原创性来说,那些自以为什么都懂的读者的威胁要比那些害怕自己不懂的读者更大,而最欢迎文艺评论家权威建议的也是后一类人。

　　事实上,文艺评论家的建议是被需要的,甚至常常被渴望。至少,在不懈地捍卫自己的发现和以公然鄙夷的态度面对庸俗时,文艺评论家让一个维多利亚时代的典型争论活力不衰。另外更重要的是,不管这些评论家如何可怜兮兮地确信自己的话就是对牛弹琴，受其影响而改变品味的读者数量仍远多于他们敢于希望的。因此，文艺评论家乃是维多利亚时代文化舞台的重要角色。他们之中最有影响力的那些吸引到了大批忠实的追随者——一些对言之成理、持之有故的艺术和文学判断如饥似渴的人。

在一个多世纪后的今天回顾维多利亚时代，我们可以清楚地了解到，当时阅读文艺评论的读者是既幸运又不幸的。那是一个大作家会熟练评论同侪作品的年代。他们都是一些完全知道自己说什么的人。谈到这一时代的评论家，我们首先会想到的有19世纪中叶最重要的法国诗人波德莱尔，再来还有豪威尔斯（William Dean Howells）、左拉、冯塔纳（Theodor Fontane）、亨利·詹姆斯，他们全都具有小说家的身份。其中一些（特别是波德莱尔和左拉）也会为美术展写些引人入胜的评论。在19世纪90年代，萧伯纳的乐评家身份要比他的剧作家身份更广为人知。

但评论家们面对的是一个艰巨的任务。19世纪的文艺评论家同时是阅读普遍化的受惠者与受害者。日报和周报于一个世纪前首先出现在英国，自19世纪30年代开始在美国和欧洲取得了爆炸性增长。这一现象让文艺评论者有了固定的收入和可观的读者，同时又让他们被一大群没什么天赋又不谨慎的同僚所困扰。在一个激烈争夺读者的年代，报纸主编往往会限制，甚至禁止评论家发挥他们的教化功能。销量竞争和政治仇恨也常常渗透进它们本不应该存在的报纸专栏里。法国的读者特别倒霉，很多评论者——常常是一些从外省来巴黎寻觅财富的年轻人——都以不忠实著名，他们夸奖或贬低一本书或一场音乐会，往往是主编授意或被收买的结果，其见识浅薄的厉害程度不亚于受贿的程度。一个布尔乔亚的读者永远不能确定这些评论者是否正在提升自己的品味。

到了19世纪中叶，对有求知欲的读者来说，最大的威胁已经不是评论者被收买的问题，而是受雇去评论的记者人数暴增的问题。他们对书籍、戏剧、音乐的草率评论只会降低行业的专业水平。1891年，亨利·詹姆斯在一篇沉重的短文《评论》（*Criticism*）里审视了这一让人气馁的处境。他抱怨说，文学评论"在报章杂志上泛滥成灾，宛若冲出堤坝的河流"。它的空前成功也让自身走向了失败。这种"文化评论家身份与机会的扩散"不亚于一场"灾难"，带来的是"判别的失败、风格的失败、知识的失败和思想的失败"。[19] 评论已经沦为"回顾"（reviewing）——这一词在亨利·詹姆斯看来就是讥讽。

他的挖苦当然是有意夸大其词，因为他自己发表的文学评论就足以证明，在维多利亚时代的评论圈子里，并非一切都是虚假和肤浅的。善于颠覆既有观念的王尔德甚至说过，评论家的工作要比小说家或诗人的工作更难、更杰出。其他人就没有他那么有把握了。但除去我上述提过的闪亮的名字以外，确实有一些评论家很杰出，他们的杰出或表现在才智、勤奋上，或表现在文笔、审慎上。但不管用这几个标准的哪一个来衡量，圣伯夫都肯定名列杰出评论家之林。圣伯夫1804年生于法国滨海布洛涅市一个小布尔乔亚家庭，一辈子都是个自由派，却不是政治活跃分子，也正因如此，他才能与拿破仑三世的帝国相安无事。但他从不妥协自己的基本理念。1857年，尽管《包法利夫人》的作者、出版商和印刷商刚刚因淫秽罪和亵渎罪被起诉，圣伯夫却勇敢地赞扬了它，并坚称应该只用文学价值的标准来衡量它。在一篇论述阿尔让松侯爵（marquis d'Argenson）——路易十五（Louis XV）统治时期的重臣——的文章里，圣伯夫赞美阿尔让松侯爵拥有"布尔乔亚的单纯和廉洁，甚至脾气"[20]——这些都是地道的中产阶级价值观，也是圣伯夫本人奉行不渝的。文学批评和学术就是他的全部生活，偶尔才会被演讲或与作家朋友（如龚古尔兄弟和福楼拜）的聚餐打断。在其文学事业的一开始，圣伯夫原是雨果圈子里的一位浪漫主义诗人，1834年出版了自传性极强的小说《情欲》（Volupté）。就在这时候，他着手研究了帕斯卡和17世纪的詹森派教徒①，然后用20年时间完成了分五卷出版的《波尔罗亚尔修道院史》（Port-Royal），此书至今仍值得一读。用圣伯夫自己的话来说，文学变成了他的宗教。

---

① Jansenist，被罗马天主教斥为异端的一种教派，盛行于17世纪和18世纪的法国。

当圣伯夫摆脱了忏悔的心态和浪漫主义的姿态后，他也找到了自己真正的志业。从1824年起，他持续为自由派报纸《环球报》（Le Globe）撰写文学评论。后来，1830年前后他沉淀下来，开始写一些经过深思熟虑和周密研究的论文，评论对象是法国的古今文学。从1849年到1869年过世前的这段时间，他每个月都会发表一篇论文，它们后来被结集成一卷又一卷的《月曜日漫谈》（Causeries du Lundi）和《文学家画像》（Portraits littéraires）。这些论文都体现了圣伯夫的一个基本原则：文学作品，不管是小说、回忆录还是历史著作，都必须被理解为镶嵌在其文化中的思想的产物。这种立场，被后来的批评家（特别是普鲁斯特）批评为过于理性而文学性不足。但圣伯夫从未动摇过。"我分析，我采集，"他在1846年写道，"我是心灵的博物学家（naturalist of minds）——我想创造的是一部**文学的博物志**（Literary natural history）。"〔21〕为了把这部文学的自然史写好，圣伯夫让自己成了19世纪法国最博学的作家之一，而他之所以认为歌德是"评论家之王"〔22〕，理由之一正是歌德花了一辈子时间去研究他周围的世界。

尽管对历史和学术拥有热情，但圣伯夫的天分更多是用在揄扬或重新发现过去作品的伟大性上，而不是赏识新的天才。他未能给予巴尔扎克和波德莱尔该有的赞扬，这让他不得不承受身后的责难。但多少可以弥补这种盲点的是其文章的严肃和坚定，以及他不留情面的诚实。当他哀叹"评论家这可悲的行当"[23]时，他并不只是在指责这一行庸人猖獗的现象，而是在感慨评论家的身份让他失去了很多朋友：很多人往往想利用他的影响力来抬高自己配不上的身价。如果说不肯同流合污是他唯一杰出的文评家品质的话，那这品质已足够在布尔乔亚读者大众中得到高度赞赏。但他所能贡献的远不止于此，还有他的精力、眼界、清晰的思路和渊博的知识。

论影响力、学识、责任心与机智，奥地利乐评家汉斯立克与圣伯夫非常相似。他在维也纳音乐界的影响力是那么大，以至于被冠以"沙皇"的绰号。布鲁克纳曾经想在第七交响曲首演前先把乐谱出版，正是由于害怕汉斯立克的批评会破坏大众对它的接受度。布鲁克纳固然是个不谙世事且奴性较强的人，但他的顾虑也反映出汉斯立克的权势有多大。然而在一个重要的方面，汉斯立克与圣伯夫又极其不同。圣伯夫的关注是广泛的，而且全神投入于用他的评论来做出一种高难度的表演；但汉斯立克却心有旁骛，他被卷入一场于19世纪后半叶发生在美国和欧洲音乐界的纷争——瓦格纳的支持者和勃拉姆斯的支持者互相叫阵。汉斯立克毫不掩饰自己的立场，自始至终都是勃拉姆斯的捍卫者。

瓦格纳与勃拉姆斯的战争——说是"战争"一点不为过——绝不是无关痛痒的，它导致观众在音乐厅里抗议，家人对立，朋友反目。勃拉姆斯一派斥责节日剧院是对一个自大狂的病态礼赞，是对偶像的病态崇拜，又指瓦格纳的《特里斯坦与伊索尔德》（*Tristan und Isolde*）是一出淫秽放荡的戏剧。瓦格纳一派则回敬说勃拉姆斯的音乐是传统主义的、空洞的，一言蔽之就是毫无价值。瓦格纳本人——他从来不是个有度量的人——则把勃拉姆斯的音乐形容为平庸、沉闷、引人反感的。

汉斯立克以旺盛的精力（这是他的正字标记）投入这场对抗瓦格纳的斗争。正如他在1894年的自传里说的，他的信条乃是："乐评的存在并不是为了颂扬一切，而是为了说实话。"[24] 这并不表示汉斯立克在瓦格纳的音乐里找不到优点，特别是一开始的瓦格纳——当时的他比任何时候都更有自由精神。但随着时间的推移，汉斯立克逐渐相信，不使用最冒犯的语言，是无法将瓦格纳式音乐剧的邪恶威胁和它对其他作曲家的坏影响拔除的。正是因为站在这样的战斗立足点上，他才会把布鲁克纳贬低为只是瓦格纳的跟班——外加疯子。

汉斯立克对瓦格纳的憎恶还有一个个人因素。1862年，瓦格纳前往维也纳朗读他《纽伦堡的名歌手》（*Meistersinger*）的剧本，汉斯立克应邀出席，当即看出剧中那个愚蠢自大的评论家角色贝克梅瑟所影射的就是他。据说，瓦格纳还一度考虑过要给这个角色取名为"汉斯·利克"。瓦格纳之所以会这样赤裸裸地羞辱汉斯立克，是不是因为汉斯立克的母亲是犹太人？这至今仍是有争议的问题。但事情还不止于此。瓦格纳自视为未来音乐的先知，宣称他创作的歌词和乐曲为具有深刻政治、文化和精神意义的宣言。在这一点上，汉斯立克与瓦格纳形成了强烈反差，因为汉斯立克追求的是他所称的"纯粹美的世界"[25]，在他看来，勃拉姆斯的作品——特别是室内乐——是这种美的体现者。汉斯立克不无道理地认为，瓦格纳所挑起的议题是政治性的。瓦格纳主义者在受过教育的公众和作曲家中争取到不少皈依者，在专业的音乐期刊占据了主编的位置，并垄断了有关音乐的议论。汉斯立克在一篇有趣的短文里说，要是圣灵下凡，第一件想问的事就是：你对瓦格纳怎么看？汉斯立克指出，要是瓦格纳主义得胜，那么音乐就会有臣服于歌词之虞，美就会有臣服于意识形态之虞，"无形式将会成为一项原则，歌者和乐师会像吃了鸦片一样如痴如醉，膜拜也将会出现——我们知道，一座神庙①已经在拜鲁特升了起来。"[26]在汉斯立克看来，这是一个他必须动用全部力量来驱除的邪恶幽灵。

尽管汉斯立克学识渊博，勤奋，并自称对各种音乐风格都很包容，但他的包容是相对狭窄的。他曾引用经文自况："在我父的家里，有许多宅第。"[27]但却难以与柏辽兹（Hector Berlioz）之类的非传统作曲家共鸣，被他供在他的音乐万神殿里的作曲家也相对较少，主要有亨德尔（George Friedrich Handel）、格鲁克和勃拉姆斯。他怀疑巴赫的作品只剩下历史意义，对早期的音乐也没什么好话，声称"宁可见到许茨（Heinrich Schütz）的所有作品被烧掉，也不愿看见（勃拉姆

① 指节日剧院。

斯的)《德意志安魂曲》(*A German Requiem*)被毁。"[28]在把尊重一切品味视为最高原则的今天看来,这种儿戏的论断几近庸俗。然而,对汉斯立克的读者而言,他基本上仍是个可靠的老师,这是因为他对自己的品味坦然不讳,而且用了数以十计的乐评文章论证了自己偏好的合理性。

维多利亚时代布尔乔亚的美学教育得之于博物馆和画廊的,与得之于评论家的一样多。但博物馆当然不是什么抽象的实体,而是一种人性得不能再人性的机构。它们的主持人犹如代理收藏家,被任命去帮助热爱艺术的大众。其任命者希望他们用大众的钱去提升和净化大众的审美眼光。然而,有文化修养的馆长要是真有什么原创的想法,一个能够落实这些想法和实现博物馆说教功能的前提是他要顶得住来自上级的压力,不管这个"上级"是国王还是内阁部长,是市议会还是董事会。如果馆长碰到的上级是个像威廉二世这样事必躬亲、对什么事情都有意见的人,那么他就必须拥有外交家的长才,懂得周旋,在自己与握有最终决定权者的审美观之间找到平衡——否则他的位子就很难坐得稳,坐得久。

不过,一个固执己见却深受爱戴的馆长即便老是引进一些非传统作品来挑衅大众的品味,其位子仍然未必会不稳——哪怕激怒了一些上级。"一些"在这里是个关键词,它暗指了分化就是征服。举个很好的例子——利希特瓦克(Alfred Lichtwark)。他在1886年被任命为汉堡美术馆馆长,此后虽然一再挑战中产阶级的传统艺术品味，却能够在任到1914年去世。利希特瓦克出身小布尔乔亚家庭，单凭自己的聪慧爬到了社会上层，最后得到汉堡大人物的认可，被对方视为自己人。利希特瓦克也是个集矛盾于一身的人，他既是温和的社交高手，又是有自己艺术判断原则的勇猛战士；既是一个邦国的热爱者，又是艺术品味上的世界主义者。他的任务是恢复汉堡人乃至德国人的高雅艺术品味。他认为，在历经德意志多个世纪的分裂后，人们的艺术品味越来越差，尽管德意志已在1871年完成统一，但民众的品味仍亟待修复。他在1905年指出，德国的公民已经有太长一段时间忽视了自身的教养，有太长一段时间"只生活在知性中。而现在，让宗教伦理和艺术活力充分发展的时候到了"。[29]

　　他的目的并不单单是提升国人对美的敏锐度。在利希特瓦克看来，好的艺术品味乃是道德的必要元素，这也是为什么他会不停地演讲和写作小册子。他会谈论和写一些被忽略的本地建筑，一些被不公正地遗忘的德国画家，以及提倡把艺术加以普遍应用，比如用于室内设计、家具、摄影等。他把自己视为德国文化的医生。他相信，值得尊敬的德国市民已经沦落为肤浅的现代布尔乔亚，必须靠一些有较高文化素养的人（他自己当然是其中之一！）带领他们走出迷茫。"任何站在艺术和艺术家的角度上看待布尔乔亚的人都不会觉得他们可爱，"他在1898年写道，"他们都是暴发户，有着所有讨人厌的典型暴发户特征。他们被成功冲昏了头，变得专断、傲慢，是一切艺术独立性的不共戴天之敌，是那些奉承其虚荣心与狭隘目光的人的赞助者与保护人。从根本上说，由于对艺术缺乏兴趣，作为业主、客户和买家的布尔乔亚已经把建筑、装饰艺术和绘画的层次降到了和他们本身一样低。他们不思贡献什么，却又相信自己有权要求一切。"[30]这一指控对自视为德国现代化先锋的布尔乔亚来说不可谓不严厉。

虽然经常演讲和发表小册子，但利希特瓦克最主要的教室当然还是汉堡美术馆——一个被他改造为发现和再发现的地方。他腾出空间来展出龙格、弗里德利希（Caspar David Friedrich）这些在当时尚无名气的19世纪早期德国画家的作品，又引进莫奈、雷诺阿等法国印象派画家的画作供汉堡人欣赏。不过，他的最大考验出现在1891年，当时他委托李卜曼为83岁的汉堡市长彼得森（Carl Petersen）画一幅真人大小的肖像画。深受17世纪"荷兰黄金时代"和法国印象派影响的李卜曼可以说是当时最受争议的画家，尽管真正的印象派画家也许会觉得他的印象派相当腼腆。最初，董事会拒绝拨款，觉得这位被认为对"丑"情有独钟的画家太反学院派了，不会被保守的市民接受。但利希特瓦克没有放弃，他找来了一位私人资助者。既然钱不成问题，董事会觉得没有什么好反对的。可见，金钱不但可以买到时间，在必要的时候还可以获得有弹性的回旋余地。

李卜曼把市长彼得森画成穿着官服的模样，用一个漂亮的白色轮状皱领衬托他英俊的脸庞。彼得森讨厌这幅画，称其为一个没有品味且失败的实验，很多贵族与他意见相同。利希特瓦克深知这是一场打不赢的战役，但又决定不能输。他采取了妥协的方案，直到1894年他才敢把画摆出来，但却用一块布遮住，一遮就是11年。尽管如此，利希特瓦克还是保住了他的馆长位子，继续从事着在他看来是教育德国中产阶级的神圣使命。正如他所见，布尔乔亚的文化处境也许是困难的，但却不是无望的。

在1870年，也就是拿破仑三世的部队被普鲁士彻底击垮、第二帝国走向末日的那一年，巴黎大大小小的画商有一百多家。这个数字本身没什么特别的，因为荷兰早在17世纪就已经有同样多的画商了，但这一规模是法国布尔乔亚财富有增无减的一个标志。另外，巴黎画商的出发点也并不只是牟利，他们都是一些受过良好教育且见多识广的人，能带给顾客的艺术教化几乎不亚于博物馆馆长或艺评家。

这些善于教育顾客的画商中最鼎鼎有名的是迪朗-吕埃尔（Paul Durand-Ruel）。他生于1831年，父亲是艺术用品商。1860年继承父业以后，迪朗-吕埃尔把店面改为画廊，一心一意经营油画和水彩画的买卖。他的经济情况大起大落，有时会因为某个画家的作品的价格急升迅速获利，有时也会因为金主破产或某个他包下的画家作品滞销而濒临破产。迪朗-吕埃尔派头十足，碰到他欣赏和看好的画家，有时会一次买下他们的全部作品。1873年，他以3.5万法郎的价钱买下在马奈画室看到的23幅作品，事后证明这次买卖赚大了，因为他很快就以每幅4000到2万法郎不等的价格把画卖光了。1881年1月，他买下所有毕沙罗拿给他看的画，承诺会购买毕沙罗以后画出的每一幅画。一个月后，他对布丹（Eugène Boudin）做出了同样的承诺。随着美国百万富翁涌入法国，迪朗–吕埃尔把一些卖出过的油画高价购回，再以天价（如10万法郎）卖给美国人。

一位艺术市场的史家曾经指出，让迪朗–吕埃尔在19世纪80年代真正发家致富的是那些如潮涌至的美国收藏家。同样一幅莫奈的作品，十年前他能以低于300法郎的价格购得，现在却可以用十倍的价钱卖给美国人。虽然他给人的印象是个一心一意的法国印象派宣传者，但他的收集其实相当多元。在致《事件》杂志（L'Evénement）的公开信中，他就大力推荐过布格罗和卡巴内尔等沙龙派画家，但印象派画家无疑还是他的最爱。他曾经在他们经济有困难时伸出援手，而现在，他则希望他们的艺术成就获得肯定。"很长一段时间以来，我都怀着巨大的赞叹购买了一些非常具有原创性和技巧非常高明的画家的作品。他们许多都是天才，我努力把他们推荐给收藏家。我认为，德加、夏凡纳（Puvis de Chavannes）、莫奈、雷诺阿、毕沙罗和西斯莱（Alfred Sisley）的作品都值得被列入最美的收藏品之中。"[31]收藏家也真的这样做了，部分是迪朗–吕埃尔不懈推荐的功劳，就像卡萨特推荐朋友买的那些油画一样，这些作品很多最后都进了美国的博物馆。

尽管迪朗–吕埃尔醉心于前卫艺术，但却是虔诚的天主教徒和政治反动派。1873年，他给《费加罗报》（*Figaro*）写了一封公开信，为身处不确定时代的画商的痛苦而唏嘘，并提出一个让人狐疑解决办法："我们所有画商，作为法国人和商人，都期盼着恢复世袭君主制，只有这才可以结束我们的烦恼。"[32] 这并非前后矛盾，品味上的极端派不一定就是政治上的极端派，一如政治的激进不代表品味的激进。以下两个画家的情况便足以道出前卫艺术家的政治范围有多么广泛：毕沙罗是社会主义者和犹太人，德加是反德雷福斯派和反犹太主义者。

迪朗–吕埃尔同时支持前卫艺术和君主复辟这一点，再一次印证了我从此书一开始就强调的——19世纪中产阶级的心灵是无比分歧的。但在品味这方面，中产阶级对新艺术的欣赏度和支持度——有鉴于他们在这方面的恶名——仍足以让人惊愕。品味低俗、偏爱平庸甚至拙劣艺术品的布尔乔亚固然比比皆是，但赞助前卫艺术家、捐赠前卫艺术品给艺术馆或创办管弦乐团的中产阶级艺术爱好者仍所在多有，这种现象迫使我们去重新思考对维多利亚时代中产阶级的一般看法。我们谈过，施尼茨勒把"布尔乔亚"和"无聊乏味"视为同义词，但他是错的。

注 释

〔1〕我在这一章要比其他章更建议读者参考我的有关维多利亚时代中产阶级的五卷本论文集 *PW*（1998）。我想加上 Robert Jensen,

Marketing Modernism in Fin-de-Siècle Europe（1994）这一本，它描述了19世纪的艺术市场（包括画商、画展等），可以与Dianne Sachko Macleod的*Art and the Victorian Middle Class: Money and the Making of Cultural Identity*（1996）对照着来读。Sarah Burns的*Inventing the Modern Artist: Art and Culture in Gilded Age America*（1996）是艺术社会史的很好实例。Roberta J. M. Olson et al., *Ottocento: Romanticism and Revolution in 19th-Century Italian Painting*（1992）考察了一些过去被忽略的领域。*1900: Art at the Crossroads*（2000，by Robert Rosenblum, Maryanne Stevens, and Ann Dumas）是纽约古根海姆博物馆（Guggenheim Museum）一次展览的精彩目录册，揭示了世纪之交中产阶级品味的巨大多样性。Wolf Lepenies的思想传记*Sainte-Beuve: Auf der Schwelle zur Moderne*（1997）也非常精彩。有关世界博览会，参考Jeffrey A. Auerbach, *The Great Exhibition of 1851: A Nation on Display*（1999）。有关国际资产阶级品味，参考Robert M. Crunden, *American Salons: Encounters with European Modernism 1885–1917*（1993）。

〔2〕A.S., December 21, 1908, *Tagebuch*, III, 375.

〔3〕A.S., April 24, 1912, *Tagebuch*, IV, 321.

〔4〕A.S., June 28, 1913, *Tagebuch*, V, 15.

〔5〕A.S., February 8, 1913, ibid., 17.

〔6〕A.S., December 24, 1913, ibid., 86.

〔7〕Alexandre Dumas fils. Preface to Bernard Prost, *Octave Tassaert. Notice sur la vie et catalogue de son oeuvre* (1886), 1.

〔8〕*Musical Times*, XIII (January 1, 1868), 249.

〔9〕Théoplule Thoré, "Salon de 1846," *Salons de Théophile Thoré, 1844, 1845, 1846, 1847, 1848* (1868; ed., 1879), 279.

〔10〕Edwin C. Bolles, *Collectors and Collecting: An Essay* (1898), 1.

〔11〕见Rosenblum et al., *1900: Art at the Crossroads*.

〔12〕Lady Elizabeth Eastlake, "Memoir of Sir Charles Eastlake." Charles Locke Eastlake, *Contributions to the Literature of the Fine*

Arts, 2nd series (1870), 147.

〔13〕 Ingres, letter to the Commission Permanente des Beaux-Arts. Jensen, *Marketing Modernism in Fin-de-Siècle Europe*, 29.

〔14〕 Camille Pissarro. Theodore Reff, "Copyists in the Louvre, 1850–1870," *Art Bulletin*, XLVI (December 1964), 553n.

〔15〕 Otto von Leixner, *Aesthetische Studien für die Frauenwelt* (1880), separate page following the frontispiece (not paginated).

〔16〕 Robert Louis Stevenson, "Walking Tours" (1876), *Essays by Robert Louis Stevenson*, ed. William Lyon Phelps (1918), 32.

〔17〕 *Musical World* (April 2, 1840), 208.

〔18〕 "The Ethics of Art, " *Musical Times and Singing-Class Circular*, XXX (May 1, 1889), 265.

〔19〕 Henry James, "Criticism" (1891), *Selected Literary Criticism*, ed. Morris Shapira (1963), 167–171.

〔20〕 Charles Augustin Sainte-Beuve, "Mémoires du marquis d'Argenson, ministre sous Louis XV, publiés par René d'Argenson," *Le Globe* (July 16, 1825). *Oeuvres*, ed. Maxime Leroy, currently 2 vols. (1956–   ), I, 109.

〔21〕 Sainte-Beuve, Pensée no. 20, "Pensées," *Portraits Littéraires*, 3 vols. (1862–1864), III, 546.

〔22〕 Sainte-Beuve, "Qu'est ce qu'un classique?" (October 21, 1850). *Causeries du Lundi*, III, 40.

〔23〕 Sainte-Beuve to Charles Didier [June 8, 1834], *Correspondance générale,* ed. Jean Bonnerot and Alain Bonnerot, 19 vols. (1935–1983), I, 440.

〔24〕 Eduard Hanslick, *Aus meinem Leben*, 2 vols. (1894), II, 49.

〔25〕 见 Eduard Hanslick, *Vom Musikalisch-Schönen* (1854; 10th enlarged ed., 1902), passim.

〔26〕 Ibid., vi-vii.

〔27〕 Hanslick, *Aus meinem Leben*, II, 305.

〔28〕 Ibid., 304.

〔29〕 Alfred Lichtwark, "Der Deutsche der Zukunft," *Der Deutsche der*

Zukunft (1903), 24.

〔30〕 Alfred Lichtwark, *Das Bildniss in Hamburg*, 2 vols. (1898), I, 51–52.

〔31〕 Paul Durand-Ruel, letter to *L'Evénement*, November 5, 1885. *Les Archives de l'Impressionisme*, ed. Lionello Venturi, 2 vols. (1939), II, 251.

〔32〕 Durand-Ruel, letter to *Le Figaro*, October 31, 1873. Anne Distel, *Impressionism: The First Collectors* (1989; trans. Barbara Perroud-Benson, 1990), 25.

第九章
一个独自的房间 [1]

A Room of One's Own

不管隐私权的观念后来获得了多大认同，
它的界限在整个 19 世纪都是在变化和流动的。
维多利亚时代的自剖大爆发现象
见证了有多少布尔乔亚下了多大的决心，
要赋予他们的经验和情感一种稀薄的永恒。

1

　　我相信，约翰·施尼茨勒医生擅自打开儿子的抽屉翻阅其日记之举及其后果，在许多方面都可以充当引子，来说明中产阶级文化对19世纪价值观的影响。但我却把它最重要的意蕴留到最后来谈。这件事让施尼茨勒最痛恨的一点（痛恨到对父亲失去了一切信任，甚至在30年后回忆往事时还犹有余怒）在于父亲侵犯了他的隐私权。他的空间——他小心翼翼守护但显然还是不够——被父亲亵渎了。尽管这种鸡鸣狗盗的行为的出发点是善意的，却是对施尼茨勒男子汉气概的狠狠一击，是他无法原谅也没有原谅的。

　　这个事件本身及其深远意蕴对想要定义19世纪中产阶级的历史学家来说特别重要。布尔乔亚把隐私权奉为信念，视侵犯隐私的行为为严重冒犯。同时代其他年轻人视私人书信与日记为神圣不可侵犯的，由此可知年轻的施尼茨勒的感受并非特例。1822年4月，作曲家柏辽兹的妹妹南齐（Nanci Berlioz）在日记中埋怨说，她写给哥哥的一封信被妈妈擅自拆阅了："我气得无以复加。"[2] 一个月后，柏辽兹夫人故技重施，拆阅了女儿写给哥哥的另一封信，南齐不认为她有权利这样做。"妈妈又读了信，让我十分恼火。"[3] 南齐当时16岁，比哥哥小三岁，显然认为自己已经到了有资格保有若干隐私权的年龄。而在1898年的维也纳，当19岁的辛德勒（Alma Schindler）发现她妈妈"违背诺言"，"读了我日记里的一些结巴话"[4] 时，也是深感愤怒。从痛恨母亲把她贬为小孩这一点，可以看出辛德勒乃是其时代与阶级的典型。

尽管隐私权的理念是现代的产物，但其来源可追溯至遥远的过去。古代雅典人早在公共领域与私人领域之间划出清晰的界限，并颂扬前者，贬低后者。在古代雅典的文化里，私人是没有享受最受推崇的特权的，即参与城邦事务的权利。从中世纪开始，希腊语中的"私"（idios①）被用来指代一种心灵缺陷也就不奇怪了。不过，早在维多利亚时代之前的几百年里，就有一些私人禁地被认为触碰不得。例如，画家和雕塑家都认定，男人和女人的"私处"名副其实是私人的。除极罕见的例外，艺术家都会用各种方法把作品中的生殖器部

---

① idios 是英语单词"白痴"（idiot）的词源。

位给遮住，也许是一块纱，也许是一块布，也许是一只安排巧妙的手。不过，他们在呈现丘比特或年幼的耶稣时却没有这种顾忌，会把二者的小阴茎画得纤毫毕现，这种做法也不会招来虔诚信徒的抗议。这是因为，有一个想法是画家和观画者都认为天经地义的，那就是不存在幼儿性欲这回事[1]。

尽管如此，在18世纪前的几个世纪里，大部分人都生活在众目睽睽下，只有少数社会（如古代的雅典）会强迫体面人家的妇女默默待在家里。居住在城市的中产阶级商人和工匠自成紧密的个人关系网，因为人数少，更是无法从这张网中脱逃。的确，早在12世纪和13世纪，就有少数拥有大片土地的贵族举办只限于少数人参加的宴会，甚至会为其配备单独的卧室，但这种蓄意的自我隔离就像财富一样罕有。

因此，启蒙时代以前，生活在众目睽睽之下被认为是理所当然的人类状况。不管是在乡下还是城镇，人们大多彼此认识。在普利茅斯殖民地[2]，一家人要么住在一个没有分割出房间的小房子里，要么就是有两个房间但也不大的房子，但父母与子女都是睡在一起的。如果是两房之家，其中有一房就可以充当父母做爱之用的卧室。一些家境不错的清教徒会拥有带帘子的床，让他们多少可以有独处的空间。当时的大

---

[1] 幼儿性欲的概念始自弗洛伊德，他认为人的性意识从出生时就开始有了，如婴儿会从吮吸母亲乳头的过程中获得满足感，稍后还会通过排便获得快感。

[2] 1620年英格兰清教徒移民至马萨诸塞州东南部建立的殖民地。

部分人都是文盲，写和读都得求助于识字的邻居，所以信函等同于公开的文件。向官府举发不道德行为——特别是不正当的性行为——几乎是一种公民的责任。烙印在通奸者胸上的猩红色A字母①，绝不是罕见或不受欢迎的（当然对于被烙者来说是例外），因为在一个共同体里，个人之事就是全体之事，是每个人都有权知道的。

即使保留隐私在过去是可取的、可能的，开放的家居空间却让隐私的存在成为不可能。从与普利茅斯殖民地建立的同一时期（即17世纪早期）的荷兰风俗画里，我们可以看到，人们用来睡觉的房间同时也是用来吃饭和招待客人的。隐私意味着关上大门，直到18世纪中叶，愈来愈多的门开始对外人关上，尽管如此，身体及其机能仍然是暴露在他人眼前的景象。事实上，哪怕是在当今社会，隐私对大部分人来说也是不存在的。19世纪中期，走访过贫民窟的政府调查人员、新闻记者或慈善家都可以告诉你，穷人是不会渴望有私人空间的，甚至不会想到要有私人空间。我们谈过，比顿女士教那些无法亲自哺乳的妈妈在雇用奶妈前要仔细察看应征者的乳房，诚如我先前所说，没有比一个布尔乔亚母亲有权审视低下阶层乳母的乳头一事，能将两个阶级女人间的鸿沟反映得更清楚的了。

不管隐私权的观念后来获得了多大认同，它的界限在整个

---

① A代表"通奸"（adultexy）。

19世纪都是在变化和流动的。当然，界限也会因时因地而异（尽管它的核心范围相对没有异议）。英国法学家斯蒂芬在1873年指出："要清楚界定隐私权的范围是不可能的，但我们可以用一些笼统之词来描述它。"这些笼统之词包括"生活中所有较亲密与较敏感的关系"，像是"家庭的内部事务，爱情或友情关系，以及其他类似的事"。[5]斯蒂芬不精确的描述反映出，没有一个对隐私权领域的清楚界定是所有维多利亚时代人都衷心接受的。直到1890年，美国法学家沃伦（Samuel D. Warren）和布兰代斯（Louis D. Brandeis）才在广被征引的文章里建议，法律应该保障人们有"独处的权利"[6]。

相信这项权利的人有时会颇为热情地为它辩护。1888年，美国神学家和大学校长萨金特（C. E. Sargent）在《我们的家：高尚生活的关键》（*Our Home: Or, the Key to a Nobler Life*）一书中坚定地指出："保密是家庭关系加诸其成员的首要义务之一。它对于家庭的存在事关重大。每个家庭都有自己的秘密，也只有在拥有秘密时家庭才算是家庭。公开任何秘密都会让一个家庭解体。"他认为，小孩也应该享有"某些隐私权"，比如不该在有外人在场的情况下被家长惩罚等。在萨金特看来，隐私权对于礼节的培养不可缺少的。但他并不是想鼓励冷漠，毕竟，"家庭都是爱的产物"。但如果一对夫妻在公众场合"表达他们的感情"，那将会是"最令人作呕的行为"，因为"爱之情感在任何阶段都在本能地寻求隐私的庇护"。[7]

然而，在那个充满争议的时代，不只隐私权的合理界限何在是存在争议的，就连隐私权本身也有它的反对者。有些讨人厌的道德家反对这样一种说法，即认为异端思想或行为"纯属私事"而不该受惩罚。我们提过，王尔德在1895年因为"伤风败俗"的罪名而被判刑，该判决在当时是得到社会大众支持的。我们也说过，在整个西方世界，都有一些精力旺盛的组织以净化艺术与文学为己任。到处都有好心好意的"审查官"在忙碌着，他们认为，人们有权看任何书或说任何话的说法，只是假借宽容之名行邪恶之实。

这些十字军也常常能争取到法律的内援。1868年，最有影响力也最惹人厌的美国"卫生警察"科姆斯托克（Anthony Comstock）成功推动纽约州通过反海淫法，五年后又成功推动国会通过同样的反海淫立法。有好几十年的时间，科姆斯托克领导的"纽约反恶习协会"（New York Society for the Suppression of Vice）竭尽所能地让避孕信息的散播者和裸体图片的印刷商破产或坐牢，真正的色情书刊更是他们的眼中钉。1881年，科姆斯托克自豪地宣称，协会仅仅运作了8年，就已经销毁了12 421公斤重的书籍，没收了203 238张"淫秽"图片以及1 376 939份歌曲、信函、诗歌和目录册——这不能不说是对隐私权要塞的沉重打击。[8]自由意志主义者、自由派人士、图书管理员、艺术品供应商和前卫艺术的辩护者嘲笑他们是"清教徒"，并抗议这种蛮横行径，但有好些年都只是徒劳。

2

其中一种隐私权是人们总是期盼却从未得到完全保障的，那就是信件的隐私权。1790年8月10日，巴黎的国民大会宣布信件的隐私权是不可侵犯的，而法国的刑法法典也把这一条纳入其中。1840年，希尔爵士（Sir Rowland Hill）对英国的邮政系统进行了彻底改革，统一了邮费。此举大大降低了邮资和邮递的不确定性。其他国家迅速起而效尤，自此，写信的风气在中产阶级中流行起来。通信成了各地布尔乔亚情感经济的重要组成部分，写信人像收信人一样，默认德国人所称的"信件的秘密"是会受到保护的。一个又一个国家立法承诺，信件的隐私权必须得到保障，违法者必须受罚（我们将会看到，这不是一个总是被信守的承诺）。施尼茨勒所在的奥匈帝国也在1870年对保护信件隐私权立法。随着电报的迅速兴起，各国也将其置于神圣不可侵犯的保护伞之下。例如，巴伐利亚早在1861年就明确规定，未经当事人同意而将电报内容披露的人得坐一年的牢。

换言之，信任成为通信行为不可缺少的部分。书信经常包含一些未经授权的第三者不该看到的信息，比如情人的幽会邀约，姐妹间的八卦（比如谈论某种鲜为人知的避孕方法的），或生意伙伴间的商业机密（不管是合法的还是非法的）。在相对自由的国家，通信者会觉得安全有了保障，但相比于他们对国家或教会的信任而言，他们对家人的信任程度就没那么高了。这也是为什么我们在历史档案里可以看到一封又一封19世纪的信件上会写着这样的警告："看信的时候别大声念出来，看完烧掉！"历史学家可以感受得到收信人的内心挣扎，他们一方面知道写信人言之有理，另一方面又希望珍贵的生命纪录能被保留下来。

并不是所有收信人都足够谨慎。到底有多少情书被愤怒的父母偷看过或撕毁，我们永远无从得知，但数量想必相当庞大。有时候，这种对隐私权的侵犯令人发指。19世纪40年代初期，意大利统一运动的先驱马志尼流寓于英国。到1844年，他得知英国内政部一直在拆阅他的信件。更要命的是，内政部竟然把一些信件交给了奥地利政府。当时奥地利占领了意大利北部的大部分地区，不遗余力地镇压民族主义者的反抗活动。马志尼的两个同志——两名威尼斯军官——就是因为信件被披露而使身份曝光，遭到逮捕和处决。

被激怒的马志尼斥责这是一种"低级和不英国的行为"。他的愤怒即时引起了激烈的回响。马考莱指责英国政府"把邮局变成了警察机器"，并谴责这种做法是"绝对令民众厌恶的"。[9]卡莱尔愤怒投书《泰晤士报》，这封信读起来就像支持隐私权的宣言："这对我们来说是一个至关重要的问题。放在邮局的密封书信有没有被当成圣物来对待——尽管我们都会幻想答案是肯定的。"他把拆阅别人信件之举比拟为扒窃和其他"更卑鄙、更致命的流氓行径"。[10]大臣们这才意识到违反了禁忌，但在下议院被质询时却仍然辩称：在革命时代，这是维护国家利益的不得已之举。

　　人们对信函隐私权的高度重视激发起19世纪的剧作家和小说家的灵感，而其中一个颇受青睐的片段就是载有罪证的信件不巧落入不该落入的人的手中。这一点立刻让我想到冯塔纳最杰出的小说《艾菲·布里斯特》（ *Effi Briest* ）。女主角艾菲是中年贵族因斯特顿的年轻妻子，有一天，她不在家的时候，丈夫不经意间发现了一些她的情书——当然是他无权阅读的书信——得知若干年前她曾短暂出轨。这一事实的结果是致命的。因斯特顿向"情敌"提出决斗的要求，并在第一枪就结果了对方的性命，但也因此间接结果了妻子的性命——她无法接受这种耻辱和女儿被夺走的现实，最后在默默寡欢中离世了。

　　在因斯特顿毫无理性的反应中，更让人唏嘘的一点是他本不相信决斗可以洗刷耻辱，但摆脱不了自己阶级的传统观念。他生活在贵族和中产阶级两种不同价值观的冲突之中。我们知道，一个布尔乔亚可能会和因斯特顿一样愤怒，却不见得会以时空错乱的方式来宣泄愤怒。他也许会把妻子痛骂一顿，甚至要求离婚，却不会诉诸被默许的谋杀。不管我们对这种荣誉的观念有何感想，重要的是冯塔纳让小说情节得以展开的引子——对隐私的侵犯。如果早前艾菲把情书烧毁的话，她的婚姻将会固若金汤。但在那些年头，哪怕写信人千交代万交代，又有谁会把信烧掉呢？

随着现代八卦小报的兴起，隐私权又多了一个敌人。有财有势的人的小过失是它们最喜欢喂给读者的饲料。为了刺激销量，这些寡耻鲜廉的小报记者会千方百计地刺探一些外人不知道的事，而有些自称握有名流显贵出轨之类丑闻的人也会把消息卖给报社，发一笔财。有时，当八卦小报没什么新闻可报道的时候，就会自己去杜撰一些。这里只举一个例子。在德雷福斯事件中，一些无耻的报纸凭空捏造德雷夫斯已承认叛国罪和其他"事实"。它们发现，如果当事人出来辟谣的话，报纸的销量会只增不减，而且不管当事人的辩白有多么真诚和准确，最初的谣言在他身上留下的印痕永远都不能完全抹去。

3

隐私权——拥有一张带有上锁抽屉的书桌、不被监视的通信自由、不被侵犯的日记，更理想的是拥有自己的房间——并不是与生俱来的权利，而是一张由大人授予的许可证。换言之，小孩只有在迈入青春期以后，才可望拥有若干的隐私空间。而青春期这个观念在19世纪的最后几年才开始为心理学家重视，它指的是幼儿期（需要监护人控制的时期）与成年期（监护人结束控制的时期）之间的过渡阶段。

1904年，美国心理学家霍尔（G. Stanley Hall）在其经典之作《青春期》（*Adolescence*）中警告，现代文明"积累了大量的文化与技能，所以需要更久和更严厉的学徒期与专业化，这些都使青春期孩子的压力更加沉重。"在这种情况下，"许多年轻人——不是大部分——都应该被鼓励去学习撰写私人的自白日记，从中学会认识自我。因为自我表达的能力如果能够被培养，那通常都是从这个阶段开始的。该阶段拥有丰富的主观素材，需要它专属的表达方式。"[11] 在霍尔和许多其他研究年轻人的学者看来，写日记乃是通向成熟的康庄大道。

日记的隐私权之争似乎在无数个家庭发生过。中产阶级的年轻人常常在老师或父母的鼓励下开始写日记。父母会在他们六七岁（也就是刚开始写东西的年龄）时给他们买一些有淡色横线的小笔记本，让他们写起字来更方便。然后，这些父母会带着仁慈的笑容细读孩子的作品，时而发出赞美的声音，时而提出教育性的意见。但小孩是会长大的，随着青春期的临近，他们日记里的内容也会从动物园的小白兔或尼亚加拉瀑布之旅变成学校、运动，以及他们初开的情窦。1893 年 8 月，朱莉·马奈——莫里索的女儿、马奈的侄女——在其日记的第一页写道："我经常有记日记的念头，我希望可以从现在开始。我觉得已经开始得有点晚了，但愈拖只会愈晚，再怎么说我已经 14 岁了。"[12] 这番话反映出，至少在她那个有教养和富裕的圈子里，她朋友都已经写了一段时间的日记了。但她开始得还不算太晚，因为在日记里，她的青春期已翩然而至。

重读旧日记所带给人的情感体验，有时不亚于当初写下它们时的感受。"重读旧日记，感动莫名。"[13] 施尼茨勒在

1897年6月18日写道。一年后，他又简明扼要地写下："下午读日记。太激动。"[14] 我们知道，他是霍尔所称的"私人的自白日记"观念的厉行者，只偶尔（极偶尔）才会把他的日记分享给特别亲密的朋友或特别看重的情人。1880年，也就是父亲偷看了他日记的翌年，他曾想把日记拿给范漪恩看①。1898年，他把日记中有关"玛姬一"的段落念给好朋友霍夫曼斯塔尔听。有一两次，他想办法看到了情妇的日记，觉得相当有趣。可是，在1902年，也就是他与女歌手奥尔佳·古拉斯曼（Olga Grossmann）结婚的同一年，奥尔佳要看他的日记，他却坚决不从，"断然决然地"拒绝了。[15] 既然我们知道他的日记里有些什么，就不难明白他为何拒绝。显然，施尼茨勒的最佳读者就是施尼茨勒本人。

这一点也适用于大部分写日记的人，但不是全部。有些人写日记是为了给别人或后代子孙看的。瓦格纳夫人（Cosima Wagner）之所以日复一日把家里的事写进日记，是因为要给丈夫看。但自丈夫于1883年2月13日过世后，她就没再写过日记，也没碰过日记本。法国俄裔女画家玛丽·巴什克采夫（Marie Bashkirtseff）的日记是写给后人看的，她对私生活的记述要比她公之于众的画作更广为人知。尽管玛丽·巴什克采夫有充分的理由相信自己不久后会死于肺病，但她还是忠实而勇敢地记下了自己的每一天。"没有错，"她

---

① 范漪恩是他当时的新欢，见本书的《序曲》。

在日记里写道，"我有那种渴望（如果不说是希望的话），以某种方式**继续留在**这世上。如果不会早逝的话，我乐于把日记出版——那太有意思了。"[16] 她是对的，维多利亚时代晚期的读者都被她的勇敢和对不朽的渴望所打动，而她的日记也给了医生所不能带给她的东西：长寿。

既然是其作者的一面镜子，日记的面貌自然也因人而异，千差万别。不过，在把日记看作朋友这一点上，许多日记作者却都一样。像美国旅游作家托德（Mabel Loomis Todd）就把她的日记称作"亲爱的日记"。她有时会对它说："我想告诉你一件事，亲爱的日记。"[17] 在第二本日记本写满后，她给了它一个深情的道别："再见了小本子——你深情而感恩的朋友托德致上。"[18] 有些人更夸张，他们不是因为生活而写日记，而是为了写日记而活着。19世纪最长的日记必定是日内瓦评论家阿米尔教授（Henri-Frédéric Amiel）所写的，它们加起来一共是密密麻麻的 16 840 页。1864年，在阿米尔教授写了16年日记之后，他问自己："我为何要写日记呢？"这位无可救药的单身汉知道答案何在，有点可怜地把它写了出来并把日记拟人化了："因为我孤单。它是我的对白，我的社交，我的同伴，我的知己。它同时也是我的慰藉，我的回忆，我的出气筒，我的回声，我私密经历的宝库，几乎是我唯一值得流传身后的东西。"[19] 就像玛丽·巴什克采夫一样，他的预言太准确了。

还有些人写日记是希望得到他们所渴望得到的注意。

1833年，20岁的德国剧作家黑贝尔（Friedrich Hebbel）开始写日记（这部日记日后将成为大部头），并非常自信地表示："我动手写这本册子，不只是为了方便日后为我作传的人——我对自己会声名不朽深信不疑，所以也相信一定会有这样的人。它还将是一本忠于我心的笔记，会如实记录我内心的曲调，将它们保留下来以供我在未来的年月里愉快重温。"[20]第二句话的立场是第一句话的立场的惊人后退：第一句宣称他写日记是为了帮助为自己作传的人，但第二句立场却保守得多，说写日记是供他将来一人重温。

有一种日记不能给那些对心理活动感兴趣的历史学家带来什么收获，那就是流水账式的日记。这种日记只记录现场发生的事情，不涉其他。像达尔文这类科学家在调查过程中所写的日记，就没有太多关于心理活动的披露。达尔文的好友与其捍卫者托马斯·赫胥黎（T. H. Huxley）的日记也有类似的情形。他曾经在英国皇家海军的"响尾蛇号"（Rattlesnake）军舰上做了4年的科学研究工作，每天都一丝不苟地记下自己做了些什么①，但当1850年初他把日记手稿寄给未婚妻时，却遗憾自己没有能力在日记中"把人类灵魂更广阔和更奇特的漫游述说出来"。他对自己缺乏描述心绪与感情的才能而感到惋惜。"要是灵魂的历史能被写下来，那它

---

① 赫胥黎21岁时在"响尾蛇号"上任海军军医，随船到澳大利亚考察，用简陋仪器研究海洋生物，并将研究成果陆续寄回英国。这些研究成果让他声名大噪，回国后被选为皇家学会会员。

将会比外在的人所显示的变化更丰富，更加充满挣扎。但谁来写它呢？只有我这么一个能记录历史的人。但当时的我要做的事太复杂了，我太投入了，难以把一个故事写得平允适当。"[21]赫胥黎太低估他剖析自己的能力了，他的日记里闪烁着幽默和引人入胜的旁白。不过，作为一个维多利亚时代人，他会觉得自己应该将自我披露得多一点是很自然的。其他人也发现日记可以是一种有价值的记忆辅助工具。1839年，美国著名昆虫学家菲奇（Asa Fitch）在与一位好友叙旧后，决定重新开始写日记（他年轻时有写日记的习惯，后来中断了），因为这番叙旧让他"找出旧日记来读，重温了我们在一起度过的一些时光"，他发现，"这些纪录的价值以加倍的力量震撼我的心灵"。[22]

不管是出于什么动机写日记，有一件事是维多利亚时代的日记作者都不会怀疑的，那就是他们的这位"朋友"永远不会让他们失望。日记是耐心的楷模，总是随侍在侧，世界上的任何人和物都没有它更值得信赖——对极少数的人来说，日记甚至是唯一亲密的朋友。日记是不会批评、不会抱怨、不会泄密的。日记不是维多利亚时代人发明的，过去就有过如伊夫琳（Evelyn）、佩皮斯（Pepys）、鲍斯韦尔（Boswell）、圣西门（duc de Saint-Simon）等大日记家，更不用提那些会焦急地把自己的善行或过失记在日记里的清教徒与虔信派教徒（Pietist）了。但写日记在维多利亚时代人的一个殊异处是它的普遍性、平民化与大众化。

维多利亚时代的自剖大爆发现象，见证了布尔乔亚前所未有的决心，要赋予他们的经验和情感一种稀薄的永恒。写日记和读日记都是一种特殊的隐私形式，是体面的布尔乔亚其中一种追求（追求认识自我和丰富自我）的基本构成部分。

　　日记的局限性是明显不过的，但研究维多利亚时代文化的历史学家肯定会发现日记比自传更有参考价值。日记要比自传更具自发性，更少被计算，更生动，也没那么多文饰之词。在那个仍然有相当程度的言语禁忌的时代，日记的私人性使它比其他自白方式更容易让当事人坦白。无疑，手是比脑慢的，所以写日记的人也会因为担心说不定哪天他的日记就会被别人读到而有所保留。尽管如此，对那些有兴趣探索内心世界的历史学家来说，特别是当他研究的是像19世纪这么重视隐私的时代时，日记仍是史料中的不二之选。

　　维多利亚时代人对日记的正经八百的态度少不了会招来一些嘲讽，最著名的一个嘲讽来自王尔德。在《不可儿戏》（*Importance of Being Earnest*）中，有这样让人会心微笑的一幕，尊贵的费尔法克斯小姐这样对卡迪尤小姐说："我没有一次旅行不带日记。人总该在火车上看些感人肺腑的东西。"但大多数写日记的人，显然对于检视自我有严肃得多的目的。像辛德勒极具表达力的日记就说明，这种自白有时可以让人得以更深地进入19世纪中产阶级妇女的内心世界。她日记里的内容几乎没有历史意义可言，大多是些琐碎的话语，但它们却对人们迄今所知依旧甚少的性爱领域提供了几块不可缺少的拼图。没错，我们读她的日记时必须谨慎，因为她有时夸张，有时歇斯底里，主要因为先后嫁给了几个名人而有了名气，其中包括作曲家马勒、建筑家格罗佩斯（Walter Gropius）和小说家魏菲尔（Franz Werfel）。她还曾经跟知名画家柯柯斯卡（Oskar Kokoschka）打得火热。尽管如此，她记在日记里的东西还是比她那本渲染感伤（这一点从书名就可知道）的自传《爱是桥梁》（*And the Bridge Is Love*）可信得多。比方说，她的日记了曾经记录母亲对她的隐私的侵犯："啊，可怕！……（她读了）克里姆特吻我的那段日记！"[23]

事实上，正如她的日记显示，克里姆特吻过她两次。辛德勒的母亲的担心不无道理，她的女儿冲动，不可预测，而克里姆特又是个臭名昭著的花花公子。克里姆特骗女人上床的拿手说词（显然也屡获成功），是说只有"完全的肉体结合"[24]才可以把男女之情上升为真正的爱。但另一方面，辛德勒的母亲又有点过虑了，因为不管英俊的克里姆特如何吸引她女儿，身为一个家教良好的年轻淑女，辛德勒没有被克里姆特的自利说词打动。辛德勒记录说，有时中产阶级的年轻妇女会觉得放弃贞节比保持贞节还要难。

辛德勒的情绪大起大落，时而喜上云霄，但又会一下子没来由地掉到谷底。日记里堆满了感叹号。她身材苗条，圆脸，五官端正却有点模糊。然而，从她可以吸引到那么多有名的男人可以知道，她一定散发着一种性魅力。让她更有吸引力的是，她常常会暗示自己还是处女，因为处女仍然是其阶级的一个主流价值观，不过，她对处女之身的坚持却愈来愈与她的性欲相抵触。当她收到维也纳交响乐团总指挥布尔克哈德（Max Burckhard）的情书时，她发现那犹如一颗春药："今天收到B的来信时，我从头脸红到脚。我很寂寞，我知道这一点。我读信时愈读愈兴奋，我亲了它。哪怕只是一个吻，我却觉得已经把身体给了他。"[25] 她的想象力常常会超时工作。在她和作曲家策姆林斯基（Alex von Zemlinsky）那段不可思议的热恋期间（说"不可思议"是因为策姆林斯基又穷，又矮，又丑，还是个犹太人），她曾经这样写道："我好渴望他。有时我会抱头伏在桌子上，想象我们（缠绵）的光景，一伏就是几小时……我不能想象除他以外，我还会委身给任何人——**哪怕对方是克里姆特！**"[26]

随着挫折感愈来愈强烈，辛德勒的绮想愈发淫荡。"**我渴望被强暴。谁都行。**"[27] 然后，在即将与马勒结婚前，她又忽然决定把布尔乔亚的贞洁原则扔到一边。"我今天要写的事非常忧伤，"她在1902年的元旦日写道，"我去找了古斯塔夫①，下午我们在他房间里单独相处。他给了我他的身体，而我让他用手抚摸我。他的男性雄风坚硬而直挺。他把我抱到沙发上，将我轻轻放下，然后趴在我身上。然后，就在感受到他的刺穿时，他失去了所有力量。他把头埋在我的胸上，

————————

① 马勒的名字。

簌簌发抖——几乎要为惭愧而掉泪。"等马勒情绪平复一些，就换成辛德勒沮丧地把头埋在他胸膛里。"怎么办，要是他那个以后都不行怎么办！我好可怜好可怜的丈夫！"[28]

他们后来的两次欢爱似乎要完满得多。1月3日的日记里有这样的话："极乐与狂喜"。第二天又有这样的话："无尽的狂喜"。在维多利亚时代，没有一本自传能有辛德勒这部日记一半的坦白——她自己写的那本自传就更不消提了。公共领域与私人领域的界限近乎被拆毁，乃是后来世代的事。就算历史学家在辛德勒的日记里得到的信息不是完整的，但至少他们在读完日记后又会为如下观点找到另一重证据：并非所有施尼茨勒时代的体面女性都是性冷淡。

4

把隐私理念化是一回事，把理念转化为现实又是另一回事。在这一点上，最世俗的因素（如住房）往往是决定性的。随着19世纪有钱的中间阶层愈来愈多，负担得起住在宽敞空间里的布尔乔亚也愈来愈多。金钱是可以买到距离的。够宽敞的房子既可以让一个家庭与外部世界分离，也可以让家庭成员彼此隔开。墙壁、窗帘、百叶窗、坚固的大门、巧妙布置的矮树篱和篱笆都是一些符号，警告陌生人（甚至邻居）不许走近。它们名副其实地真正保障了居住者的隐私权不被侵犯，而这种不被侵扰的自由是许多布尔乔亚特别看重的。

1869年，有位美国作者向英国读者指出，他观察到"体面人不喜欢与歌剧演员、黑人歌舞团演员、爱冒险的绅士或退休的酒色之徒为邻"。[29]隐私的原则有其势利眼的一面，而19世纪布尔乔亚生活的这一面也是施尼茨勒特别不喜欢的。

19世纪60年代中期，英国著名建筑师克尔（Robert Kerr）在其专著《绅士之宅》（*The Gentleman's House*）中坚定地把隐私定为家庭的原则。他指出，一栋房屋能被称为绅士之宅，须包含卫生、舒适、阳光充足、空气流通等十多项要素，其中最重要的要素是隐私："对于英国的上等人家而言，这是一条首要原则。"隐私意味着和儿童隔开，更重要的是和家里的帮佣隔开。"家人自成一体，仆人自成一体。"克尔指出，这样清楚的区分对双方都有好处："同住一个屋檐下，两个阶级都有权对对方关起门来，不相打扰。"[30]再没有什么比这番话更能反映出19世纪社会的阶级实质了。

19世纪的大众对隐私实用性的指导如饥似渴，这方面的出版物也数量庞大。它们有太多可谈的了，而且连砖和瓦都谈到了。在一本谈论得体道德举止的畅销书里（此书在1900年第23次加印），德国作家弗兰肯（Konstanze von Franken）提醒读者不要搬进"那些外表新潮又光鲜亮丽的摩登大楼，因为它们虽然好看，但墙壁都很薄，结构欠佳，以致邻居说的每句话和楼上的钢琴声都可以听得清清楚楚"。另一种可以避免杂音干扰的方法是"选住同一栋大楼里离其他公寓尽可能远的一户"。[31]简单来说，想要拥有隐私，就必须考虑方方面面——有太多要去征服和捍卫的了。难怪维多利亚时代的中产阶级会那么焦虑重重。

想享有家中的隐私权，最基本的条件当然是拥有一个自己的房间，但我们说过，这是穷人无法负担得起的。这一差别，是区分19世纪布尔乔亚与工人阶级的重要特征。英国建筑师米德尔顿（G. A. T. Middleton）在1906年总结其数十年的社会观察结果时指出："为中产阶级盖房子和为工人社区盖房子是两码事，两者的差别之大，有必要采用两套完全不同的规划方式。"[32]对布尔乔亚来说，为男女主人腾出一个单独的房间当然是首要之务。那是用来更衣、小憩和进行私密谈话的地方——当然也是供除睡觉之外的其他床上活动进行的场所。合法的性行为要是不被撞见的话，进行起来会更舒畅。许多刚做父母的布尔乔亚（特别是收入较低的）会让小婴儿在他们的卧室里睡一段时间，一旦负担得起，就会去寻找更大的住房，以便给他们的小孩和他们自己更多隐私的空间。

这也是为什么愈来愈多布尔乔亚家庭会认为（特别是19世纪中叶以后）租房要更方便。因为随着可支配收入的增加，他们会生更多的孩子，需要换更大的空间生活，大多数城市的公寓大楼都促进了这种流动性。让小孩可以享受隐私福利的第一步，是让儿子与女儿分房睡。但这种安排，连收入最高的工匠也不敢奢望。专为工人阶级盖房子的建筑商总是把重点放在追求低廉的价格上，所以会把儿童睡房设计得够大到能容纳一张，甚至两张双人床。这种拘束是中产阶级鲜少需要面对的。尤其在19世纪中叶后，除法国（该国的出生率是出了名的低）外，其他国家上层布尔乔亚的房子或公寓的卧室一般不会少于六间。其中，曼哈顿最早建立的达科他公寓（The Dakota）就是以这种慷慨的规模建造的。他们的房客都是事业成功的家庭，雇有奶妈和保姆，家中人丁兴旺。我们谈过，维多利亚时代的布尔乔亚夫妻已经发现了避孕的好处，不过，19世纪中叶之后，英国、德国和奥地利的联排别墅的持续存在，反映出大家庭仍比比皆是。像波特小姐（Beatrice Potter）〔她冠夫姓的名字卫博（Beatrice Webb）更广为人知〕①就有八个姐妹——毫无疑问她家是个大家庭，当时没人会觉得不正常。也没人认为弗洛伊德夫妇有六个子女有什么好奇怪的。

上述善体人意的空间配置方式虽然风行，却不是人人奉行。有轶事可以证明，有些富裕的布尔乔亚会因为狂热追求社会风评而不惜牺牲子女对隐私的渴望。在这方面，瓦亨海姆女士（Hedwig Wachenheim）的回忆录为我们提供了很好的例子。瓦亨海姆女士于1900年前后生于德国曼海姆一户上等人家，父亲是犹太银行家，去世后留下她与母亲及一个妹妹住在一栋有六个房间的大房子。尽管如此，姐妹两人只能挤在一个湿气重的小房间里，因为其余三个房间都是供她母亲

---

① 波特与丈夫韦博（Sidney Webb）都是英国社会改革家、费边主义者，创建了伦敦政治经济学院。

交际用的——一间当沙龙（每年有两次盛大的招待晚宴），一间用作起居室兼餐厅，一间用作她母亲的客厅。

这样一部披露富裕的寡妇如何放纵自我和取悦世界的回忆录，在19世纪相当罕见。不过，富裕的布尔乔亚建造别墅的用意并不纯粹是为了家庭的隐私，这倒是真的。住在德国商业重镇法兰克福西区的都是企业家、商人和银行家，他们的房子通常都有一个撞球室、一个吸烟室（两者都是男士专用），以及一间舞厅——有时候一厅三用。1900年，至少有一名建筑师更关心业主的需要；杰出的维也纳设计家霍夫曼（Josef Hoffmann）在为亨内贝格夫人（Frau Henneberg）设计房子时，将其设计得相当宽敞，足以容得下两间客房、一个吸烟室和一个专供太太使用的房间。此外，爱好音乐的家庭也可能为他们的爱好留出一个小房间。例如，在毕奇尔女士（Catharine Beecher）出版于1869年的《美国妇女之家》（*The American Woman's Home*）一书中，我们能看到这样一幅中产阶级家庭的房屋平面图：房子面积虽然不大，却还是留了空间给一架立式钢琴。

这些分歧现象提醒我们，空间配置要怎样才算适当（包括该有多少个仆人房间），在整个19世纪都是存在争议的。很多家庭和建筑商都跟随着重视隐私的居住趋势，但不在意这一点的人亦比比皆是。1864年，《建筑商》杂志（*The Builder*）满意地指出，英国人终于不再嘲笑巴黎人动辄盖四五层大楼的做法了，自己也盖起了小城堡，尽管他们还是没有采取巴黎人的模式把五层楼的每一层分租给一个收入水平不同的阶层。杂志又说:"在无数的新街道,如贝尔格拉维亚区(Belgravia)、泰伯恩利亚区(Tyburnia)和西伯恩利亚区(Westbournia),排屋(terrace)①的卧室楼板的面积扩大了,让人们的睡眠空间更能符合今天我们关于舒适、财富和健康的观念。"〔33〕不过这只是其中一面,13年后,《建筑新闻》(*Building News*)抱怨道,伦敦的罗素和贝德福德广场(Russell and Bedford Square)附近街区(当然不是贫民区)的那些翻新或新盖的房子,其"居住的便利性"都严重不足。特别是"许多房子的卧室都是很小的,与整栋房子的大小不成比例。为了客厅,一切都被牺牲掉了。"〔34〕

前文提到引用过的那位特立独行的经济学家凡勃伦,也在其大作里提醒读者注意这种家庭空间配置失衡的问题。"炫耀式消费"意味着,富裕的布尔乔亚家庭会为扩大家中的会客空间(当然还会把它装修得美轮美奂)而牺牲掉其他必要的空间——包括客人绝不会踏进的卧室。"因为这种对偏好可见消费的歧视心理的存在,让大部分阶级的家居生活——与摆给外人看的显赫的外在部分相比——显得相对寒酸。"正因为这样,"在大多数工业发达的地区,人们把家居生活排除在外人的目光之外",而"注重隐私的习惯也成为富裕阶级表现其财富的一个极显著特征"。〔35〕简言之,没有哪种时尚的居

---

① 指联排别墅,其各房屋的外表结构相同。

住方式没有人采纳，但这另一方面也表示了，没有哪种中产阶级的居住理想是他们共同追求或达成过一致的。

在观察维多利亚时代中产阶级对隐私的态度的多样变化时，我们也会遇到这样的时刻：他们会基于习俗而让某些特定人士进入其本来无权进入的区域。在家里分娩就是这样的时刻。在小说《先生、夫人与宝宝》中，G. 德罗兹把小孩降临的情境描写得巨细无遗。被允许进入产房的人只有医生、产妇的母亲和丈夫——后者的手臂被勇敢承受阵痛的爱妻路易丝攥住。只有等婴儿安全出生后——"是个男宝宝呢！"——其他几个亲戚才被允许进入房间看新生儿。此时，太太以别人无法听到的声音对丈夫耳语："我让你满意了吗，亲爱的？我尽力了。"[36]

一如其他事情，什么样的行为才算端庄也因时间和地方而异。在19世纪中叶，礼貌行为是容许一个中产阶级妈妈在丈夫、孩子，甚至仆人面前给小宝宝喂奶的（其他人则不行）。在杜米埃的一幅描绘三等火车车厢的水彩画中，我们可以看到一个长相粗陋的妈妈正在喂奶，这是一个迂回的提醒：露乳喂奶之举在头等车厢是难以想象的。但喂奶的行为是自然和高雅的，以至于让狄更斯（他对于什么是得体的行为少有妥协）觉得有必要请他的著名插画家布朗把这一温柔的时刻捕捉下来。在《大卫·科波菲尔》的一幅插图中，当妈妈喂同母异父的弟弟吃奶时，大卫·科波菲尔就在旁边看着。事实上,同一部小说中的米考伯太太甚至几乎无时无刻不在忙着给她的小孩们喂奶,而狄更斯更是敢于开这样的小玩笑:"容我在此插个话。根据我对这家人的所有印象,我几乎没有见过那对双胞胎同时离开过米考伯太太。其中总有一个在妈妈怀中接受滋养。"对中产阶级的拘谨刻板之说已矣乎。

5

但我们必须再挖深一些。隐私的价值也许昭然若揭,但它却少不了某些前提条件(比如达不到一定程度的富裕就没有隐私可言),而且浓缩了形形色色大异其趣的情感。没有错,年轻人不难看出隐私对他们的意义何在:那是对他们尊严的一种肯定,表明他们被当作大人看待。但对其他人来说,隐私权却是一把用来掩盖各种情绪与信念的保护伞,如叛逆、厌世、谦卑、渴望自主等。反过来说,愿意尊重他人的隐私也意味着愿意尊重观念和理想与自己相左的人。一句话来说,就是拥有度量。

维多利亚时代人觉得隐私值得追求,是因为其心理基础又一次受惠于启蒙哲学家。1784年,康德发表了一篇通俗的论文《对"什么是启蒙"的回答》(Answer to the Question: What is Enlightenment?),其内容反复受到征引。对于什么是启蒙,康德的回答是:启蒙意味着人类成长,摆脱不成熟和对法律的依赖。任何对其他权威的臣服，都是人类尚未到达启蒙这种最高境界的表现。引用异教徒的经典为自己佐证是18世纪的典型风格，康德也不例外，而他这一回引用的是贺拉斯的话："敢于求知（Sapere aude）！"换句话说，启蒙就是人类独立思考的同义语。而在维多利亚时代，最不遗余力地争取这种独立的，大概莫过于那些追求男女平等的女权主义者（他们艰苦奋斗到了19世纪末，但仍没有取得完全的胜利）。在其所争取的各种权利中，争取与男人一样的隐私权和因这种隐私权附带的各种好处，还算不上完全胜利。而这也是几十年后伍尔夫所揭示的那句著名口号的真义：一间只属于自己的房间[①]。

康德对启蒙的定义，与启蒙运动近100年的奋斗方向一致：把一些被认为有问题的言论和行为从公共权威的大手中拯救出来。以宽容的理念为出发点，启蒙哲学家主张，亵渎神明或不得体的言论或同性恋的性向都纯属私事。孟德斯鸠说过，他可不认为有哪个神明会脸皮薄到因为愚蠢凡人妄称其名而发怒。这话听起来有点轻浮，但其中的意义不亚于要求重新思考个人权利与更高权力（不管是国家、教会、家庭还是公众舆论）之间的界限。而要求上书审查官、警察、法院以放开其对亵渎、淫秽、政治牢骚等的钳制，也不啻主张给予私人领域一个广阔的空间。这是19世纪最咄咄逼人的自由主义者所

---

① 《一间只属于自己的房间》是伍尔夫在其两场演讲的基础上撰写而成，后来成书出版。

要求的下限，虽然较腼腆（或者说更现实）的进步人士不会呼吁钳制力量全部松开，而会以它的部分放松为满足。

中产阶级隐私观念的兴起，与被维多利亚时代人称为"个人主义"的现代态度也有着密切关系。1840年，托克维尔在《论美国的民主》（*Democracy in America*）一书里表示个人主义"是一种新的观念创造出来的一个新词。我们的祖先只知道利己主义。"[37]他将个人主义定义为："一种只顾自己而又心安理得的情感，它使每个公民与其同胞大众隔离，同亲属和朋友疏远。因此，当每个公民各自建立了自己的小社会后，他们就不管大社会而任其自行发展了。"[38]这种"退缩"所引发的一个议题是如何使"小社会"的需求与"大社会"的需求达成平衡，托克维尔认为，这一点是强调个人主义的美国人无力达成的。此外，与美国的民主主义者观点相当不同的是，他极度怀疑"个人主义"这个新词是否有任何内在优点可言。他认为个人主义只是平等主义的产物，随着欧洲社会越来越能接受平等，个人主义才会蔓延。

"个人主义"（individualism，一种反对公共权力笼罩一切的立场）也许是一种晚近的发明，但"个性"（individuality，一种对个人独特性的强调）这一观念的历史却要悠久许多。1860年，瑞士历史学家布克哈特在其巨著《意大利文艺复兴时期的文化》（*The Civilization of the Renaissance in Italy*）中提出，文艺复兴时期最显著的标志之一就是"个体"

（individual）观念的形成，这一观念堪称"当代欧洲众多子女的头生子"。他指出，在中世纪，"人类意识的两面——朝向世界的一面和朝向内在的一面——一直被一张帷幕遮盖着，处于睡眠或者半醒着的状态"，因为这张由宗教信仰、孩子般的腼腆和错觉交织在一起的"纱幕"的存在，"人们都只把自己界定为某一种族、某一民族、某一部门、某一团体和某一家族的成员。"[39]

布克哈特固然没有触及隐私权的问题，但从他上面的一番话，我们可以毫不犹豫地断言，中世纪的个体观念（个体只是群体中的成员）中是没有隐私权的容身之地的。布克哈特后来还补充，"纱幕"最先在意大利消失，从此，人们开始以客观的态度看待国家和世界的一切事物，随之而来的是一种强烈的主体性意识的诞生。人类因此茁壮成长为"精神性的**个体**"（spiritual individual）。[40]传记、自传、肖像画等被19世纪中产阶级视为天经地义的具体表达方式，也是在文艺复兴时代萌芽的。

然而，尽管把文艺复兴时代视作19世纪之母，布克哈特却不认为这有什么好高兴的。没错，个性固然是后来所谓的"文艺复兴人"（Renaissance man）——不为传统和习俗羁绊的人——诞生的先决条件，但很多时候他们也不受宗教和道德的羁绊。一如14世纪和15世纪就曾诞生过博尔贾（Cesare Borgia）这类无视道德的狂徒，19世纪对个性的大胆主张也带来了严重的危害。很多时候，那些受不了令人窒息的农村生活而迁入大城市的年轻男女发现，他们对独立的殷切追求，到头来得到的只是一种不必要的匿名性，既没有朋友的扶持，也没有亲人的慰藉。

对这些迷茫又孤单的人来说，隐私权这一闪闪发光的理念多了一种讽刺意味，近代社会的研究者（包括哲学家和社会学家）创造了一些专业术语来形容19世纪都市生活的趋势："异化""失范""碎片化"。否认个人主义有其黑暗的一面只是自欺欺人，那些深受其害的人比谁都清楚。尽管如此，个人主义还是有它的另一面，更正向的一面。私人空间意味着由衷的选择，而那不啻是自由的同义语。

在维多利亚时代，一个用真自由来取代赝品的例子，就是无记名投票选举制度的引入。谁都知道，记名投票很容易受到威迫利诱等手段的影响，这也是为什么当权者要竭尽所能把这种方式维持得更久。有好几次，法国的革命分子在革命成功后都立法通过了无记名投票选举制度，却从未严格执行，有些国家更是顽强地保留了记名投票选举制度。但英国却在1872年开始实行无记名投票选举制度。独自投票、不被人监视——没有比这更强的隐私权典范了。

19世纪末还出现了一种原创的、极具争议的、致力于个人最私密部分的探索，那就是精神分析——两个人的隐私。自19世纪90年代初起，弗洛伊德就一直在改进他的深层心理治疗方法。精神分析师会让病人躺在一张沙发上，自己则坐在沙发后面病人看不到的地方，借此营造一种柔和的气氛，诱发病人的退行①。咨询室里不挂任何照片，没有强烈的灯光，务求把外面的世界隔绝在外。的确，病人并不是孤独的，但分析师大部分时间都只是沉默的倾听者，开口主要是为了解析病人说过的话。在倾听的过程中，分析师绝不会做出道德判断或宗教谴责的行为——因此有些人把病人的倾吐比拟为天主教的忏悔是完全不恰当的。精神分析的最终目的，是要帮助病人发现自己的真我。后来，弗洛伊德把精神分析疗法的目的界定为"分析不是为了抑制病人的病理反应，而是为了让病人可以**自由**选择哪一条路"。〔41〕研究隐私观念的学者对这种表述应该会觉得相当熟悉。

6

19世纪布尔乔亚对隐私的向往，和他们对自我的迷恋密切相关。我们知道，对自我的关注可以追溯到苏格拉底（雅典城邦最大的"牛虻"），他与前人最大的不同，正在于他把关注点从世界转向了人。从圣奥古斯丁（St. Augustine）到蒙田（Michel de Montaigne），从帕斯卡到卢梭，这些无怨无悔的自剖家见证了维多利亚时代人对自我的满腔兴趣背后有一个源远流长的光荣传统。此外，从柏拉图开始，几个世纪以来的政治理论家都是以他们对人性的看法来架构各自的

———————————

① regression，精神分析用语。

理论系统的。霍布斯在出版于1651年的扛鼎之作《利维坦》（*Leviathan*）中更是把自省视为统治的法门："那些要统治一整个国家的人必须透过自省了解别人——但不是了解这个人或那个人，而是了解人类。"[42]1886年，尼采在其经典著作《善恶的彼岸》（*Beyond Good and Evil*）里明确指出，心理学应该再次被认作科学的女主人。"因为只有靠着它的服务和预备，其他科学才得以存在。因为心理学现在再一次是通向解决各种根本问题的道路。"[43]

身为对人类动物（human animal）有着诡异洞察力的研究者，尼采强烈反对19世纪几乎无可抗拒的学术分工化趋势，在他看来，哲学与心理学是不可分的。尼采杰出的同道威廉·詹姆斯在哲学和心理学上的表现同样让人动容。这里不是细说19世纪心理学发展历史的地方，但值得指出的是，在维多利亚女王主政的晚期，对情绪进行不动感情的研究①已成为可能。1824年到1825年间，德国教育学家和哲学家赫尔巴特（Johann Friedrich Herbart）出版了一部极具影响力且书名意味深长的著作《根据经验、形上学和数学新建的科学——心理学》（*Psychology as Science, Newly Founded on Experience, Metaphysics and Mathematics*）。通过强调经验和现实主义形而上学，赫尔巴特将心理学确立为一门自主的学科。到了19世纪70年代，心理学终于进入大学，最著名的是

---

① 指心理学。

冯特（Wilhelm Wundt）在莱比锡大学主持的心理学实验室。

维多利亚时代人对"自我之谜"感到荧惑，也动用他们出了名的殷切投入这方面的追索。这就是写日记会大盛于19世纪的其中一个原因，无数人都希望他们日记里的话语能像一面魔镜一样，把他们的真实面貌反照给他们自己看。格莱斯顿写日记，不单为了记下他每天读的那么多书，还为了监测他所谓的"自爱妄想"（delusions of selflove）[44]——这是他基督徒自我最不能容忍的特征。"唯一绝对的**自我**"也是喋喋不休、任性且吸毒成瘾的柯尔律治（Samuel Taylor Coleridge）生命最后几十年探寻的重点。司汤达探求自我的殷切程度不亚于柯尔律治，但没他那么凄惶。"**自我**是什么？"[45]他曾这样自问，并承认对它一无所知。其他不太善于表达的布尔乔亚则通过别的途径来寻找他们所渴求的内在知识，比如布道、小说、诗歌、哲学论文、心理学文献等，而其中最常用的方法是自我审视①。写日记是获得心理洞察力的最平等的方法。

然而，很多日记作者都没有把他们的自省描述成一种"追求"。这不值得奇怪，施尼茨勒就是如此。他一向对于能以自己的戏剧和小说，甚至日记来触达心灵的岩床而感到满意——他在其中对自己做了最无情的剖析。这些数不清的记录的目的很简单，那就是"自我认识"[46]，他这句话写于1895年。五年后，也就是写了20年日记之后，他写道："我

———————————

① 即写日记。

决定不再向自己隐瞒自己的卑劣和愚蠢。"[47] 他觉得自己也许算不上真正深刻的人，但又深信自己了解最深刻的事情——这是一种微妙的区别，却不是无关紧要的。他比任何人都清楚自己的毛病，但他的自知极少能带来内在的改变。用弗洛伊德经典的话来说，他既自知又不自知。

毫无疑问，大部分维多利亚时代布尔乔亚（甚至是受过高等教育的那些）都不会像施尼茨勒那样孜孜矻矻于自诘（self-questioning），而且不这样做也一样过得好好的。我们说过，中产阶级是被变迁四面围攻的，而维多利亚时代则是一个焦虑的时代。他们之所以会认为一种未加检视的生活值得过，有很好的理由。而如果你问他们，他们是否密切关注过自己的宗教信仰、政治信念、道德高度，或有没有觉得自己的内心世界有什么问题，他们大部分都会这样回答：他们很乐意让诗人、神父、专栏作家和私人医生为自己代劳。尽管如此，在施尼茨勒的世纪的布尔乔亚之中，还是有愈来愈多的人觉得，一幅通向自知的地图（一如通向财富、美貌或婚姻幸福的地图）是他们愈来愈不可或缺的。

注 释

〔1〕直到几十年前，隐私权的话题在很大程度上还是被忽视的。就在1939年，还有一位知名的美国辩护律师刘易斯·奈泽（Louis Nizer）出版了一本名为《隐私权：一种全新的法律》（*The Right of Privacy: A New Brand of Law*）的书。如今，随着政府情报机构、保险公司、狗仔队、网络以及其他20世纪新科技

对隐私产生威胁，这方面的文献数量快速增长，可是历史学家还是喜欢使用涵盖更多经验和理论的作品。一个起到促进作用的例外是德国社会学家齐美尔（Ceorg Simmel）所写的 *Soziologie, Untersuchungen über die Formen der Vergesellschaftung*（1908），其中与隐私相关的部分内容在 *The Sociology of Georg Simmel*（trans. and ed. Kurt H. Wolff, 1950）中可以找到。以下一些著作也值得参考：Lenenis Kruse 的 *Privatheit als Problem und Gegenstand der Psychologie*（1980）着重关注隐私权的社会心理学；Ferdinand David Schoeman 的 *Privacy and Social Freedom*（1992）是对隐私在哲学层面上的深刻研究；Judith C. Inness 的 *Privacy, Intimacy, and Isolation*（1992）探讨了隐私权的法律含义。Patricia Boling 的 *Privacy and the Politics of Intimate Life*（1996）对一些女权主义的立场进行了批判性分析。有关伦敦人居住方式的变化，特别值得参考的是 Donald J. Olsen 的 *The Growth of Victorian London*（1976）。有关美国清教徒家庭生活缺乏隐私的问题，可参考 John Demos 的 *A Little Commonwealth: Family Life in Plymouth Colony*（1970），以及 Karen Chase 和 Michael Levenson 合著的 *The Spectacle of Intimacy: A Public Life for the Victorian Family*（2000）。

〔2〕 "Nanci" Berlioz, diary, April 14, 1822. Cairns, Berlioz, vol. I, *The Making of an Artist, 1803–1832* (1989; 2d ed., 1999), 106.

〔3〕 "Nanci" Berlioz, diary, May 7, 1822, ibid., 107.

〔4〕 Alma Schindler-Werfel, *Diaries 1898–1902,* selected and ed. Antony Beaumont (1998; trans. Beaumont and Susanne Rode-Breyman, 1999), xiii.

〔5〕 Stephen, *Liberty, Equality, Fraternity*, 106.

〔6〕 Samuel D. Warren and Louis D. Brandeis, "The Right to Privacy", *Harvard Law Review* (1890), IV, 193–220, passim.

〔7〕 C. E. Sargent, *Our Home: Or, the Key to a Nobler Life* (1888), 5–6.

〔8〕 参见 James Jackson Kilpatrick, *The Smut Peddlers* (1960), 243.

〔9〕 Thomas Babington Macaulay. Denis Mack Smith, *Mazzini* (1994),

42.

〔10〕 Thomas Carlyle, "To the Editor of the Times", *The Times* [London], June 19, 1844, p.6.

〔11〕 　G. Stanley Hall, *Adolescence: Its Psychology and Its Relations to Physiology, Anthropology, Sociology, Sex, Crime, Religion and Education*, 2 vols. (1904), I, 589.

〔12〕 Julie Manet, *Journal (1893–1899)*, ed. Jean Griot (1979), 9.

〔13〕 A.S., June 18, 1897, *Tagebuch*, 11, 257.

〔14〕 A.S., April 24, 1898, ibid., 283.

〔15〕 A.S., July 7, 1902, ibid., 374.

〔16〕 Marie Bashkirtseff, *Journal*, 2 vols. (1898), I, 5.

〔17〕 　Mabel Loomis, November 7, 1872, Journal, I, Mabel Loomis Todd papers, Yale- Manuscripts and Archives.

〔18〕 March 5, 1879, Journal, II, ibid.

〔19〕 Henri-Frédéric Amiel, July 36, 1876, *Journal intime*, trans. Mrs. Humphrey Ward (1887), 213.

〔20〕 Friedrich Hebbel, March 23, 1835, *Tagebücher, 1833–1863*, ed. Karl Pörnbacher, 3 vols. (1966–1967; ed., 1984), I, 7.

〔21〕 Thomas Henry Huxley, April 6, 1850. *Diary of the Voyage of H. M. S. Rattlesnake*, ed. Julian Huxley (1935), 266.

〔22〕 Asa Fitch, August 16, 1839, diary, Asa Fitch papers, box 2, Yale- Manuscripts and Archives.

〔23〕 Schindler-Werfel, *Diaries, 1898–1902*, xiii.

〔24〕 Ibid., May 1, 1899, 125.

〔25〕 Ibid., December 13, 1900, 355.

〔26〕 Ibid., June 4, 1901, 410.

〔27〕 Ibid., July 24, 1901, 421.

〔28〕 Ibid., January 1, 1902, 467.

〔29〕 Anon., "American Domestic Life Described by an American" , *The Leisure Hour*, XVIII (1869), 111.

〔30〕 Robert Kerr, *The Gentleman's House: or, How to Plan English*

Residences, from the Parsonage to the Palace (1864; 2d rev. and enl. ed., 1865), 67–68.

[31] Konstanze von Franken, *Handbuch des guten Tones und der feinen Sitten* (23d rev. ed., 1900), 47.

[32] G. A. T. Middleton, *Modern Buildings: Their Planning, Construction and Equipment*, 6 vols. (1905), I, 44.

[33] *The Builder* (1846), XXII, 94. Olsen, *Growth of Victorian London*, 160.

[34] *Building News* (1877), XXXII, 484, ibid., 131.

[35] Veblen, *Theory of the Leisure Class,* 112–113.

[36] Droz, *Monsieur, Madame et Bébé*, 287–289.

[37] Alexis de Tocqueville, *Democracy in America*, 2 vols. (1835–1840; trans. George Lawrence, ed. J. P. Mayer and Max Lerner, 1966, 2 vols. in 1), 477 [vol. II, part 2, ch. 2].

[38] Ibid.

[39] Jacob Burckhardt, *The Civilization of the Renaissance in Italy: An Essay* (1860; trans. S. G. C. Middlemore, 1878; 2d rev. ed., 1945), 81[part II] .

[40] Ibid.

[41] Freud, *The Ego and the Id* (1923), Standard Edition, XIX, 50n.

[42] Thomas Hobbes, *Leviathan, or the Matter, Forme and Power of a Commonwealth Ecclesiastical and Civil* (1651), The Introduction.

[43] Friedrich Nietzsche, *Beyond Good and Evil* (1886), part I, No.23.

[44] Gladstone, September 16, 1841, *Gladstone Diaries*, III, 140.

[45] Stendhal, *Rome, Naples et Florence* (1826; ed., 1987), 307.

[46] A.S., August 15, 1895, *Tagebuch*, II, 149.

[47] A.S., March 13, 1900, ibid., 324.

终 曲

Coda

从一百多年后的今天回顾，
维多利亚时代是个令人羡慕的世纪，
而在这件事情上，
布尔乔亚居功匪浅。

1918年，斯特雷奇（Lytton Strachey）在《维多利亚时代四名人传》（Eminent Victorians）的开头指出："维多利亚时代的历史将永远无法被写出来，因为我们知道的太多了。"这是典型的斯特雷奇式悖论，而他那些作品之所以能够风行不衰，这类悖论居功匪浅。尽管很有趣，但他上述的断言错得不能再错了。因为，不管19世纪留给后人的信息多么庞杂，我们已经开始获得我们需要的知识了，或者说已经开始学会怎样评价我们拥有已久的知识，以让我们可以对该时代做出公允的判决。被斯特雷奇以刻毒文笔拷打的四位名人——红衣主教曼宁（Cardinal Manning）、南丁格尔（Florence Nightingale）、阿诺德博士（Dr. Arnold）和戈登将军（General Gordon）——无疑都是存在很多瑕疵的人物，只不过，他们的优点比《维多利亚时代四名人传》让读者知道的要多（在其他作品里被斯特雷奇讽刺的小人物也是），所以，这本书反而成为人们发现维多利亚时代中产阶级真相的一个障碍。直截了当地说，我认为真相并不在于大好和大恶的中间点，而是在于靠近正值的一边。

我无意将19世纪理想化。我可不像某些保守派评论者那样，对19世纪满怀乡愁，一心想复兴他们所谓的"维多利亚时代价值观"。人类事务的记录总是瑕瑜互见、各有千秋的，19世纪亦不例外。在维多利亚时代，残酷无情地剥削劳工的矿场主和工厂主比比皆是，他们总是要等到政府出面干涉才愿意改弦易辙。有不少中产阶级男女的性快感——出于性冷淡或其他精神官能症方面的原因——是打折扣的，或付之阙如的。有些丈夫对妻子颐指气使，不管是在公开场合还是私生活里都对妇女百般打压。民族主义者与帝国主义者在19世纪亦屡见不鲜。不过，随着时代巨轮向前迈进，这些人越来越少了，他们对意识形态的控制力也逐渐减弱，几乎所有20世纪取得成功的进步主张，都可以在19世纪找到它们雄辩的、愈来愈得人心的鼓吹者。不止于此，正如我一开始指出的，在艺术与文学方面——建筑、绘画、雕塑、小说、戏剧等——大放异彩的现代主义并不是20世纪的产物，而是早在第一次世界大战之前就已呼之欲出。维多利亚时代人好像把他们最好的东西都留给了不知感激的后代人，而我们时代的罪恶，则是我们自己作下的孽。

我这个判决不是随口说的。在19世纪的最后25年，一群"牛虻"揭露了中产阶级社会方方面面的恶形恶状，而他们的成绩也洋洋大观。这不奇怪，因为他们想要找的茬太多了。这些维多利亚时代的政治与道德的批判者可说是发扬了福楼拜与左拉的余绪，但却有一点不同，被我称为"仇布者"的那些艺术家和小说家是不分青红皂白的，对中产阶层文化采取全盘否定的态度，相形之下，这些后起的资本主义批判者在选择目标的时候要精准得多。不管是不是具有检举人的心态，他们都是体面的一群人，以揭发体面的布尔乔亚的恶形恶状为己任。老罗斯福总统称这群人"扒粪者"，但这些"扒粪者"经常会在扒粪的过程中扒到黄金，在探听丑闻时发现政客贪污或滥用经济权力的事实。其中一人甚至促成了1906年的《纯净食品和药物法》(Pure Food and Drug Act)法案的立法，这个人就是小说家辛克莱(Upton Sinclair)，他在控诉芝加哥肉类加工业草菅人命的小说《丛林》(*The Jungle*)里，描写了一个工人掉到大缸里，被绞成肉酱，制成香肠。

在美国，一些有才华的记者会为《麦克卢尔》(*McClure's*)等杂志诚实地撰写一些揭发文章，但他们的动机绝不是恶意的。《麦克卢尔》的塔贝尔(Ida Tarbell)就是个例子，她针对标准石油公司(Standard Oil)——该公司让洛克菲勒靠许多非正常的经营行为(常常是犯法的)成为千万富翁——的发迹史，撰写了大量报道，揭发了许多内幕。另一个是斯蒂芬斯(Lincoln Steffens)，他走遍全美，发现所调查的城市都像费城一样，"腐败，又满足于现状"。在英国，自称是"异端"的经济学家霍布森精彩地揭发了那些八卦小报是如何煽动公众舆论来支援布尔战争（Boer War）的。同一时期，剧作家易卜生和萧伯纳也把种种潜在的问题搬上舞台，其剧本中语言之清晰和有力，是许多写小册政论鼓舞改革的作家自愧不如的。

老罗斯福总统曾经以为，他可以指斥这些"扒粪者"为社会不满分子，让他们失去公信力。但是，谩骂无法阻止他们继续批判不受约束的创业精神。辛克莱是个社会主义者，在欧洲大陆，也有一些社会主义政治家把攻击中产阶级视为要务，如法国的饶勒斯（Jean Jaurès）和德国的李卜克内西（Wilhelm Liebknecht）。然而，大多数所谓"扒粪者"事实上都不是政治激进分子。《麦克卢尔》杂志的第一贡献者贝克（Ray Stannard Baker）说得很清楚："我们会去'扒粪'，不是因为我们恨世界，而是因为我们爱它。我们不绝望，不犬儒，不怨毒。"[1]霍布森则更是个坚定的布尔乔亚，有时甚至坚定得有点目中无人。在自传中，他骄傲地宣称，他"从小生长在英格兰中部地区一个中型的工业城镇，中产阶级中的中间阶层的家庭"。[2]对19世纪中产阶级最率直的责难多数出自中产阶级之口，我相信，自我批评是他们另一个值得被欣赏的理由。

这种能与自身所属的社会和经济体系保持距离的能力，见证了19世纪的中产阶级已经具有一定的政治成熟度。"扒粪者"并非旷野中的孤单自语者，这一点，从有无数的布尔乔亚把票投给自由派或社会民主政党就可以反映出来。正是这些参与或领导改革运动的布尔乔亚，让19世纪的社会变得更加人道，更加趋于平等——不管他们为之奋斗的是废除奴隶制度，还是建立无记名投票选举制度。

他们的贡献并不仅止于此，因为在19世纪政治、经济和社会各层面的大变革中，中产阶级无不扮演着领导者的角色。梅特涅对布尔乔亚满怀戒心是有道理的，因为不管有过多少次保守的退缩，他们仍然是一股足以带来不稳定的激进势力。法国大革命以暴力方式开始的革新任务——埋葬旧体制——就是在布尔乔亚手上最终完成的。然而，旧的阶级秩序和凭一己好恶施政的统治者并没有完全销声匿迹，俾斯麦于1871年统一的德意志帝国更是其中的佼佼者（其内阁不向议会负责而是向德皇负责），这是因为有政治头脑的德国布尔乔亚认为国家统一比自由政体更重要。不过在大部分西方国家，传统的统治方式都已开始动摇。19世纪是制宪的时代，对那些有幸早已建立了根本法①的国家来说，更是个急遽实现自由化的时代。主导这些向民主化制度转变的进程的，正是布尔乔亚（也有少数特立独行的贵族从旁协助）。在英国、比利时、法国、意大利和瑞典（更不用说美国了），政治的民众基础都大大扩张了。

至于矿业、工业、银行业、保险业，以及传统的地方产业和国际贸易这些维多利亚时代的经济部门（它们在短短几

---

① 这里指宪法。

十年间就发生了翻天覆地的变化），布尔乔亚在其中的影响力当然比在政治部门的主导力量更大。我说这些的目的不是要比较"撒马利亚人"（Samaritans）与"斯克鲁奇"（Scrooge）①，然后指出中产阶级中的人道主义者要比剥削者更多，我真正的重点是中产阶级被解放的活力——发明家、工程师和金融家的活力——缔造了一个新世界。正因为布尔乔亚的这些贡献，马克思和恩格斯才会在《共产党宣言》里给了他们一个近乎牧歌式的礼赞："历史地看，布尔乔亚曾扮演过最革命性的角色。"〔3〕虽然乐善好施的资本家并不多，但他们中的许多人的贡献远远超过了自己所知的程度。

中产阶级的活力也让他们勇于面对因都市化和工业化引起的各种史无前例的问题，如贫民的居住环境过于拥挤，传统慈善机构的明显不足，工人阶级与基督教的疏远等。因为这些问题都是史无前例的，所以解决起来相当棘手。当那些握有权力的人（资本家、工业家、立法者）面对新的问题和新的需求时，只能在黑暗中摸索。立法并不是解决一切问题的万灵丹，因为你在立法前还先要能断定，比如怎样的合并行为才叫垄断或怎样的投机行为才算内线交易。他们也不太知道，政府对自由市场哪些种类和何种程度的干涉会让工人阶级受惠或受害。不同政治经济学家所提供的南辕北辙的答案，只会让这类问题变得更难解决。

---

① 二者分别指"乐善好施的人"与"贪得无厌的吝啬鬼"。

与充满棘手的不确定性的公共舞台相比，19世纪中产阶级在私人领域的理念相对清楚得多，他们向往的是建立一个亲密和谐的小家庭，能在休闲时光里吸收一点高级文化。当他们逐渐意识到工人阶级的处境时，他们也想去推广这种理念。开展扫盲运动、建立教育协会和发行平价的经典图书，都是他们为卖力苦干的下层阶级开出的良方。他们希望，这些贫苦的劳工可以因此得到启发并学到办法，能多少像他们一样追求并获得家庭幸福。

　　这种态度感染了相当多中产阶级，这一事实不会让思想开放的维多利亚时代的研究者感到惊讶，尽管一直以来，中产阶级的这种慷慨并没有受到恰如其分的赞赏。他们一直都受到一种基本毫无根据的指控，那就是布尔乔亚的社会自由主义只是出于自利。同样的无知也见于品味方面，不少布尔乔亚欣赏乃至赞助现代艺术的事实，只有少数专家才知道。但正如我曾经指出的，收集近代绘画或支持艺术博物馆并不是百万富翁的专利。第一批购买印象派画家作品的都是收入有限的布尔乔亚，交响乐演奏会最忠实的乐迷也是低级的文员（他们常常还会带太太一道参加）。我们已经知道不是所有俗人都是布尔乔亚，但我们还需要强调，不是所有布尔乔亚都是俗人。

　　不过，传说与事实之间鸿沟最深的领域还是要数最私密的领域，也就是布尔乔亚夫妻的性生活。由于维多利亚时代人对隐私高度重视，卧室门总是关得紧紧的，因此，历史学家唯一可以借鉴的证据只有私人书信、日记、调查报告和医生研究报告的一点点线索。不过，就算在我们这个信息广泛流通的时代，我们对这方面情况的了解也仅仅比从前略胜一筹。就我们已经知道的部分（我已经花了一整章去谈这个问题）而言，许多19世纪中产阶级夫妻毫无疑问是常常可以同时得到性满足的，唯一渴求的只是性满足的次数再多一些。留存至今的维多利亚时代夫妻的信件提供给我们的闪光点并不多，不过我们至少知道，劳拉·莱曼在信中对丈夫这样说："下星期六我会抽干你的保险箱的，我保证。"

在其批判者眼中，布尔乔亚是邪恶、庸俗、冷漠的，或者至少也是枯燥乏味、谨小慎微、斤斤计较、容易妥协、完全没有英雄气概的。但这样的说法只是用一种错误的时空标准（即封建社会的标准）定义了何谓英雄。我在第一章已经谈过维多利亚时代人崇拜什么样的英雄：拿雨伞的和穿长筒橡皮套鞋的。因此，中产阶级也是有他们的英雄的，那就是精力充沛、实事求是的圣西门主义者。他们致力于建筑铁路，挖掘运河，提高公共服务的效率。他们被波德莱尔用诗歌赞美，被马奈拿来入画，被勃拉姆斯谱成乐章。布尔乔亚还崇拜一些不那么入世的英雄，比如解决了科学难题的科学家、治愈了传染病的专家，以及主导了彻底教育改革的改革者。总的来说，19世纪的中产阶级偏爱和平而非凶暴，偏爱节制而非放纵——不管是对酒还是对观念都是如此。他们有自己的信念，尽管愿意为了信念而抛头颅、洒热血的只占极少数。简言之，他们是崇尚清醒的（不管是字面意义上的还是比喻意义上的清醒），而且赋予寻常的家庭生活很高的意义。就连最缺钱的中产阶级家庭都会尝试让自己对一件事深信不疑（哪怕他们心里不是那么有把握），那就是他们是与别人不同的，因为当布尔乔亚就意味着拥有某些与别人不同的特点。

当然，这幅颇为恭维的中产阶级自画像也有明显的例外，酗酒的、行事冲动的布尔乔亚，腐败的政客，把感情视同儿戏的布尔乔亚（如青年时代的施尼茨勒）都是这样的例外。但不管是自信满满的还是没有安全感的，不管是有能力驾驭甚至引发变迁的还是会被变迁吓得瘫痪的，任何两种布尔乔亚都不用说一句话就能认出彼此。大概除了在沙文主义情绪昂扬沸腾的那些时候，他们的偶像和低下阶层或贵族阶层的偶像都迥然有别。他们的谈吐、衣着、读物、遐想，对工作和爱与美的态度，对隐私的高度重视，都使他们自成一个阶级，而他们也完全自我察觉到了这一点。

这种自我认知甚至经得起政治冲突的折磨（有时只是勉强经得起），德雷福斯事件就是一个例子。在整个19世纪与20世纪初期，有组织的工会和愈发自信的工人政党动员其成员，欲创造一个新的、后布尔乔亚的社会，各工业国都经历了动荡的内部张力。这些反对运动固然会制造焦虑，但人们到头来却发现，只要在制度上做出调整，斗争不是不可控的。身为历史学家，我很不愿去做不讨喜的比较，但真的要比较的话，我只能重申，从一百多年后的今天回顾，维多利亚时代是个令人羡慕的世纪，而在这件事情上，布尔乔亚居功匪浅。

回顾20世纪的历史会让人感到恐惧。无疑，20世纪有许多值得肯定的傲人成就，医学的惊人进步，艺术和文学的现代主义创新，可以降低资本主义成本的福利国家政策的出现等。尽管如此，一旦与20世纪的野蛮相比，这些成就就会顿失光彩。20世纪的野蛮是一种会让成吉思汗都为之汗颜的野蛮：与极权主义的懦弱勾结①，假社会主义之名执行的集体谋杀，由欧洲文化著名文化堡垒之一所执行的科学化、有组织的种族灭绝。20世纪是一个反乌托邦的世纪。反观维多利亚时代，虽然也有它嗜血的时候，如1819年的曼彻斯特、1871年的巴黎以及1903年的基希讷乌发生的嗜血事件②，却从未沉沦得如此之甚。

在维多利亚时代人看来，和平会继续保持下去应该不成问题。因为不管各国帝王将相心里面打什么鬼主意，广大的布尔乔亚——实业家、银行家、商人、旅行社、出版商和学者——已经用经济把世界编织成了一张网，足以作为抵御战争的坚实保障。布尔乔亚看不出来有什么理由，会让他们不能继续生活在一个自己的影响力愈来愈大的世界里。

---

① 指英、法等国对希特勒的姑息态度。
② 1903年复活节当天，基希讷乌的49名犹太人遭疯狂的暴民屠杀。基希讷乌现为1991年自苏联独立的摩尔多瓦首都。

然而，1914年8月4日①终究还是来了。那年的早些时候，6年前的诺贝尔和平奖得主祖特纳男爵夫人（Baroness Bertha von Suttner）曾到施尼茨勒夫妇家做客，茶叙间指出世界正面临着"新的战争威胁"。施尼茨勒颇不以为然。"她是个好人；但无疑也是老套人中的一个——这些人总觉得'得要信仰些什么'，哪怕是信仰'理性的胜利'。"〔4〕施尼茨勒是极不相信理性会有胜利的机会的，也不喜欢祖特纳男爵夫人俨然以先知自居的样子。就连3个月后克莉奥（Clio）开的玩笑②也未能让他惊觉，历史正准备借他的祖国和邻国德国来颠覆世界。夏初起他就和太太、小孩在圣莫里兹度假。6月28日开始，也就是斐迪南大公夫妻在萨拉热窝遇刺身亡后③，施尼茨勒密切留意着局势的最新发展，把每一次外交斡旋和每一则最后通牒都仔细记在日记里。但就像几乎每一个人一样，他完全没有预料到事情会朝最坏的方向发展。

　　"在饭店里，"他8月5日惊魂不定地记道，"（听到了）英国对德宣战的消息。世界之战。世界之毁灭。让人惊骇莫名和恐怖至极的消息。"同一天晚些时候他又写道："我们正经历着世界历史的骇人时刻。才几天时间，我们的世界图景就

---

① 第一次世界大战爆发日。
② 克莉奥为希腊神话中九位缪斯女神之一，主管历史。
③ 斐迪南大公为奥匈帝国皇储，他的被刺是第一次世界大战的直接导火索。

彻底变了样。简直像在做梦！每个人都惶惶然不知所措。"[5]
施尼茨勒的世纪过去了。历史不会要布尔乔亚来为这场灾难
负责的。但不管是谁把这场浩劫带给人类，世界以及中产阶
级都将不会再是原来的样子。

注　释

〔1〕Ray Stannard Baker, *American Chronicle* (1945), 226.

〔2〕J. A. Hobson, *Confessions of an Economic Heretic* (1938), 15.

〔3〕Marx and Engels, *Communist Manifesto*, 83.

〔4〕A. S., March 3, 1914, *Tagebuch*, V, 103.

〔5〕A. S., August 5, 1914, ibid., 128–129.

参考书目

在写此书时，凡谈及施尼茨勒的，我用的几乎都是第一手资料，包括他四卷本的作品集 *Gesammelte Werke*（1961–1962）——由两卷本的 *Die dramatischen Werke* 和两卷本的 *Die erzählenden Schriften* 构成；他的 *Aphorismen und Betrachtungen* 和 *Buch der Sprüche und Bedenken*, I（1927；ed. 1933）；他一些未出版的草稿 *Entworfenes und Verworfenes*, ed. Reinhard Urbach（1977）；他的书信 *Briefe，1875–1912*, ed. Therese Nickl and Henrich Schnitzler（1981） 和 *Briefe, 1913– 1931, ed.* Peter Michael Braunwarth, Richard Miklin, Susanne

Pertlik, and Henrich Schnitzler（1984）；他 的 自 传 *My Youth in Vienna*（1968；trans，Catherine Hutter, 1970）；他 的 日 记 *Tagebücher*, ed. Peter Michael Braunwarth et al., 10 vols.（1987–2000）；以及他现存于纽约大学的一些资料。施尼茨勒的通信集有好多，其中最吸引人的大概是 Dilly. *Adele Sandrock und Arthur Schnitzler. Geschichte einer Liebe in Briefen, Bildern und Dokumenten, gathered by Renate Wagner*（1975），此 书 见 证 了施尼茨勒与女演员阿德勒·桑德洛克的短暂却充满激情的风流韵事。*Arthur Schnitzler. Sein Leben und seine Zeit*, ed. Heinrich Schnitzler, Christian Brandstätter, and Reinhard Urbach （1981）是一部设计精美的照片传记。

施尼茨勒很难算是一个被忽视的作家，研究他的作品不在少数。Harmut Scheible 的 Schnitzler（1976）是一部简洁清晰的传记，其中还有极丰富的参考书目。Bruce Thompson 的 *Schnitzler's Vienna: Image of a Society*（1990）则无负它书名的允诺。有关施尼茨勒时代奥地利和维也纳历史的著作相当多，各有千秋。关于奥地利近代史的精练的全面研究，我参 考 了 A. J. P. Taylor 的 *The Habsburg Monarchy, 1809–1918*（1948）。John W. Boyer 的 *Political Radicalism in Late Imperial Vienna: Origins of the Christian Social Movement*, 1858–1897（1981）似乎有点太严厉，但它对现代反犹太主义政治运动兴起的分析却是无价的。David F. Good 的 *The Economic Rise of the Habsburg Empire*, 1750–1914（1984）和 Alan Sked 的 *The*

Decline and Fall of the Habsburg Empire, 1815–1918（1989）可以参照着来读。William M. Johnston 的 *The Austrian Mind: An Intellectual and Social History, 1848–1938*（1972）也比较有条理性。还有两部研究维也纳犹太人的著作是相互补充的：Marsha L. Rosenblit 的 *The Jews of Vienna, 1867–1914*（1983）和 Steven Beller 的 *Vienna and the Jews, 1867–1938*（1989）。Ilsa Barea 的 *Vienna*（1966）是极具个性的作品，但同时能让人对这个城市的历史引起共鸣。*Jugend in Wien. Literatur um 1900*, ed. Ludwig Greve and Wemer Volke（1974）是很有用的著作。Carl E. Schorske 的 *Fin-de-Siècle Vienna: Politics and Culture*（1980）很有名，它包含一组互有关联性的论文，所谈的对象包括维也纳的环城大道、克里姆特和弗洛伊德（作者认为对弗洛伊德而言，精神分析是一种反政治的主张。我不赞同这一点）。另外，Frederic Morton 具有启发性的 *A Nervous Splendour: Vienna 1888/1889*（1980）也值得参考。

在研究施尼茨勒的文化的著作中，我受惠最多的是这三本：Edward Timms 的 *Karl Kraus, Apocalyptic Satirist: Culture and Catastrophe in Habsburg Vienna*（1986）；David S. Luft 的 *Robert Musil and the Crisis of European Culture, 1880–1942*（1980）；以及 Hermann Broch 的 *Hugo von Hofmannsthal and His Time*（1984）。

人名对照表

各章文末注释中之人名缩写如下：

A. S. —Arthut Schnitzler

P. G. —Peter Gay

A

Acton, William 阿克顿

Addison, Joseph 约瑟夫・艾迪生

Adler, Otto 阿德勒

Albert, Prince-Consort of Queen
　　Victoria 阿尔伯特亲王

Albrecht, J. F. 阿尔布雷克特

Alcott, Louisa May 路易莎・梅・奥
　　尔科特

Alcott, William 奥尔科特

Alger, Horatio 阿尔杰

Allen, William 艾伦

Amiel, Henri-Frédéric 阿米尔

Argenson, René-Louis de Voyer de

E

Eastlake, Charles 伊斯特莱克

Eastlake, Lady 伊斯特莱克夫人

Ebers, Georg 埃贝斯

Eddy, Mary Baker 埃迪

Elder, Louisine 埃尔德

Eliot, George 艾略特

Elisabeth, Empress of Austria 伊丽莎白

Ellis, Havelock 埃利斯

"Emilie" (Schnitzler's mistress) 埃米莉

Enfantin, Barthélemy Prosper 昂方坦

Engels, Friedrich 恩格斯

F

Faguet, Emile 法盖

Falkenhorst, C. 法尔肯霍斯特

Farrer, James Anson 法勒

Féré, Charles 费雷

Feuchtersleben, Ernst Freiherr von 福伊希特斯莱本

Feuerbach, Ludwig 费尔巴哈

Feydeau, Ernest 费多

"Fifi" (Schnitzler's mistress) 菲菲

Fitch, Asa 菲奇

Flaubert, Gustave 福楼拜

Fontane, Theodor 冯塔讷

Foote, Mary Halleck 富特

Forster, E.M. 福斯特

Fournier, Dora 富尼耶

Fowler, O.S. 福勒

France, Anatole 法朗士

Francis I, King of France 弗兰西斯一世

Franken, Konstanze von 弗兰肯

Franz Ferdinand, Archduke 斐迪南大公

Franz Joseph, Emperor of Austria 约瑟夫，

Frazer, James 弗雷泽

Freer, Charles L. 弗里尔

Freud, Martha Bernays 弗洛伊德，玛尔塔·贝内斯

Freud, Sigmund 弗洛伊德

Frick, Henry Clay 弗里克

Friednch, David 弗里德利希

G

Gachet, Paul 嘉舍

Gambetta, Léon 甘必大

Gannett, William 甘尼特

Gardner, Isabella Stewart 加德纳

Garibaldi, Giuseppe 加里波第

Gaskell, Elizabeth 盖斯克尔

Gauguin, Paul 高更

Gautier, Théophile 戈蒂埃

George, Stefan 格奥尔格

Gibbon, Edward 吉本

Gladstone, Catherine 格莱斯顿太太

Gladstone, William Ewart 格拉德

Jerome, Jerome K. 杰罗姆

Johnson, Samuel 约翰逊

Joyce, James 乔伊斯

Juvenal 尤维纳利斯

K

Kaden, Julie 卡登

Kandinsky, Vassily 康定斯基

Kant, Immanuel 康德

Kaposi, Moritz 考波希

Kauffmann, Angelica 考夫曼

Keats, John 济慈

Kerner, Justinus 克纳

Kerr, Robert 克尔

Key, Ellen 凯

Keynes, John Maynard 凯恩斯

Kiehnle, Hermine 基利

Kiesewetter, Carl 基塞韦特

Kingsley, Charles 金斯利

Klimt, Gustav 克里姆特

Knowlton, Charles 诺尔顿

Koehler, Bernhard 克勒

Koehler, R. 克勒

Kokoschka, Oskar 柯柯斯卡

Krafft-Ebing, Richard Freiherr von 克拉夫特—埃宾

Krupp, Alfred 克虏伯

Kuyper, Abraham 克伊波

L

Lapouge, Georges Vacher de 拉普热

Leixner, Otto von 莱克斯纳

Leopold II, King of Belgium 利奥波德二世

Le Play, Frédéric 勒普莱

Lesseps, Ferdinand de 雷赛布

Lessing, Gotthold Ephraim 莱辛

Levi, Hermann 莱维

Lichtwark, Alfred 利希特瓦克

Liebermann, Max 李卜曼

Liebknecht, Wilhelm 李卜克内西

Lind, Jenny 林德

Link, Sophie 林克

Linton, Eliza Lynn 林顿

Liszt, Franz 李斯特

Locke, John 洛克

Lodge, Oliver 洛奇

Lohmeyr, Friedrich 洛迈尔

Lombroso, Cesare 隆布罗索

Louis XV, King of France 路易十五

Lucas, Charles Jean-Marie 卢卡斯

Ludwig I, King of Bavaria 路易一世

Ludwig II 路德维希二世

Lueger, Karl 卢埃格尔

Lutyens, Emily Lytton, Lady 勒琴斯夫人

Lyman, Joseph 莱曼约瑟

Lyman, Laura 莱曼劳拉

M

Macaulay, Thomas Babington 麦考利

Pascal, Blaise 帕斯卡

Pasteur, Louis 巴斯德

Patmore, Coventry 帕特莫尔

Peabody, George 皮博迪

Peel, Robert 皮尔

Péguy, Charles 贝玑

Péreire brothers 佩雷尔兄弟

Petersen, Carl 彼得森

Picasso, Pablo 毕加索

Pissarro, Camille 毕沙罗

Pius IX, Pope 庇护九世

Plato 柏拉图

Plönnies, Luise von 普伦内斯

Pope, Alexander 蒲柏

Proust, Marcel 普鲁斯特

Q

Quinn, John 奎因

R

Ravaillac, François 拉瓦亚克

Redgrave, Richard 雷德格雷夫

Reinhard, Marie（"Mz.II"）莱因哈德

Rembrandt van Rijn 伦勃朗

Renoir, Pierre-Auguste 雷诺阿

Rhodes, Cecil 罗德斯

Riehl, Wilhelm Heinrich 里尔

Roberts, J.E 罗伯茨

Rockefeller, John D. 洛克菲勒

Roe, Arthur and Emma 罗伊

Roosevelt, Theodore 罗斯福

Rosières, Raoul 罗西埃

Rousseau, Jean-Jacques 卢梭

Runge, Philipp Otto 龙格

Ruskin, John 罗斯金

Russell, Bertrand 罗素

S

Sadler, Michael 塞德勒

Sainte-Beuve, Charles Augustin 圣伯夫

Saint-Simon, Claude-Henri de Rouvroy, comte de 圣西门

Salten, Felix 扎尔滕

Sand, George 乔治·桑

Sandrock, Adele 桑德洛克

Sargent, C. E. 萨金特

Schiele, Egon 席勒

Scluller, Friedrich 席勒

Schindler, Alma 辛德勒

Schlegel, August Wilhelm 施莱格尔

Schneider, Eugène and Adolphe 施奈德兄弟

Schnitzler, Arthur 阿图尔·施尼茨勒

Schrutzler, Gisela 吉塞拉·施尼茨勒

Schnitzler, Johann 约翰·施尼茨勒

Schrutzler, Julius 尤利乌斯·施尼茨勒

Schnitzler, Louise 路易丝·施尼茨勒

Schnitzler, Olga Grossmann 奥尔

Vera, A. 韦拉

Vermeer, Jan 弗美尔

Victoria, Queen of England 维多利亚女王

Vintras, Eugène 万特拉

Virchow, Rudolf 菲尔绍

Virgil 维吉尔

Virgin Mary 圣母玛利亚

Voltaire 伏尔泰

Vuillard, Edouard 维亚尔

W

Wachenheim, Hedwig 瓦亨海姆

Wade, John 韦德

Wadsworth, Daniel 沃兹沃思

Wagner, Cosima 瓦格纳夫人

Wagner, Richard 瓦格纳

Wagner, Siefried 瓦格纳西格弗里德

Walter, Bruno 瓦尔特

Walters, William T. 沃尔特斯

Warren, Samuel D. 沃伦

Watts, George Frederic 瓦茨

Webb, Beatrice Potter 韦布

Weber, Max 韦伯

Werfel, Franz 魏菲尔

Whistler, James McNeill 惠斯勒

Whitman, Walt 惠特曼

Wilde, Oscar 王尔德

Wilhelm II, Emperor of Germany 威廉二世

Wittelsbach monarchy 维特尔斯巴赫家族

Woolf, Virginia 吴尔夫

Wordsworth, William 华兹华斯

Wundt, Wilhelm 冯特

Y

Yeats, W.B. 叶芝

Z

Zemlinsky, Alex von 策姆林斯基

Zola, Emile 左拉

名词对照表

各章文末注释中之书名缩写如下:

Tagebuch—Arthur Schrutzler, Tagebücher, ed. Peter Michael Braunwarth et al., 10vols. (Vienna, 1987–2000)

Peter Gay, *The Bourgeois Experience: Victoria to Freud*, 5 vols. (New York):

ES— *Education of the Senses* (1984)

TP— *The Tender Passion* (1986)

CH— *The Cultivation of Hatred* (1993)

NH— *The Naked Heart* (1995)

PW— *Pleasure Wars* (1998)

A

Adolescence (Hall)《青春期》

Adolphe (Constant)《阿道尔夫》

Akademische Gymnasium (Vienna) 文科中学

À la recherche du temps perdu (Proust)《追忆似水年华》

Alte Pinakothek 旧美术馆

American Woman's Home, The (Beecher)《美国妇女的家居》

Anatol cycle (Schnitzler)《阿纳托尔》系列

Anatomy of Melancholy, The (Burton)《忧郁的剖析》

And the Bridge Is Love (Schindler)《爱是桥梁》

Anglican Church 圣公会

Anna Karenina (Tolstoy)《安娜·卡列尼娜》

"Answer to the Question: What Is Enlightenment?" (Kant)《答何谓启蒙》

anti-clericalism 反教权主义

anti-Semitism 反犹太主义

Armory Show (1915) 军械库大展

Aryan race 雅利安人种

atheism 无神论

B

Baedeker guidebooks 贝德克尔旅游指南

Bayreuth opera house 拜鲁特剧院

Bel-Ami (Maupassant)《漂亮朋友》

belle dame sans merci, La (Keats)《无情的妖女》

Berlin Philharmonic Orchestra 柏林爱乐管弦乐团

Berlin Secession 柏林分离派

bête humaine, La (Zola)《衣冠禽兽》

Beyond Good and Evil (Nietzsche)《超越善恶》

Bible《圣经》

Bleak House (Dickens)《荒凉山庄》

"Blessed be drudgery" (Gannett)《颂赞归于苦工》

Book of Hanging Gardens (Schoenberg)《空中花园》

Book of Household Management (Beeton)《家管之书》

Book of Songs (Heine)《歌集》

Boston Symphony Orchestra 波士顿交响乐团

Bourbon Restoration 波旁复辟

Bourgeois Experience: Victoria to Freud, The (Gay)《布尔乔亚经验：从维多利亚到弗洛伊德》

Buddenbrooks (Mann)《布登勃洛克一家》

C

Caesarism 凯撒主义

capitalism 资本主义

Carmen (Bizet)《卡门》

Casual Love (Schnitzler)《儿戏恋爱》

年展

F

Factory Act (Brit.) 工厂法

Fairy Tale, The (Schnitzler)《谎言》

Family, The (Riehl)《家庭》

Father and Son (Gosse)《父与子》

Faust (Goethe)《浮士德》

feminism 女性主义

"Few Thoughts for a Young Man A"(Mann)"给年轻人的一些想法"

First Amendment (U.S.) 第一修正案

Freemasons 共济会

French Revolution 法国大革命

Fruits of Philosophy (Knowlton)《哲学的果实》

Functions and Disorders of the Reproductive Organs, The (Acton)《生殖器官的功能与失调》

G

Genius of Christianity (Chateaubriand)《基督教真谛》

Gentleman's House, The (Kerr)《绅士居》

Golden Bough, The (Frazer)《金枝》

Great Exhibition (1851) 伦敦万国工业博览会

Great Expectations (Dickens)《远大前程》

Grosvenor Gallery 格罗夫纳画廊

H

Hallé Orchestra 哈莱乐团

Hamlet (Shakespeare)《哈姆雷特》

Hard Times(Dickens)《艰难时世》

Hartford Atheneum 哈特福德图书馆

Hereros 赫雷罗人

History of England (Macaulay)《英格兰史》

Home Life in France (Betham-Edwards)《法国家庭生活》

I

Idleness and Work (Cammarano)《闲散与劳动》

Imperialism 帝国主义

Imperialism (Hobson)《帝国主义》

Importance of Being Earnest, The (Wilde)《不可儿戏》

Impressionism 印象派

Independent Salon (1847) 独立沙龙

individualism 个人主义

Interpretation of Dreams, The (Freud)《梦的解析》

Iphigenia in Tauris (Gluck)《依菲金妮在陶利》

J

James Dixon & Sons 狄克逊父子

The《一八七一年唯灵论年鉴》

Youth in Vienna (Schnitzler)《维
也纳的青春岁月》

Z

Zionism 犹太复国主义

彼得·盖伊的主要作品

Savage Reprisal: Bleak House, Madame Bovary, Buddenbrooks (2002)

Schnitzler's Century (2001)

My German Question (1999)

THE BOURGEOIS EXPERIENCE: VICTORIA TO FREUD

Education of the Senses (1984)

The Tender Passion (1986)

The Cultivation of Hatred (1993)

The Naked Heart (1995)

Pleasure Wars (1998)

Reading Freud: Explorations and Entertainments (1990)

Freud: A Life for Our Time (1998)

A Godless Jew: Freud, Atheism, and the Making of Psychoanalysis (1987)

Freud for Historians (1985)

Freud, Jews and Other Germans: Masters and Victims in Modernist Culture (1978)

Art and Act: On Causes in History—Manet, Gropius, Mondrian (1976)

Style in History (1974)

Modern Europe (1973), with R. K. Webb

The Bridge of Criticism: Dialogues on the Enlightenment (1970)

The Enlightenment: An Interpretation Vol. II: The Science of Freedom (1969)

Weimar Culture: The Outsider as Insider (1968)

A Loss of Mastery: Puritan Historians in Colonial America (1966)

The Enlightenment: An Interpretation Vol. I: The Rise of Modern Paganism (1966)

The Party of Humanity: Essays in the French Enlightenment (1964)

Voltaire's Politics: The Poet as Realist (1959)

The Dilemma of Democratic Socialism: Eduard Bernstein's Challenge to Marx (1952)